北京文化书系
红色文化丛书

北平抗战的红色脊梁

中共北京市委宣传部
中共北京市委党史研究室 组织编写

林小波　刘志辉　著

北 京 出 版 集 团
北 京 出 版 社

图书在版编目（CIP）数据

北平抗战的红色脊梁 / 中共北京市委宣传部，中共北京市委党史研究室组织编写 ；林小波，刘志辉著. —北京：北京出版社，2021.4

（北京文化书系. 红色文化丛书）

ISBN 978-7-200-16343-8

Ⅰ. ①北… Ⅱ. ①中… ②中… ③林… ④刘… Ⅲ. ①抗日战争—史料—北京 Ⅳ. ①K265.06

中国版本图书馆CIP数据核字（2021）第060811号

北京文化书系　红色文化丛书

北平抗战的红色脊梁
BEIPING KANGZHAN DE HONGSE JILIANG

中共北京市委宣传部
中共北京市委党史研究室　组织编写

林小波　刘志辉　著

*

北 京 出 版 集 团
北 京 出 版 社　出版

（北京北三环中路6号）

邮政编码：100120

网　　　址：www.bph.com.cn

北京出版集团总发行
新 华 书 店 经 销
北京建宏印刷有限公司印刷

*

787毫米×1092毫米　　16开本　　20.25印张　　300千字
2021年4月第1版　　2024年4月第2次印刷

ISBN 978-7-200-16343-8

定价：96.00元

如有印装质量问题，由本社负责调换

质量监督电话：010-58572393

编辑部电话：010-58572835；发行部电话：010-58572371

"红色文化丛书"编委会

"北京文化书系"
序言

　　文化是一个国家、一个民族的灵魂。中华民族生生不息绵延发展、饱受挫折又不断浴火重生，都离不开中华文化的有力支撑。北京有着三千多年建城史、八百多年建都史，历史悠久、底蕴深厚，是中华文明源远流长的伟大见证。数千年风雨的洗礼，北京城市依旧辉煌；数千年历史的沉淀，北京文化历久弥新。研究北京文化、挖掘北京文化、传承北京文化、弘扬北京文化，让全市人民对博大精深的中华文化有高度的文化自信，从中华文化宝库中萃取精华、汲取能量，保持对文化理想、文化价值的高度信心，保持对文化生命力、创造力的高度信心，是历史交给我们的光荣职责，是新时代赋予我们的崇高使命。

　　党的十八大以来，以习近平同志为核心的党中央十分关心北京文化建设。习近平总书记作出重要指示，明确把全国文化中心建设作为首都城市战略定位之一，强调要构建涵盖老城、中心城区、市域和京津冀的历史文化名城保护体系，更加精心保护好世界遗产，加强对"三山五园"、名镇名村、传统村落的保护和发展，加强对文物、优秀近现代建筑、工业遗产、非物质文化遗产的保护，凸显北京历史文化的整体价值，强化"首都风范、古都风韵、时代风貌"的城市特色。习近平总书记的重要论述和重要指示精神，深刻阐明了文化在首都的重要地位和作用，为建设全国文化中心、弘扬中华文化指明了方向。

　　2017年9月，党中央、国务院正式批复了《北京城市总体规划（2016年—2035年）》。新版北京城市总体规划明确了全国文化中心建设的时间表、路线图。这就是：到2035年成为彰显文化自信与多元包容魅力的世界文化名城；到2050年成为弘扬中华文明和引领时代潮流的世界文脉标志。这既需要修缮保护好故宫、长城、颐和园等享誉中外的名胜古迹，也需要传承利用好四合院、胡同、京腔京韵等具有老北京地域特色的文化遗产，还需要深入挖掘文物、遗迹、设施、景点、语言等背后蕴含的文化价值。

组织编撰"北京文化书系"，是贯彻落实中央关于全国文化中心建设决策部署的重要体现，是对北京文化进行深层次整理和内涵式挖掘的必然要求，恰逢其时、意义重大。在形式上，"北京文化书系"表现为"一个书系、四套丛书"，分别从古都、红色、京味和创新四个不同的角度全方位诠释北京文化这个内核。丛书共计47部。其中，"古都文化丛书"由20部书组成，着重系统梳理北京悠久灿烂的古都文脉，阐释古都文化的深刻内涵，整理皇城坛庙、历史街区等众多物质文化遗产，传承丰富的非物质文化遗产，彰显北京历史文化名城的独特韵味。"红色文化丛书"由12部书组成，主要以标志性的地理、人物、建筑、事件等为载体，提炼红色文化内涵，梳理北京波澜壮阔的革命历史，讲述京华大地的革命故事，阐释本地红色文化的历史内涵和政治意义，发扬无产阶级革命精神。"京味文化丛书"由10部书组成，内容涉及语言、戏剧、礼俗、工艺、节庆、服饰、饮食等百姓生活各个方面，以百姓生活为载体，从百姓日常生活习俗和衣食住行中提炼老北京文化的独特内涵，整理老北京文化的历史记忆，着重系统梳理具有地域特色的风土习俗文化。"创新文化丛书"由5部书组成，内容涉及科技、文化、教育、城市规划建设等领域，着重记述新中国成立以来特别是改革开放以来北京日新月异的社会变化，描写北京新时期科技创新和文化创新成就，塑造北京人民勇于创新、开拓进取的时代风貌。

为加强对"北京文化书系"编撰工作的统筹协调，成立了以"北京文化书系"编委会为领导、四个子丛书编委会具体负责的运行架构。"北京文化书系"编委会由中共北京市委常委、宣传部部长杜飞进同志担任主任，中共北京市委宣传部常务副部长赵卫东同志担任副主任，由相关文化领域权威专家担任顾问，相关单位主要领导担任编委会委员。原中共中央党史研究室副主任李忠杰、北京市社会科学院研究员阎崇年、北京师范大学教授刘铁梁、北京大学文化资源研究中心主任张颐武分别担任"红色文化""古都文化""京味文化""创新文化"丛书编委会主编。

在组织编撰出版过程中，我们始终坚持最高要求、最严标准，突出精品意识，把"非精品不出版"的理念贯穿在作者邀请、书稿创作、编辑出版各个方面各个环节，确保编撰成涵盖全面、内容权威的书系，体现首善标准、首都水准和首都贡献。

我们希望，"北京文化书系"能够为读者展示北京文化的根和魂，温润读者心灵，展现城市魅力，也希望能吸引更多北京文化的研究者、参与者、支持者，为共同推动全国文化中心建设贡献力量。

"北京文化书系"编委会

2019年9月

"红色文化丛书"
序言

北京是千年古都，有着丰厚的文化积淀。1949年伴随着中华人民共和国成立的脚步，北京获得新生。改革开放以来，北京文化得到新的更大发展。党的十八大以后，以习近平同志为核心的党中央进一步明确了北京作为全国政治中心、文化中心、国际交往中心、科技创新中心的战略定位，不仅为整个首都建设，也为北京的文化建设指明了方向、增强了动力。

为了深入挖掘北京文化内涵、推进全国文化中心的建设，中共北京市委决定编纂"北京文化书系"。书系包括"古都文化、红色文化、京味文化、创新文化"4个系列。按照市委要求和市委宣传部部署，由市委党史研究室负责，由我当主编，组织有关部门和单位的专家学者编纂了"红色文化丛书"。这是整个书系的一个重要组成部分。

对本套丛书，首先需要做几点总体上的说明和介绍。

一、北京红色文化的内涵和外延

编纂"红色文化丛书"，首先要界定北京红色文化的内涵和外延，这样才能确定写什么、怎样写。

文化，作为人类改造客观世界和主观世界的活动及其成果的总和，始终伴随着人类的活动而生成、发展，从而不断展现出五彩斑斓的色彩。当代中国文化，源自于中华优秀传统文化，熔铸了中国共产党领导人民在革命、建设、改革中创造的革命文化和社会主义先进文化，到当代，本质上成为中国特色社会主义文化。如果以颜色作为象征，总体上可以说是一种以红色为基调的文化；而中国共产党培育、形成和展现的文化，则是一种比较完全意义上的红色文化。这是广义上的红色文化。

但在本套丛书中，我们对红色文化做了狭义上的界定，即将红色文化限定于主要在1949年前由中国共产党培育、形成和展现的革命文化。这样界定，主要是为了尊重文化自身内容的多样性和复杂性，避免过于宽泛造成内容上的庞杂，也为了更加突出不同时期文化的主要特点。否则，北京红色文化就会像一个硕大无比的筐子，什么都能往里装了。

因此，本套丛书所说的北京红色文化，主要是指1921年中国共产党成立至1949年中华人民共和国成立之间，中国共产党在北京地区领导人民群众为争取民族独立、人民解放而斗争所培育、形成和展现的革命文化。往前，回溯到五四运动前后红色文化的萌发；往后，延伸到新中国成立后到1966年前所创作的反映新民主主义革命的主要作品、建筑，如人民英雄纪念碑等。

无论广义还是狭义，红色文化都是中国共产党"为中国人民谋幸福、为中华民族谋复兴"的初心和使命的重要体现，都是在实现这一初心和使命的历程中培育、形成、发展和完善起来的重要成果。而北京红色文化，则是这一初心和使命在北京区域内的体现和反映。

北京红色文化与中共北京历史有着紧密的联系。北京红色文化，是中国共产党在北京的活动、工作、斗争中培育、形成和展现出来的。因此，写北京红色文化，当然要写中共北京历史。但党史又不能完全等同于文化。所以，本套丛书安排几本书梳理和介绍了北京地区党的组织和活动，展示了党在北京地区英勇和复杂的斗争。但撰写这些历史，不是简单地写历史，而是重在反映这些历史中的文化和精神，努力体现贯串其中的北京红色文化。因此，这些历史与标准的党史著作是有区别的。

二、北京红色文化的特殊地位

北京红色文化不是孤立的地域文化，而是党和国家整个红色文化中一个特殊的重要组成部分。

中国共产党这艘红船，在上海制造，在南湖起航。追根溯源，首先是在北京孕育的。北京地区的党组织，是中国共产党的地方组织，但在某些时期也超出了地方的范围。如李大钊领导的北方区委，曾负责当时北方十几个省、区、市党的工作。北京发生的许多事件，如五四运动、一二·九运动等，都对全国产生了重大影响，起到了引领作用。

特别是1949年1月北平和平解放后，中共中央决定定都北平，随即"进京赶考"，从西柏坡迁驻香山，9月正式入驻中南海。在此期间，党中央、毛泽东运筹帷幄，指挥夺取了中国革命的最后胜利；筹备和召开中国人民政治协商会议，建立了中华人民共和国。北京的历史翻开了新的一页，中国的历史也翻开了新的一页。所以，从1949年初起，北平就实际上发挥了首都的作用。新中国成立之后，北京作为中华人民共和国的首都，围绕大局，服务中央，一直到今天，都发挥着特殊的作用。

所以，北京是地方的北京，但也是全国的北京。北京的红色文化，既具有地域性，也具有全局性。北京的红色文化，在党和国家整体的红色文化中，发挥着一定程度上全局性的作用；对全国的红色文化建设，也在一定程度上发挥着典型、示范和引领的作用。

所以，我们撰写"红色文化丛书"，既坚持立足于北京，又坚持着眼于全党全国，把北京红色文化放在全局中来认识和撰写，不仅充分反映党中央对于北京党组织和北京地区革命斗争的领导，而且反映党中央在北京对于全国革命斗争的领导和指挥。同时，又充分反映北京地区革命斗争的实际，充分反映北京地区革命斗争在全局中发挥的特殊作用，从而正确地反映北京红色文化与党和国家整体红色文化的关系。

三、北京红色文化的形态和表现

文化有物质和非物质两类基本形态。所以，北京红色文化，既包括精神领域的红色文化，也包括物质形态的红色文化。这种物质形态的红色文化，就是指蕴含在这些物质形态之中，以物质形态表现出来的红色精神文化。比如中共中央在香山的办公旧址，表现为物质形态，但包含有丰富的文化内容。所以，我们将北京的红色遗存、红色地标等均纳入了北京红色文化的范围。

物质形态的北京红色文化，主要有3类。

第一类，是红色地标。在本套丛书中，我们提出了"红色地标"的概念。所谓红色地标，就是指北京区域内具有地标性的红色遗址遗迹和纪念建筑。一般来说，每个城市都会有自己的地标性建筑。但很多北京的地标，不仅是北京的地标，而且是全国性的地标。如北大红楼、卢沟桥、天安门广场、国家博物馆、毛主席纪念堂等，它们有些是原先就有的，有的是1949年之后建立起来的。这些地标性建筑，都具有特别重大的意义，甚至从某个角度可以代表中国共产党、代表中华人民共和国。

第二类，是红色遗址遗迹。主要是除红色地标外反映革命斗争历史和精神的大量遗址遗迹。红色地标不少也是遗址遗迹，但因为其特别重要，就单列出来了。除此之外的大量红色遗址遗迹，也蕴含着丰富的红色文化。所以我们也在本套丛书里做了研究、介绍和展示。其中不少已经被列入不同级别的文物保护名录，有的还没有被列入。北京党史部门曾对这些遗址遗迹做过调查，特别是曾按中共中央党史研究室的统一部署，做过一次大规模的全面普查，这次在本套丛书里进一步加以反映。所有这些遗址遗迹，都是北京红色文化的重要载体。

第三类，是可移动红色文物。包括红色文献，如党创办的很多杂志、出版的各种书籍；红色艺术品，如木刻、标语、宣传画、摄影作品等。1949年及之后设计的国旗、国徽也是红色艺术品。它们具有可移动性的物质形态，也是北京红色文化的重要载体。

其实还有一类，兼具物质形态和非物质形态。主要是红色的文学作品、音乐作品、戏剧作品、舞蹈作品、电影作品、民间文艺等。就其内容和表现形式而言，应该属于非物质文化形态，但它们也以一定的物质形态存留于世。其中有的是原生态的历史作品，也有的是1949年后创作的反映1949年前革命斗争的作品。

精神领域的北京红色文化，主要是指在长期革命斗争中表达和反映的思想、理论、路线、政策、主张、观点、口号、精神、规范、要求、价值取向、道德要求等等。它们总体上都可以归入红色文化的范畴。如果直接在北京区域内形成和表现出来的，就是北京红色文化。

这类北京红色文化，也是非常丰富的。本套丛书主要展示和论述了一系列革命精神，用以集中反映北京在精神领域的红色文化，如五四精神、抗战精神等。每一本书都有从不同侧面的展示，在《北京红色文化概述》里又做了集中的分析论述。

四、北京红色文化的作用和价值

文化是一个国家、一个民族的灵魂。文化的发展繁荣与国家民族的命运紧紧联系在一起。北京的文化建设不仅与北京的发展紧紧联系在一起，而且在全国的文化建设和中国特色社会主义的建设中都起着重要的作用。

北京红色文化是北京文化的重要组成部分，同样具有十分重要的作用和价值。

从时间长度上来说，北京红色文化，既在新民主主义革命的过程中具有重要的价值，发挥了重要的作用，又对1949年后的革命、建设、改革具有基础性、延续性、灵魂性的价值和影响，一直发挥并将继续发挥重要的作用。

从空间维度上来说，北京红色文化既对北京地区的革命、建设、改革有着重要的价值，发挥着重要的作用，又因为其居于首都地位，所以对党和国家的全局发挥着重要的作用，对全国的红色文化建设起着引领和示范的作用。

对于历史而言，本套丛书将北京红色文化的作用概括为：传播马列主义，解答中国问题；认知基本国情，选择革命道路；加强政治宣传，动员鼓舞群众；团结进步力量，壮大统一战线；引领革命洪流，助推全国胜利。

对于现实而言，本套丛书将北京红色文化的时代价值概括为：传承红色基因，弘扬社会主义核心价值观；挖掘红色文化，助力全国文化中心建设；厘清历史真相，反击历史虚无主义；开发红色资源，促进地区经济社会发展。

这些提炼和概括，是在《北京红色文化概述》作者和编委会认真研究的基础上形成的，代表了我们整个团队对北京红色文化作用和价值的认识。

五、北京红色文化与其他文化的关系

"北京文化书系"包括"古都文化、红色文化、京味文化、创新文化"4个系列4套丛书。因此，编纂"红色文化丛书"，除了界定北京红色文化的定义和范围之外，还必须厘清和处理好其与古都文化、京味文化、创新文化的关系。

古都文化，是一种传统文化，而且是一种以古都为特点的传统文化。古都文化当然不是红色文化。但是红色文化多少也吸收和传承了古都文化的某些因子。作为京城、古都，北京长期居于国家政治、文化的中心地位。因此，那种天下观念、家国情怀、宽广视野，对于许多革命家在北京出发、许多历史事件在北京发生、中国共产党在北京孕育、新中国在北京诞生，都起了重要的作用。作为中华人民共和国的首都，北京不仅是全国的政治中心，也是全国的文化中心。北京文化是首都文化。长期形成的都市建设理念，对北京红色地标的规划、布局和建设也产生了深刻的影响。所以，北京红色文化在很多方面传承了中国传统文化的精华，也包括古都文化中的某些思想养分。

京味文化，是兼具都城性、生活性和民间性的一种文化。北京红色文化，运用了京味文化的很多形式，如戏剧、书画、礼仪、节庆、

服饰、民俗、工艺、饮食等。中国共产党在革命、建设、改革中都利用其从事宣传、动员、教育（如统一战线、党的建设、武装斗争），产生了明显的效果。比如，党中央、毛泽东在到达北平的第一天，就会见了民主党派负责人和其他民主人士，并在颐和园设宴招待和餐叙，这既是饮食，也是礼仪，既是生活，也是政治。北京红色文化，在相当程度上渗入、影响和改造了京味文化。比如，1949年，中国共产党接管北平之后，在忙于一系列重大政治、军事事务的同时，立即着手整理市容、收容乞丐、封闭妓院，从而初步清除了传统京城的糟粕，改造了某些低俗的城市文化。

创新文化，是改革开放以来提出和突出强调的新型文化。作为中国共产党提出和确立的战略要求，创新文化甚至在广义上也是一种红色文化。两者在很多方面有着内在的联系、内在的共性。红色文化应该是一种富于创新的文化，创新文化也包含着红色文化的基因。但同时，我们也懂得，文化是一种庞大的社会历史现象，具有非常明显的多样性和复杂性。其中包含着非常众多的子文化、亚文化，也会有非常众多和不同的色彩。没有必要给所有的文化都贴上一个红色或非红色的标签。所以，北京红色文化与北京创新文化是并行不悖的。两者互相促进、互相交融，共同丰富和发展着北京文化，共同构成全国文化中心建设的重要内容，共同为北京"四个中心"与国际一流的和谐宜居之都建设发挥重要作用。

六、"红色文化丛书"的框架和特点

基于上述观点、分析和考虑，"红色文化丛书"一共包含12本著作，分别是《北京红色文化概述》《北京的红色觉醒》《北平抗战的红色脊梁》《迎接北平的红色黎明》《新中国在这里诞生》《北京红色先驱》《北京学府的红色文化》《北京红色地标》《北京红色遗存》《北京红色文艺》《北京红色出版》《北京红色设计》。

这12本书所写的内容和角度并不完全一样。《北京的红色觉醒》《北平抗战的红色脊梁》《迎接北平的红色黎明》《新中国在这里诞

生》，主要按时间顺序，分4段介绍了不同时期党在北京的活动及其形成和发展的红色文化。今年是中华人民共和国成立70周年，这几本书连贯回答了中华人民共和国从何而来的问题。特别是《新中国在这里诞生》，集中介绍了中共中央在香山及到中南海筹划建立中华人民共和国的主要过程，对我们重温中共中央在香山的历史，从中汲取力量和智慧很有帮助。这4本书，均是以北京党史为基础，但又着重从文化的角度切入和贯通。党史叙事是研究和介绍北京红色文化的前提和基础。如果不说明党在北京的活动和工作，就无法说明北京的红色文化。当然，如果简单地重复党史而忽略红色文化的形成和发展，那就是党史而不是红色文化了。

《北京红色先驱》分别介绍了在北京革命斗争中涌现的著名人物和英烈模范。没有以他们为代表的共产党人和志士仁人，北京红色文化就无从产生。这些先驱，既有个体，也有群体，都是北京红色文化的创造者、体现者和代表者。

《北京学府的红色文化》集中介绍和展示了北京大、中、小学校中党的活动及其体现的红色文化。北京是学校特别是高校最集中的地区。北京学府在中共党史和中国革命史上发挥了特殊的作用。以往介绍各个学校的革命斗争史，都是一个一个学校单个研究和介绍的。但这次，我们首先把各个学校打通和整合起来，从整体上介绍北京学府红色文化的形成、发展、内容和特点。这种写法虽然要困难得多，但体现了北京学府红色文化的整体性和统一性。

《北京红色地标》《北京红色遗存》反映的是红色物质文化遗产。它们代表了北京红色文化的一个重要类别，着重介绍了具有地标意义的红色遗址遗迹、重要建筑和纪念设施。不仅介绍了有关这些建筑设施的红色历史，还从建筑学和美学的角度介绍和分析了建筑设计上的特点。突出红色地标，这是红色文化研究的一个创新，也是北京红色文化的一个重要特色。

《北京红色文艺》《北京红色出版》《北京红色设计》分别展示了北京红色文化的几个重要领域和类型。其中的红色出版和红色设计在党史研究中是个创举。迄今的党史著作，都是在叙述党史过程时提到这种或那种杂志、报纸或书籍。但它们的具体情况如何，中国共产党到底出版过哪些报纸、杂志和书籍，均语焉不详。《北京红色出版》首次做了集中研究和介绍。虽然只是北京地区的出版物，但仍然具有开创性的意义。《北京红色设计》更是一种新的探索和突破。它从艺术设计的角度介绍了一批建筑、雕塑、书刊、纪念物品、徽章标识中的红色文化，令人耳目一新，具有很强的知识性。

在这些单项著作的基础上，《北京红色文化概述》一书从整体上概述了北京红色文化的形成和发展、土壤和条件；物质形态的北京红色文化、精神层面的北京红色文化、北京红色文化的本质特点、北京红色文化的传承和发展、北京红色文化的时代价值、通过弘扬北京红色文化推进新时代新北京的建设等。这本书兼具历史概述和理论分析，集中回答了"北京红色文化是什么、有哪些"的基本问题。

所有这12本书，由于内容、角度不同，体例和风格上也有不同。我们一直努力保持体例和风格的统一，但很难完全统一，只能从实际出发，发挥各自的特色。不同角度、不同写法、不同风格，正好可以起到互补和整合的作用。

七、"红色文化"工程的实施和推进

编纂"红色文化丛书"，是北京市委的决定和部署，是贯彻落实习近平总书记对于北京首都建设和文化建设重要指示的重要举措。丛书编委会和所有作者，特别是负责单位市委党史研究室，都不断增强"四个意识"、坚定"四个自信"、做到"两个维护"，从政治和大局的高度对待这项工作，勇于担当负责，积极主动作为，努力完成市委交代的任务。

从接受任务开始，编委会就制订了严密的工作计划，以钉钉子精神抓工作落实，一环紧扣一环、一步紧跟一步，稳步有序地把这项工程推向前进。从设计方案到选择作者，从确定选题到拟订提纲，从写出初稿到反复修改，从多次审议到最后统稿，从专家审核到编辑介入，每一个环节都召开专门会议，提出要求，落实措施，明确要求，规定时间，有布置、有检查、有落实。市委党史研究室从主任到有关人员，全程参与和负责，及时推进工程，及时请示汇报，及时解决问题；为每一本书都确定了联络员，随时沟通联系。各位作者深入研究，认真写作，准时完成了不同阶段的写作和修改任务。编委会成员和有关专家多次审核每一本书，认真把关，提升质量。邵维正将军年事已高，但仍坚持参加了几乎每一次会议，并审稿把关。北京出版集团全程参与，及时配备了责任编辑，提前介入图书的审阅、编辑工作。正由于所有同志的共同努力，才使得这项工程按照市委的要求及时完成。全书形成第二、第三稿后，我们还专门将全套丛书报送给十几位有名望的学者型省部级领导，请他们审阅把关、提出意见。

"红色文化丛书"具有鲜明的政治性。所以，我们首先坚持正确的政治导向，坚持以党的两个历史决议的精神为准绳，在重大历史事实、基本观点和重大结论上，与党中央保持高度一致。同时，确保史实的准确性。尽力运用原始资料，认真核对比较，吸收最新成果，深入挖掘拓展，要求作者最大限度减少错漏和不准确之处。

"红色文化丛书"也具有很强的学术性。市委明确要求打造成精品工程。所以，本套丛书从一开始就把打造精品作为基本标准，一切按精品要求来设计、写作、审核、研究、修改、编辑，不断消除与精品不符的问题。每一本书都大改了3～5次，小改更多。都是希望全方位展示北京红色文化研究的成果，努力为北京人民提供内容丰富、权威准确的北京红色文化读物，也为北京红色文化建设提供一个重要的工作基础。当然，最后完成的书稿与精品工程可能还有一定的差距，这是我们深感遗憾的地方。

"红色文化丛书"也兼顾了读者的需求，力求增加一定的生动性、可读性。根据每本书的内容和任务，我们要求语言文字上形象一点、生动一点。但实现的情况不完全一样，生动性、可读性各有差异。除了语言文字外，每本书还配了适当的照片资料。

我们希望，"红色文化丛书"能够成为向中华人民共和国成立70

周年献上的一份礼物，能够从红色文化的角度清晰展示中国共产党在领导北京地区革命斗争过程中的初心和使命，也为全党和北京市开展"不忘初心、牢记使命"主题教育提供有益的参考读物。

作为主编，我根据这套丛书研究和编纂的实际情况，对上述7个方面作出说明和介绍。希望各方面领导、群众和广大读者看了这些说明和介绍后，能够更加准确地理解北京红色文化，理解这套丛书的内容和特点。

感谢参与这套丛书、以不同方式支持这套丛书的所有人员。

李忠杰

2019年6月7日

目　录

导　语

　　1931年九一八事变是中国人民抗日战争的起点，1937年卢沟桥抗战是中国全民族抗战的开端。在中国共产党领导下，北平人民不畏强暴、浴血奋战，付出了巨大牺牲，作出了重大贡献，最终取得了北平抗战的伟大胜利，创造了北平抗战文化。

　　中国共产党及其领导下的抗日民主政权，是北平抗战的中流砥柱和红色脊梁。他们引导北平学生发起声势浩大的南下请愿示威运动和一·二九学生爱国运动，唤起了全国人民抗日救亡的蓬勃热情；他们创建平郊抗日根据地，积极开展城内地下斗争，支援华北敌后抗战，重创了日寇的嚣张气焰，展示了百折不挠、坚忍不拔的必胜信念；他们面对侵略者的野蛮暴行，宁死不屈、视死如归，甘洒热血写春秋，誓将马革裹尸还，彰显了天下兴亡、匹夫有责的伟大爱国情怀。

　　《北平抗战的红色脊梁》一书，以北平14年抗日斗争的历史为依托，以抗日救亡运动、长城抗战、卢沟桥抗战、平郊抗日根据地斗争和城内地下斗争等为载体，全方位展现了中国共产党的抗战思想和抗战理论，再现了北平抗战的恢宏历史画卷。

　　一页页历史翻过，前浪远去后浪更磅礴。历史是最好的教科书。北平抗战的光辉历史，是对天下兴亡、匹夫有责爱国情怀的最好诠释，是对视死如归、宁死不屈民族气节的最好注解，是对不畏强暴、血战到底英雄气概的最好见证，是对百折不挠、坚忍不拔必胜信念的最好呈现。今天，我们已经走进中国特色社会主义的新时代，但历史的伤痕永远不能抹去，抗战的精神永远不能抛弃，必须转化为坚定"四个自信"的坚强力量，必须转化为不忘初心、牢记使命的内在动力，必须转化为实现中华民族伟大复兴中国梦的生动实践。

第一章

抗日救亡：古都的怒吼

九一八事变，是日本帝国主义企图变中国为其独占殖民地而采取的侵略步骤。在占领东三省后，日军又策划入侵热河，觊觎华北。国难当头，中国共产党率先举起了武装抗日的旗帜，提出抗日主张。长城抗战和察哈尔民众抗日同盟军给予日军沉重打击。在北平，由青年学生做先锋，广大民众纷纷行动起来，同仇敌忾，共赴国难，掀起了轰轰烈烈的抗日救亡运动。同时，在中国共产党的领导下，北平各左翼文化团体纷纷成立，他们以文艺为武器，反对日本帝国主义的侵略，成为抗日救亡运动的一道独特风景线。

第一节　北平掀起抗日救亡运动

一、九一八事变和东北沦陷

1931年9月18日晚，北平前门外中和戏院。

戏台上，梅兰芳表演的《宇宙锋》出神入化；包厢里，中华民国陆海空军副司令张学良和英国公使蓝浦生夫妇看得如醉如痴。突然，一名军官急匆匆报告：东北边防军司令长官公署参谋长荣臻从沈阳打来长途，有紧急事项禀报。张学良一听，立刻辞别蓝浦生夫妇，返回养病的协和医院。

原来，日本铁道守备队约一个中队按照预定计划，自行炸毁沈阳北郊柳条湖附近南满铁路的一段路轨，反诬中国军队所为，并以此为借口，突然袭击中国军队驻地北大营和沈阳城。历史上著名的九一八事变爆发了。

侵占中国东北，这是日本蓄谋已久的既定战略。1927年，日本政府召开东方会议制定《对华政策纲要》，提出"满蒙"与中国本土相分离的方针，并决心为之诉诸武力。日本首相田中义一在呈送日本

1931年9月18日，九一八事变爆发。图为事变第二天日军在沈阳城墙上向中国军队进攻

天皇的奏折中，更是露骨地提出：惟欲征服支那，必先征服满蒙；如欲征服世界，必先征服支那。此后，日本按照东方会议和田中奏折制定侵华"积极政策"，加紧侵略扩张，并随着国内经济危机和阶级矛盾的激化，决心制造事端、武装夺取整个中国东北地区。战云密布、风雨欲来，九一八事变的发生在所难免了。

9月19日晨，日军侵占沈阳，随后在几天内侵占安东（今丹东）、长春、吉林等20多座城市及周围广大地区。当月，辽宁（除锦州及辽西）、吉林两省沦陷。11月，黑龙江省基本沦陷。1932年1月，锦州及辽西地区沦陷。2月，哈尔滨沦陷。至此，短短4个多月的时间，东北三省百余万平方公里的大好河山遭到日本侵略军铁蹄的践踏，白山黑水，松花江畔，流淌着东北父老乡亲的血和泪。

日本的侵略行径之所以屡屡得手，主要是因为以蒋介石为首的国民党政府实行不抵抗政策，倒行逆施，奉行"攘外必先安内"，继续"围剿"工农红军、镇压抗日爱国力量，并把制止日本侵略的希望完全寄托在英、美等国的出面干涉上，幻想依赖国际联盟压迫日本撤军。事变前一周，蒋介石特意赶赴石家庄，面嘱张学良："严令东北全军，凡遇日本进攻，一律不准抵抗。"① 九一八事变发生之时，蒋介石正在赶赴江西的"永绥"舰上督师"剿共"，并对前方"剿共"战事失利头痛不已，下令"对匪决取包围策略"。于是，日军突袭北大营时，东北军参谋长荣臻下达了这样的命令："不抵抗。即使勒令缴械，占入营房，均可听其自便。"② 吉林省边防军参谋长熙洽以"奉谕：避免冲突，中日事件由外交解决"为托词，命令中国军队撤出省城吉林市……

九一八事变发生时，日军在中国东北的正规部队只有1万多人，而留驻东三省的东北军却有17.9万人。很明显，不抵抗政策致使东

---

① 中国社会科学院近代史研究所：《日本侵华七十年史》，中国社会科学出版社1992年版，第324页。

② 中国社会科学院近代史研究所：《日本侵华七十年史》，中国社会科学出版社1992年版，第320页。

北大片国土沦丧。

一部分东北军爱国官兵，出于民族义愤，拒绝执行不抵抗的命令，奋起武装抗日。驻守沈阳北大营的东北军独立第7旅部分官兵忍无可忍，被迫自卫还击。受命出任黑龙江省代主席兼代军事总指挥的马占山率部鏖战江桥，多次击退日军进攻。长春、锦州、哈尔滨地区的驻军对日军进行顽强抗击。同时，东北地区的义勇军也进行抗日斗争。这些自发的抗日行动，打击了日本侵略者的嚣张气焰，鼓舞了全国人民的抗战意志。中国人民艰苦卓绝的14年抗战由此开始。

二、中国共产党发出抗日宣言

九一八事变后，中日之间的民族矛盾逐渐上升为主要矛盾，中国国内的阶级关系发生重大变动。中国一切不愿做亡国奴的人都有可能参加到这一革命斗争中来。面对这一自1927年大革命失败以来不曾有过的革命新形势，面对民族危机的严重关头，如何全面估计这一形势，并制定正确的路线和政策，是摆在中国共产党面前的重大任务和考验。

九一八事变发生后，中国共产党率先举起了武装抗日的旗帜。1931年9月19日，中共满洲省委发表《满洲省委为日本帝国主义武装占领满洲宣言》，号召中国人民抵抗日本帝国主义侵略。9月20日，中共中央发表宣言，历数日本帝国主义压迫、掠夺中国的累累恶行，揭露了各帝国主义国家之间的矛盾冲突，响亮地提出"反对日本帝国主义强占东三省""打倒一切帝国主义"，明确宣告"只有群众斗争的力量，只有工农苏维埃运动的胜利，才能解放中国"。①

同一天，中共北平市委发布反对日本帝国主义吞并满洲宣传大纲，大纲认为"目前世界资本主义总的经济恐慌与政治危机更加深

---

① 《中国共产党为日本帝国主义强暴占领东三省事件宣言》，中共北京市委党史研究室编：《北京地区抗日运动史料汇编》（第一辑），中国文史出版社1990年版，第34页。

入"，"红军苏维埃不断的飞跃的猛进，更加震撼了国民党的反动统治基础"。在这样的情形下，"日本帝国主义者已经暴露出他进攻苏联，爆发第二次世界大战，镇压中国革命运动最后决心"。为此，大纲明确号召"联合一切革命势力在全世界无产阶级援助之下，反抗日本帝国主义吞并满洲，推翻日本帝国主义在华统治"，提出"打倒日本帝国主义！""驱逐日本在华一切海陆空军！""反对殖民地化中国"的口号。①

9月22日，中共中央发布《中央关于日本帝国主义强占满洲事变的决议》。决议陈述了日本侵占东三省的事实，分析了日本制造九一八事变的原因，如空前剧烈的世界经济危机、苏联社会主义建设的惊人成功、中国革命运动的开展以及国民党的不抵抗政策，明确指出日本发动事变的真实目的，就是"以军事和武装的力量将中国屈服在日本帝国主义的剥削和奴役之下，巩固他们在满洲的统治，加倍地压榨剥削中国的劳苦群众，以找求本国经济恐慌的出路"，因此党在这次事变中的中心任务是"加紧的组织领导发展群众的反帝国主义运动，大胆地警醒民众的民族自觉"，"进行广大的反对日本帝国主义的暴行的运动"。②

面对日本帝国主义侵略东三省的步步进逼，面对国民党政府的不抵抗政策和寄希望于国际联盟调停，9月30日，中共中央发表《中国共产党为日本帝国主义强占东三省第二次宣言》，明确指出"国际联盟，是帝国主义压迫弱小民族的工具，希望国际联盟来帮助中国，无异与虎谋皮"，号召全中国的民众"罢工、罢课、罢操、罢市，反对日本帝国主义！"③11月7日，中华苏维埃共和国临时中央政府发表对

① 《中共北平市委反对日本帝国主义吞并满洲宣传大纲》，中共北京市委党史研究室编：《北京地区抗日运动史料汇编》（第一辑），中国文史出版社1990年版，第35—36页。
② 《中央关于日本帝国主义强占满洲事变的决议》，中共北京市委党史研究室编：《北京地区抗日运动史料汇编》（第一辑），中国文史出版社1990年版，第39—44页。
③ 《中国共产党为日本帝国主义强占东三省第二次宣言》，中共北京市委党史研究室编：《北京地区抗日运动史料汇编》（第一辑），中国文史出版社1990年版，第46—48页。

外宣言，指出不打倒帝国主义与国民党的统治，就不能取得真正的和平，号召劳苦民众起来，用革命的国内战争消灭一切反革命的战争。

中共满洲省委指示各地党组织，加强与抗日义勇军的联系，并组织党领导下的抗日武装。从1931年10月到1932年末，中共满洲省委先后向各地义勇军队伍派出100多名中共党员。党员李延禄、周保中曾分别担任国民救国军王德林部的参谋长、总参议。赵一曼①也被党组织调到东北，在沈阳工厂中领导工人斗争。1932年初，中共满洲省委陆续派省委军委书记杨林、杨靖宇到南满，中共大连市委书记童长荣到东满，省委军委书记赵尚志到巴彦、珠河（今尚志市），省委秘书长冯仲云到汤原，进行创建抗日武装的工作。

这一时期，中共北平市委及北平团市委积极组织动员数百名东北籍学生返回东北开展抗日斗争，其中有张甲洲②、白乙化、李兆麟等人。至1933年初，由共产党直接领导的巴彦、南满、海龙等抗日游击队相继成立，逐步成为东北抗日战场上抗击敌人的主要武装力量。

三、北平民众开展抗日救亡

　　九一八，九一八，从那个悲惨的时候，脱离了我的家乡，抛弃那无尽的宝藏，流浪！流浪！

一首《松花江上》，满是山河沦陷的痛楚，唱出了东北人民的悲

---

① 赵一曼（1905—1936），原名李坤泰，又名李一超，四川宜宾人。1926年加入中国共产党。九一八事变后，被党组织派往东北地区发动和组织群众进行抗日斗争。1936年8月，在与日军的斗争中被捕就义。

② 张甲洲（1907—1937），曾用名张进思，字震亚，号平洋，黑龙江巴彦人。1927年，考入北京大学。1930年8月，加入中国共产党。同年秋，考入清华大学，先后任中共北平市西郊区委书记、北平市委宣传部长等职务。九一八事变后，参加党领导下的南下示威团，为纠察队领导者之一，后回东北家乡从事抗日武装斗争。1937年8月在黑龙江富锦遭伪地方武装袭击遇害，时年30岁。

愤情怀。日军暴行，举国震惊，社会各界无不义愤填膺，激昂愤慨，一场群众性的抗日救亡运动在全国迅速兴起。在北平，由青年学生做先锋，文教界、工界、商界、妇女界、宗教界等纷纷行动起来，同仇敌忾，共赴国难。

速息内战、一致对外，誓死救国、对日宣战，不买日货、对日绝交，唤醒民众、共起救国……九一八事变发生后，北平的青年学生奋勇当先，纷纷走上街头，振臂高呼，表达对日本帝国主义侵略行径的极度愤慨和共靖国难的决心。

9月19日，北平大学法学院的东北籍学生组成东北学生抗日会，致电南京政府及全国人民，提出"当此国破家亡之时，正吾人同仇敌忾之际，深望当轴诸公立息内争，一致对外，民众群起，杀贼救国，宁为玉碎，不为瓦全"①。9月20日，北京大学学生会致电南京政府，提出"为今之计，唯有速息内战，一致抗日，并望我国民众实行武装，誓作政府后盾"②，举行救国纪念周，成立北大教职员对日委员会，"严督政府对日态度强硬"。燕京大学学生会决议全体学生臂缠黑纱，上书"耻"字，组织对日经济绝交委员会，发表对日本侵占东北宣言，号召"我们要对自己宣誓，即便是中国人死得只剩我一个人了，我也要负起救中国的责任来"③。

北平师范大学千余学生举行集会，号召本校学生接受军事训练，组织敢死队、救护队，以备上前线，并向南京政府表示"生等当横枪跃马，效命疆场，以马革裹尸之决心，立还我山河之宏愿"④。南口扶轮学校组织反日救国团，赴南口附近村庄演讲。在车站乘车时，其中一

---

① 《北平大学法学院东北学生抗日会致南京政府及全国民众电》，中共北京市委党史研究室编：《北京地区抗日运动史料汇编》（第一辑），中国文史出版社1990年版，第68页。

② 《北京大学学生会致南京政府及全国民众电》，中共北京市委党史研究室编：《北京地区抗日运动史料汇编》（第一辑），中国文史出版社1990年版，第69页。

③ 《燕京大学全体学生对日本侵占东北宣言》，中共北京市委党史研究室编：《北京地区抗日运动史料汇编》（第一辑），中国文史出版社1990年版，第75页。

④ 《北平师范大学抗日救国会再电国府请对日宣战》，中共北京市委党史研究室编：《北京地区抗日运动史料汇编》（第一辑），中国文史出版社1990年版，第100页。

名8岁小学生在车上演讲，高声疾呼，痛陈日军恶行，赢得乘客如雷般的掌声。9月24日，北平中小学联合抗日会组织2000余人举行游行示威，沿途高呼口号，秩序井然，颇为壮观。同时，各学校还加紧军事训练，如清华大学，每日上午8时至10时，各科改上军事训练，政治、法律等系上战时国际公法、军事学科等；下午3时半至5时，又上军事训练。其他学校如民国学院、华北学院、中国学院、中法大学、朝阳学院、辅仁大学、陆军大学等，也纷纷发表通电、宣言、告全国父老书等，谴责日本帝国主义的侵略行径。

在发表通电、宣言的同时，中法大学、华北学院、清华大学等学校还相继成立抗日救国会，推动抗日救亡运动深入发展。

9月24日，北平60余所大中学代表在北京大学二院集会，宣告北平学生抗日救国联合会（简称"北平学联"）成立，并通过15项抗日议案。在告全国民众书中，北平学联号召全国民众"绝对不要踌躇，绝对不要畏缩，应拿出自己的生命与头颅来，与一切仇敌决一死战！袖手旁观，是我们的死途！拼命决战，是我们的生路！只要我们勇敢向前，最后的胜利，必然是我们的！"[1]北平学联批评"读书救国论"是"无耻的高等华人所唱的骗人调子"，呼吁"直接与日帝国主义者宣战，直接与日帝国主义肉搏"。[2]北平学联还制定了宣传计划和大纲，向南京国民政府提出实行对日宣战等9项要求。中共北平市委通过参加北平学联的党、团员代表，积极指导北平学联工作。

在北平学联的组织下，9月28日，250多个团体的代表及市民20万人，在故宫太和殿前举行北平抗日救国市民大会。北平各学校、机关均自动休假半日，各商铺也多休业参加。大会由主席报告开会宗旨，各界代表发表演说，呼吁全国同胞团结一致，抱定牺牲决心，以热血头颅与日本人拼命。大会发表致各界电和致蒋介石张

---

① 《北平学生抗日救国联合会为东三省事件告全国民众书》，中共北京市委党史研究室编：《北京地区抗日运动史料汇编》（第一辑），中国文史出版社1990年版，第107页。

② 《北平学生抗日救国联合会沉痛宣言》，中共北京市委党史研究室编：《北京地区抗日运动史料汇编》（第一辑），中国文史出版社1990年版，第109页。

学良及将士电，通过29项抗日议案，并决定分三路举行抗日大游行。市民及各校学生手执各色旗帜，上书抗日标语，沿途高喊"誓死救国""对日宣战"等口号，沿途观者，万人空巷，无不悲愤同情，堪称"平市空前之盛事"。北平学联还发布告商人书、告农民书、告士兵书，号召各地工农兵学商都各自组织反日运动大会，成立全国的反日运动联合会。号召商人："厉行对日经济绝交，誓死不贩卖日本货，对日宣战，打倒日本帝国主义。"① 号召农民："喂饱你的老牛，备好你的大车，磨尖你的红缨长枪，擦亮你的三把式，准备和他们拼命。"② 号召士兵："不要把性命断送在内战的沙场……要用我们的头颅，我们的热血，我们的尸体，筑成一座大坟墓，把日本帝国主义者永远埋葬。"③

北平青年学生的爱国热忱极大地鼓舞和推动了社会各界民众的抗日救亡运动。9月25日，北平市各界抗日救国会成立，并发表宣言，呼吁中华同胞"共速兴起，共赴国难"。文教界、工界、商界、妇女界、宗教界纷纷行动起来，以发表宣言、组织演讲、抵制日货、救护伤员等方式开展抗日救亡。

在文教界，各大学教职员纷纷致电南京国民政府，呼吁全国团结一致，速御外侮。9月20日，师大校长徐炳昶

北平20万人在太和殿前召开抗日救国市民大会

---

① 《北平学生抗日救国联合会告商人书》，中共北京市委党史研究室编：《北京地区抗日运动史料汇编》（第一辑），中国文史出版社1990年版，第118页。

② 《北平学生抗日救国联合会告农民书》，中共北京市委党史研究室编：《北京地区抗日运动史料汇编》（第一辑），中国文史出版社1990年版，第119页。

③ 《北平学生抗日救国联合会告全国士兵书》，中共北京市委党史研究室编：《北京地区抗日运动史料汇编》（第一辑），中国文史出版社1990年版，第120页。

会同北大校长蒋梦麟，邀集北平公、私立大学校长，召开紧急联席会议，讨论应付日本帝国主义者强暴之方法。北京大学、北平大学等校全体教授致电日本各大学教授，指出"贵国军队此等暴行，纵可占一时之利，而精神道德之破产，必贻无穷之隐忧"①。平津学术团体对日联合会要求同人督促南京政府积极奋战，并决定清华、燕大、师大三校地学系组织国耻地图委员会，推定艺术学院设计漫画，并遵循下列观念："日本狭小，中国伟大；一大人横睡，现已惊醒；中国人破釜沉舟，下最后决心；中国团结抗日，日本大起恐慌。"②许德珩教授10月17日在北平大学法学院做《我们怎样对付日本帝国主义》的演讲，他痛感几件极为伤心的事情："在如此严重的事件之下，上课的照常上课，教书的照常教书；娱乐场所仍是照常的娱乐着。静若无事，滞然渡之，这究竟是什么心理？！时于今日，只有民众的自救了。"他批评"读书救国"论，认为"枪口对住了你的头，你还弄什么科学？！'读书救国'的论调，倘仍标榜于今日，那只有断送了中国！"③同一天，容庚教授也以"毁家纾难"和"以身殉国"二义告南京国民政府，要求政府官员以此为试金石。

在工界，10月2日，北平邮区全体同人抗日救国会成立，要求所属邮局需要的文具材料及一切供应物品均应尽量采办国货，无论如何决不再用日货，并要求在信箱及汽车等邮用器具上涂写"储金救国"字样，以养美德而资警惕。10月18日，北平市工界抗日救国联合会成立，号召彻底和日本经济绝交，组织工人义勇军，实施训练，准备和日本帝国主义斗争到底，用武力维持民族生存。12月1

---

① 《北京大学、北平大学、师范大学、清华大学、燕京大学、中国学院、天津南开大学全体教授、平津各学术团体致日本各大学教授电》，中共北京市委党史研究室编：《北京地区抗日运动史料汇编》（第一辑），中国文史出版社1990年版，第123页。

② 《平津学术团体对日联合会讨论抗日工作》，中共北京市委党史研究室编：《北京地区抗日运动史料汇编》（第一辑），中国文史出版社1990年版，第130页。

③ 《我们怎样对付日本帝国主义》，中共北京市委党史研究室编：《北京地区抗日运动史料汇编》（第一辑），中国文史出版社1990年版，第135页。

日，联合会派代表数十人，随新学联学生赴南京请愿，要求蒋介石即日北上，主持对日开战；电令张学良，立即率部出关，收复失地，表示北平20万工人愿做抗日的前驱，并呼吁速开国民救国会议"共决国事"。

在商界，9月20日，北平商会90余人临时召开紧急会议，决定维持华北金融，商人起来做政府外交后盾，并成立北平商民救国会。随后，商会给电车公司致函，请求调查国货及日货种类，造表送会以向国人公布，呼吁"利用经济绝交为武器，提倡国货为奥援"。商会要求北平各商店一律填写不贩售仇货（即日货）志愿书，声明"誓与仇国经济绝交，不运仇货，不售仇货，不用仇货，不在仇国银行存款，不用仇国钞票，不乘仇国轮船"①，要求各商号的标语、信封、信纸、包皮纸、名片、发票上刊以"永不买卖仇货，绝对提倡国货"12个字。同时，商会还组织开展抗日募捐，凡售货1元以上，须开票贴印花者，将所纳印花款捐献给抗日团体和武装。

在妇女界，先后成立北平市女界抗日救国会、华北妇女救国会、北平妇女联合抗日会，这些组织纷纷发表宣言，指出九一八事变震醒了全国民众的迷蒙，掀起了全国的反日浪潮，饱受压迫的妇女"为了自己的解放，和促成反日的扩大战线，尤其应当成为这一浪潮中的最坚强的一支主力军"，响亮地提出"抗击倭寇，巾帼不让须眉"，并再三向当局呼吁国内和平，团结革命力量，恢复民众运动。

在郊区，北平西郊农民抗日救国会成立，发表向农民进行征兵的意见，指出农民人口有3.5亿之多，生产占全国总数的90%以上，如果宣战，征兵农民当在第一，誓言："我们为良心所驱使，誓死不让数千年先人之坟墓，为日人之走马场，父母妻子同胞兄弟为日人之俘虏物。"②并请北平学联指导抗日办法。东郊农民成立抗日救国会，并

① 《平市商店一律填写不贩售仇货志愿书》，中共北京市委党史研究室编：《北京地区抗日运动史料汇编》（第一辑），中国文史出版社1990年版，第181页。

② 《北平西郊农民抗日救国会筹备会请学联指导抗日办法》，中共北京市委党史研究室编：《北京地区抗日运动史料汇编》（第一辑），中国文史出版社1990年版，第178页。

着手组织农民义勇军。

北平佛教界发起组织佛教救护队，准备向前方实施救护工作。伊斯兰学友会发表宣言，号召广大穆斯林"负弩前驱，誓除彼獠，以恢复吾国固有之地位"①。

九一八事变后，日本帝国主义拒不执行国联撤兵决定，加紧侵略步伐，把魔爪进一步伸向华北。1931年11月8日，日本在天津阴谋策划了武装暴乱事件，向国民党天津市政府、市公安局和河北省政府等处发动进攻，并增兵天津，试图把天津变成日本独占华北和分离华北的新基地。面对日本帝国主义的侵略行径，南京政府再次屈辱退让，竟命令中国驻军于11月29日撤出。天津事件激起平津地区抗日救亡运动的新高涨。

天津事件发生后，北平中等以上学校联合抗日救国会紧急召集会议，通过罢课案，分赴城郊扩大宣传。各学校学生愤慨激昂，举行请愿和召开大会，谴责日本帝国主义，积极商讨抗日办法。

北京大学600余名学生集体前往顺承郡王府晋谒张学良，提出"我国家苟稍存体面，我民族苟精神不死，岂容坐而待亡，必须洒热血拼头颅，以挽此厄运"②，要求中国军队武力捍卫国土，收回失地。东北留平学生抗日救国会发表告同胞书，呼吁"我们的同胞都是有血性的，有义气的，能坐着看中国亡吗？能甘心让日本人杀吗？赶快起来督促政府和日本开战，赶快起来作政府的后盾吧"③。

各校还纷纷停课，组织演讲队，张贴抗日漫画，宣传抗日救亡。同时，对东北军爱国将领马占山等英勇抗击日本侵略者的壮举，社会各界纷纷发电，一致声援。清华大学教职员工致电马占山，称颂抗日

---

① 《伊斯兰学友会宣言》，中共北京市委党史研究室编：《北京地区抗日运动史料汇编》（第一辑），中国文史出版社1990年版，第183页。

② 《天津事件后各校学生愤慨激昂积极商讨抗日办法》，中共北京市委党史研究室编：《北京地区抗日运动史料汇编》（第一辑），中国文史出版社1990年版，第185页。

③ 《东北留平学生抗日救国会为日帝制造天津事件告同胞书》，中共北京市委党史研究室编：《北京地区抗日运动史料汇编》（第一辑），中国文史出版社1990年版，第195页。

义勇军"拒敌守土,不屈不挠,神勇精忠,举国同钦"[1]。燕京大学学生称赞马占山"山河破碎,举世昏懦,国家柱石,唯公一人"[2]。东北民众反日救国会、辽宁留平学生抗日救国会等组织还电请南京国民政府速援抗日义勇军,鼓励马占山"再接再厉,贯彻始终,国家前途,实深利赖"[3]。

四、南下请愿示威

九一八事变后,全国人民无不义愤填膺,坚决要求南京国民政府对日宣战,收复东北,抵抗日本帝国主义的侵略,掀起了声势浩大的抗日救亡运动高潮。但南京国民政府奉行不抵抗政策,对社会各界的要求一味敷衍搪塞,激起全国人民的共愤。广大青年学生纷纷行动起来,南下请愿示威,开展抗日宣传,打破了当时笼罩全国的沉闷气氛,唤起了全国人民的抗日救亡热情。

清华大学讲师吴其昌[4],因感马占山部孤军奋战,饷尽援绝,致使日军横肆侵略,亡在眉睫,于是愤然绝食,向张学良请愿三事:"急派大军直捣日军之背,以救马将军之危;请蒋主席速派空军营救;电施公使在日军未撤退前拒绝任何调解。"并称三事一日不达到,则全家一日不复食。11月23日,清华大学全体学生发表赴京请愿宣言,称赞吴其昌为"社会柱石,青年导师,一门忠义,舍身救国",决定

---

① 《清华大学教职员公会对日委员会为请一致声援马占山函》,中共北京市委党史研究室编:《北京地区抗日运动史料汇编》(第一辑),中国文史出版社1990年版,第198页。

② 《北平师大、燕大、辅大附中电慰马占山》,中共北京市委党史研究室编:《北京地区抗日运动史料汇编》(第一辑),中国文史出版社1990年版,第200页。

③ 《北平学生抗日救国联合会电慰黑龙江自卫军》,中共北京市委党史研究室编:《北京地区抗日运动史料汇编》(第一辑),中国文史出版社1990年版,第205页。

④ 吴其昌(1904—1944),字子馨,号正厂,浙江海宁人,著名文史学家。1925年,考入清华大学国学研究院。1928年任南开大学讲师,后任清华大学讲师。1932年任武汉大学历史系教授,后因抗战随校迁至四川乐山,任历史系主任,直至逝世。一生著述颇丰,主要著作有《朱子著述考》《殷墟书契解诂》《宋元明清学术史》等。

"谨继吴先生之志赴京请愿，抱必死之决心贯彻吴先生之主张，若国府不予容纳，则誓饿毙于首都，以光吴先生之志向"。①同日，清华大学学生请愿团200余人齐聚前门东站，均着灰布军装，左臂缠白布标志一方，立在冰天雪地之中，并卧轨争取南下。随后，各学校也纷纷行动，民国学院、燕京大学、北京大学组织示威团到南京示威。

11月26日，先期抵达的清华学生与其他各校学生万余人聚集南京国民政府前，要求面见蒋介石，但蒋介石以公务在身拒见，学生迟迟不肯归去直至夜间。是日，南京斜风细雨，天气奇寒，在凄风苦雨中，学生念及国亡家破之悲况，"先有一二人哀啼，于是数十人啼，继之以数百人千人啼，终于万人一齐痛哭，暮钟为之断响，国旗为之不扬，惨淡之象，无逾此者"②。北京大学示威团发表告全国民众书，呼吁"不是斗争便是死亡！中华民族的存亡已是千钧一发了呵！我们再不能静默了，这是我们说话和行动的时候了"③，号召"我们应当深切的自信，自信能够挽回中国的危机"④。在南下途中，有的学生感言，"大家兴致勃勃的在活动着，忘了饥饿（有几个代表一天未吃东西），忘了疲劳，忘了车辆的震动，忘了身体的颤荡，一似中华民族的命运握在我们这些青年人的手中"⑤。

　　① 《清华大学全体学生赴京请愿宣言》，中共北京市委党史研究室编：《北京地区抗日运动史料汇编》（第一辑），中国文史出版社1990年版，第211页。
　　② 《国府门前学生鸣钟纪万人一齐痛哭哀声震天》，中共北京市委党史研究室编：《北京地区抗日运动史料汇编》（第一辑），中国文史出版社1990年版，第216—217页。
　　③ 《北京大学全体同学南下示威告全国民众书》，中共北京市委党史研究室编：《北京地区抗日运动史料汇编》（第一辑），中国文史出版社1990年版，第219页。
　　④ 《北京大学示威团再告民众书》，中共北京市委党史研究室编：《北京地区抗日运动史料汇编》（第一辑），中国文史出版社1990年版，第222页。
　　⑤ 《北京大学南下示威团代表团报告》，中共北京市委党史研究室编：《北京地区抗日运动史料汇编》（第一辑），中国文史出版社1990年版，第311页。

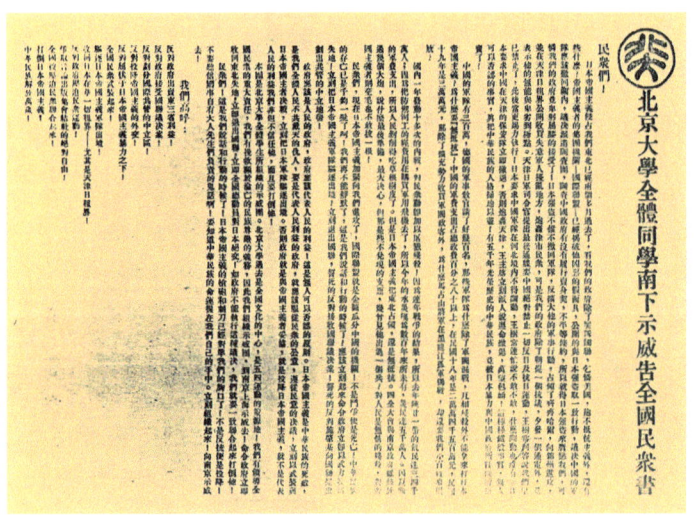

《北京大学全体同学南下示威告全国民众书》

　　12月5日，北大示威团举行游行示威，遭到国民党军警的镇压和毒打，30多名学生受重伤，185名学生（内有女生32人）被捕。被捕学生情绪高涨，绳索绑得愈紧，嗓子喊得愈响，"反对政府出卖东三省""反对卖国政府""不得自由，毋宁饿死"，决定开展绝食。学生的行动也"打动了士兵们的心弦"，有的士兵说道："你们爱国，我们心里也是一样的，只是上峰命令不得已呵！"他们纷纷表示："今年打仗，明年打仗，都是自己打自己，打得家破人亡，妻离子散。"①

　　北大学生被捕，也激起北平、南京等各校学生的更大愤慨，使斗争走向更大规模的联合。留在南京的北大示威团学生与南京中央大学的学生举行游行示威，到南京卫戍区司令部要求释放被捕同学，惩办凶手。他们呼吁"我们不能眼看着中华民族任人压迫、任人蹂躏、任人出卖、任人凌辱，而不起来挽救我们民族的厄运啊！青年的战士们，联合起来罢！拯救中国！"②在卫戍区司令部，当传出谈判代表

---

① 《北京大学南下示威团代表团报告》，中共北京市委党史研究室编：《北京地区抗日运动史料汇编》（第一辑），中国文史出版社1990年版，第326页。

② 《北京大学南下示威团代表团报告》，中共北京市委党史研究室编：《北京地区抗日运动史料汇编》（第一辑），中国文史出版社1990年版，第337页。

被扣押的消息后，学生们愤怒了，齐声大呼"冲进去呀""你们有的是枪弹，我们有的是生命"，连续冲破两道大门。此时，被扣代表被释放出来。两三千名青年学生面对紧闭的第三道大门席地而坐，直到晚10时才满腔悲愤地离开。

12月4日下午，北平大学法学院、辅仁大学等大中院校的2000多名学生向前门东站集结。此后，又有学生不断加入。一路上，群众眼含热泪和学生一起高呼口号。一位白发苍苍的老大娘指着她的孙子喊着说："你们做得对！为了孩子们，也得把小日本打出中国去呀！"[1]在车站，学生与国民党当局的斗争十分激烈，车站方面以"奉上级命令"为由，不予发车。各校代表召开紧急会议，决定进行卧轨斗争。会后几分钟，各条铁轨上，黑压压地躺满了人。12月的北平，寒风凛冽，滴水成冰。学生的爱国行动得到北平各界广大群众的同情和支持，许多市民和商会为学生送来饼干、开水，瑞蚨祥等商号送来成捆的毛毯，供卧轨学生御寒。北平学生的卧轨坚持了三天三夜，最后，迫于各方压力，张学良下令发车。12月7日上午，学生们高呼"中华民族不会亡""去南京要求出兵抗日"等口号，高唱抗日歌曲，在一片欢呼声中出发了。

南下途中，在济南，又有2000多人加入。济南的国民党当局派大刀队企图武力镇压学生，但大刀队官兵听了学生的演讲后，竟和学生一道高呼"保护民众抗日运动""反对出卖东三省"等口号。原来一片杀气的济南车站，顿时成了宣传抗日的阵地了。在蚌埠，学生内部的"示威"与"请愿"之争达到高潮，最终分为示威团与请愿团两部分，而大部分学生参加的是示威团。示威团用大红色旗帜，由于需要的数量太多，一时间蚌埠镇上的红布都卖光了。10日凌晨，列车抵达南京下关车站，一场更加艰苦和血腥的斗争在等待着北平学生。

在南京，北平学生联合其他各地赴南京学生组织了大规模的游行

---

[1] 李时雨：《九一八事变后北平学生卧轨斗争及南下示威运动的回忆》，中共北京市委党史研究室编：《北京地区抗日运动史料汇编》（第一辑），中国文史出版社1990年版，第397页。

示威。12月14日，总指挥部率领示威团4000余名学生，分8路纵队，到南京国民政府门前示威，强烈要求蒋介石出面接见，未果。下午，学生到达外交部时，发现大门紧闭，无人接见，同学们义愤填膺。

12月15日上午11时，示威学生来到国民党中央党部。此时，蒋介石正在此召开会议。有的中央委员从窗口探出头来污蔑谩骂示威学生。愤怒的学生冲破卫兵的阻拦，砸毁大门上的国民党党徽。蒋介石于是派蔡元培和陈铭枢出来应付学生，当学生得知蒋介石就在此地却避而不见的时候，更加愤怒，纷纷冲向礼堂。混乱之中，中央党部内外同时响起枪声，学生抓住蔡元培、陈铭枢作为"人质"，安全撤离后将两人放回。这场斗争，国民党当局打伤学生数十名，其中有2名学生重伤，13名学生被捕。

一连几天的学生爱国示威运动，使得国民党政府恼羞成怒。12月17日中午，3万名学生聚集中央日报社，把印刷机、铅字、印模等扔到秦淮河里去了。国民党政府调集南京的警备师第2旅和武装警察近万名，向手无寸铁的学生下毒手了，致使30多名学生死亡，100多人受伤，造成震惊全国的珍珠桥惨案。18日拂晓，国民党武装士兵强行将北平南下示威团的学生架上汽车，武装押至下关车站送回北平。至此，南下示威运动在南京当局残酷镇压下失败了。

中国共产党始终关怀、领导着这场学生爱国运动，并及时指引和掌握着运动的方向。运动一开始，中共北平市委就组织一个5人党团，由顾卓新、李续刚、林枫、陈沂、薛迅组成，顾卓新任党团书记。具体分工，由顾卓新、李续刚在前门车站第一线负责总的指挥，由林枫、陈沂、薛迅率示威团南下。12月6日，共青团中央发布紧急通告，声援学生示威运动，认为"这些事件在中国革命史上开辟了极有意义的新的一页"，号召"我们不要做事变之尾巴！要做前锋之战士！"[1]12月21日，中共北平市委发表紧急宣言，称"这次南

---

① 《中国共产主义青年团中央紧急通告（第九号）——目前新事变的发展和团的工作》，中共北京市委党史研究室编：《北京地区抗日运动史料汇编》（第一辑），中国文史出版社1990年版，第261、264页。

京国民党政府屠杀示威学生群众的流血大惨案，是目前政治上的严重事件"，号召"工农兵士贫民学生团结起来！""罢工、罢操、罢课、示威"。[①]当年参加南下示威活动的李时雨回忆道："北平学生南下示威的抗日爱国斗争，以及在南京举行的全国示威运动，一直是在我们党的领导下进行的。"[②]

北平学生南下请愿示威运动，冲破了大革命失败后在白色恐怖笼罩下的长期沉闷状态，掀起了白区反蒋斗争的高潮，有力地揭露了国民党反动政府"不抵抗主义"的卖国政策，宣传了中国共产党的抗日主张，唤起了各界人民的爱国热情。

参加示威的学生在事后总结道：这次示威总人数有3万余人，势力不可谓不雄厚，情绪不可谓不高涨，但为什么经南京国民党政府的一击就败下来呢？真正的原因是学生是不参加社会生产的人，而工人和农民则不同，只要罢工、抗租、抗税，立刻就能制统治者于死命。因此，他们提出，必须把学生群众的革命斗争转到广大劳苦民众的革命斗争，只有这样，中华民族才能从帝国主义铁蹄下脱离出来，劳苦民众才能解放。毛泽东认为，北平学生南下示威，正是苏区反"围剿"的时期，实际上牵扯了国民党的一部分精力，起了南北呼应的作用。[③]

五、声援上海一·二八抗战

日本侵占东三省后，为转移国际上对中国东北问题的关注，迫使

---

① 《中国共产党北平市委为南京国民党政府屠杀示威学生群众事件紧急宣言》，中共北京市委党史研究室编：《北京地区抗日运动史料汇编》（第一辑），中国文史出版社1990年版，第268、269页。

② 李时雨：《九一八事变后北平学生卧轨斗争及南下示威运动的回忆》，中共北京市委党史研究室编：《北京地区抗日运动史料汇编》（第一辑），中国文史出版社1990年版，第408页。

③ 薛迅：《九一八事变后北平学生南下请愿斗争》，中共北京市委党史研究室编：《北京地区抗日运动史料汇编》（第一辑），中国文史出版社1990年版，第426页。

南京政府屈服，又把侵略矛头对准上海。1932年1月28日晚，日本军队突然向上海闸北的国民党第19路军发起攻击，制造一·二八事变。蔡廷锴、蒋光鼐率第19路军将士奋起抵抗。他们表示："天下兴亡，匹夫有责，成败何足计，生死何足论。我辈只有尽军人守土御侮的天职，与倭奴一决死战。""我们的死，可唤醒国魂，我们的血，可寒敌胆，一定可得到最后的胜利。"[1]

一·二八事变后，全国各地的抗日救亡运动更加高涨。1月31日，中共中央发表《为上海事变第二次宣言》，号召全上海的工人和劳苦大众起来举行总同盟罢工，反对日本帝国主义占领上海，反对国民党出卖上海。2月15日，中共中央为上海事变发给各地党部的信，提出党的几大任务，即公开成立民众反日会与民众反日联合会；组织义勇军，武装工人、农民与革命的青年学生；最坚决地执行抵制日货工作，"把抵制日货的领导权拿到我们自己的手里"；争取反日士兵的工作。2月26日，中共中央通过《关于"一·二八"事变的决议》，主张19路军要坚决反对退却、停战以及把上海交给任何帝国主义。

在中共北平地下党的带动下，北平各界也以发表通电、捐款捐物、组织救护队等方式踊跃支援淞沪抗战。2月1日，北平学生抗日救国会致电全国将士，呼吁："同是黄帝子孙，谁无父母兄弟，吾知我忠勇之全国将士，必将投袂而起，执戈前驱，决不使十九路军专美于前也。"愿率北平十万青年"誓为后盾，愿以热血溅彼倭奴"。[2]3月7日，北平学生抗日救国联合会又发表告全市同学书，指出："我们的振作与颓废，足以兆示中国的存亡。我们就是民族的中坚，我们也就是中华民族的命脉。同学们，兴起吧，继续着先烈的正气，向那死路的光明，努力的总冲锋，争夺人类的自由。同学们，我们不愿留恋这样兽欲冲天的世界，我们不愿兽欲雄心的帝国

---

① 本书编写组编：《中华民族抗战精神永存》，人民出版社2005年版，第18—19页。

② 《北平学生抗日救国联合会电励全国将士奋起御侮》，中共北京市委党史研究室编：《北京地区抗日运动史料汇编》（第二辑），中国文史出版社1990年版，第57页。

主义的横行，我们不愿羡慕强权的卖国分子的得意，我们不愿妥协乞怜，我们不愿任何一党一系的盲目争斗。同学们，此时不是死守书本的时候了，敌人的枪弹，正在沪上飞舞，敌人的刀锋，已然刺在我们胸前。我们不愿同生，但愿同死，紧紧的握着手，冲上人马沸腾的沙场上，拼他一命。"①冯庸大学教员和学生致电蒋介石，表示要"尽力所能，求心所安，誓以碧血洗国耻，敢以微躯赴国殇"②。

文化教育界人士反对南京国民政府阳战阴和，要求增兵上海。清华大学教授俞平伯致电南京国民政府，提出几个不理解之事：东北沦陷，为何不追究张学良失地之责？日本进攻上海，政府对日是抵抗还是屈服？政府为什么一方面嘉许19路军，又信任重用失职辱国的官员？日本占我东三省，又毁我淞沪，对日宣战不为过，即使不宣战，也应决然宣布绝交，政府至今不为，何以对我忠勇牺牲之将士和无辜惨死的民众？中日磋商撤兵协定，中国所得在何处？我们牺牲的生命又如何补偿？③清华大学和燕京大学教授陈寅恪、容庚、吴宓等致电南京国民政府"万勿阳战阴和，以欺国人"④。

2月25日，北平民众救国会通电全国，称"我北平为俊杰荟萃之区，多慷慨悲歌之士，毁家纾难，义不后人"，号召"期作众志之诚，勿效强弩之末，誓保国土，驱彼倭奴"。⑤北平市工界抗日救国会发表告同胞书，呼吁下最大的决心，做最后的努力，实行总动员，去与日

---

① 《北平学生抗日救国联合会告全市同学书》，中共北京市委党史研究室编：《北京地区抗日运动史料汇编》（第二辑），中国文史出版社1990年版，第65页。

② 《冯庸大学学生教员致电蒋汪冯等誓以碧血洗国耻》，中共北京市委党史研究室编：《北京地区抗日运动史料汇编》（第二辑），中国文史出版社1990年版，第56页。

③ 《清华大学教授俞平伯致国民政府并二中全会快邮代电》，中共北京市委党史研究室编：《北京地区抗日运动史料汇编》（第二辑），中国文史出版社1990年版，第76—77页。

④ 《清华大学、燕京大学教授陈寅恪等致电国民政府反对阳战阴和欺骗国人》，中共北京市委党史研究室编：《北京地区抗日运动史料汇编》（第二辑），中国文史出版社1990年版，第79页。

⑤ 《北平民众救国会通电全国一致抗日》，中共北京市委党史研究室编：《北京地区抗日运动史料汇编》（第二辑），中国文史出版社1990年版，第52页。

本决一死战，并号召全国同胞节省金钱，准备抗日军需，不任情享乐，不恣意消遣。北平商会针对一些商户贩卖日货进行严厉谴责，认为"我商胞有资本有能力何事不可为，何货不能售，何忍于钢刀屠戮之下？"指出"不知今日购其货，明日之炮弹，必及于君身矣"。①北平法源寺僧侣呼吁佛教界共赴国难，方法有两种：一是物质援助。各个僧人应当节衣缩食，所省资材悉数慰劳抗日军士，各寺院也应量力捐助慰劳前线将士。二是精神安慰。各寺院应建设护国道场，讲诵经律，追悼抗日阵亡将士。②华北妇女抗日救护队也发表通电，要求赶赴前方，效劳疆场。

除通电声援外，北平人民还捐款捐物支援淞沪抗战。2月2日，燕京大学学生会决定"向全体同学每人征收一元，慰劳十九路军"。2月8日，清华大学教职员对日委员会捐薪500元，辅仁大学及附中教职员汇款560元，平民学院教职员抽出薪金的二成，汇往上海。北平各界成立了北平募捐委员会，致函各界名流，请其解囊相助。军事参议魏益三捐书《新兵器》100部，请募捐委员会代销，所得款项捐给19路军。画家袁甸盒将收集的100余件画品作为奖品，发行书画抗日救国奖券19张，每张售洋3圆，50%作为捐款。梅兰芳、王琴侬发起义演活动，杨小楼、马连良、荀慧生均参加义演。贝满女子中学的500余名师生，人人动手缝制一件白布衫捐给19路军。北平市商会订制1000顶钢盔、13000套雨衣、2000顶雨帽、4000个水壶捐给前线将士。北平女子西洋画专科学校募集100余个指南针，委托大公报社转寄上海。庆颐堂药铺捐赠救生丹、避瘟散、牛黄解毒丸、痧药、万应锭等3000余服，供前线将士使用。③

---

① 《北平商会告平津商胞书宁死勿购日货》，中共北京市委党史研究室编：《北京地区抗日运动史料汇编》（第二辑），中国文史出版社1990年版，第94—95页。

② 《北平法源寺僧侣呼吁佛教界共赴国难》，中共北京市委党史研究室编：《北京地区抗日运动史料汇编》（第二辑），中国文史出版社1990年版，第96—97页。

③ 中共北京市委党史研究室：《中国共产党北京历史》（第一卷），北京出版社2011年版，第200页。

第二节　反对日军入侵华北的斗争

一、血肉之躯筑长城

九一八事变后，日本帝国主义侵占东三省，并建立伪满洲国傀儡政权，东北彻底沦为日本帝国主义的殖民地。但日本并不满足，又策划夺取热河省，觊觎华北。

热河省地处辽宁、察哈尔两省之间，南与河北省为邻，长城在其南境。占据热河，既可随时进窥华北，又可巩固其伪满的阵地，成为日本侵华计划的重要一环。其实，日本炮制"满洲国"时就已公然宣称热河在其版图之内了。1932年日本侵占锦州后，曾企图占领热河，因遭到辽西、热河义勇军和东北军骑兵第3旅的阻击未能得逞。随后，日本又在辽宁与热河交界处不断制造事端，寻找侵略借口。

1933年1月1日晚11时左右，日本中国驻屯军山海关秦榆守备队院内，突然响起了几声巨大的爆炸声，紧接着枪声四起，驻守日军胡乱射击，上演了一出贼喊捉贼的闹剧。原来，秦榆守备队队长落合正次郎安排日本宪兵向守备队营房投掷装有炸药的铁皮罐头盒，然后守备队鸣枪还击，制造了中国军队进攻日军的假象。于是，日军向东北军第9旅发起了攻击。

在临（榆）永（平）警备区司令何柱国的指挥下，中国守军奋起抵抗，提出"以最后一滴血，为民族争生存；以最后一滴血，为国家争独立；以最后一滴血，为军人争人格"[1]的口号。反对日本入侵华北的斗争由此开始。

2月23日，日军开始大规模进攻热河。3月4日，日军仅以128名骑兵轻取热河省会承德，10天之内，热河省全部沦于敌手。热河沦

---

① 方刚营、马春华：《1933长城亮军刀：长城抗战影像全纪录》，长城出版社2015年版，第57页。

陷，中国军队纷纷向长城各关口撤退，日军随即展开进攻，长城抗战全面展开。此后，中国守军在绵延千余里[①]的100多个长城关口上，与进犯日军展开了长达数月的殊死拼杀。他们面对装备了大量先进武器的日军，浴血奋战，勇猛杀敌，以血肉之躯，谱写了一曲惊天地、泣鬼神的不朽壮歌。

古北口，有"京师锁钥"之称，是万里长城上的重要隘口，历来是兵家必争之地，也是长城抗战中持续时间最长、打得最激烈、双方死亡人数最多的战役发生地。3月11日晨，日军第8师团及骑兵第3旅团进攻古北口，中国第67军112师，第17军2师、25师、83师奋勇抵抗，以窳劣之武器与日军鏖战两月余，毙伤日军5000余名，抗战将士亦有近8000人伤亡。

在古北口抗战中，帽儿山上七勇士的故事可歌可泣。12日拂晓，日军增加兵力对古北口发起强大攻势，25师被迫退守南天门预备阵地。在25师撤退时，145团的7名士兵携1挺机枪扼守帽儿山。日军多次进攻都被打退，他们也弄不清山上究竟有多少人，只好调来5架飞机对山顶反复轰炸，后又调来10门重炮对山顶狂轰，又被打退。日军无奈，只好空军、炮兵、步兵联合进攻。因寡不敌众，七勇士壮烈殉国。此战，七勇士共毙敌160余名，伤敌200余名。日军以为山顶上有几十人甚至上百人，上来一看，只有7个人，大为惊诧。他们钦佩至极，恭恭敬敬地把七勇士背下山安葬，并在坟前竖立木牌，题写"支那七勇士之墓"。

古北口战役结束后，当地百姓不忍抗日将士暴尸山野，自发组织起来，把战士尸骨背运至古北口南门外掩埋。一层尸体一层芦席，整整埋了360多具，形成直径18米，高10米的大坟，俗称"肉丘坟冢"，今天已经成为古北口战役阵亡将士公墓，公墓大门上是一副黑色挽联：

大好男儿光争日月　精忠魂魄气壮山河

---

① 1里等于500米。——编者注。

横批：　　　　　　　铁血精神

　　喜峰口位于唐山市迁西县与宽城县接壤处，是长城的又一道重要关隘，古称卢龙塞，是内地通往东北的咽喉要道，也是抗日战争时期名震天下的29军大刀队英勇事迹的发生地。1933年3月9日，日军服部、铃木两旅团联合先遣队进犯喜峰口，驻守此关的109旅奋起迎战。那时，与装备精良的日本侵略者相比，29军装备极为陈旧落后，但全军将士均有尚武精神，练就了一套娴熟的大刀功夫，在袭击日军时发挥了重要作用。3月10日至11日，大刀队在喜峰口与日军展开白刃战。战士们高呼着："大刀大刀，雪舞风飘。杀敌头颅，壮我英豪！"手起刀落处，日军尸横遍野。喜峰口一战，29军累计歼敌5300余人，有力打击了日本侵略者的嚣张气焰。自侵占东北以来，日军因所遇抵抗轻微，夜间都是脱衣而睡。此役后，有的日军指挥官命令士兵睡觉时在脖子上套上特制的铁围脖，以防脑袋被砍掉。

29军在长城喜峰口抗击日军（新华社　提供）

日本《朝日新闻》称："明治大帝造兵以来，皇军名誉尽丧于喜峰口外，而遭受六十年来未有之侮辱。"天津《益世报》在《喜峰口的英雄》一文中写道："法国人忘不了凡尔登的英雄，中国人永世万代亦不能忘记喜峰口的英雄！做凡尔登的英雄容易，做喜峰口的英雄难。……法国凡尔登的英雄，他们所有的器械，与德意志的器械可相提并论，我们喜峰口的英雄是光着脚、露着头，使着中古时的大刀。"[①]

1937年，作曲家麦新[②]以这场战斗为素材，创作了经典歌曲《大刀进行曲》："大刀向鬼子们的头上砍去，二十九军的弟兄们！抗战的一天来到了，抗战的一天来到了！前面有东北的义勇军，后面有全国的老百姓，咱们二十九军不是孤军，看准那敌人，把他消灭，把他消灭！冲啊！大刀向鬼子们的头上砍去，杀！"这首歌传唱大江南北，极大地激发了全国人民奋起抗战的决心。

长城抗战是九一八事变后，中国军队在华北地区进行的第一次大规模抗击日本侵略者的战役。这场战役迟滞了日本侵略中国的速度，使"中国人失掉自信力"的谣言不攻自破。长城抗战极大地激发了全民族的爱国主义精神和抵御外敌、视死如归的民族精神。但蒋介石奉行"一面抵抗，一面交涉"的方针，其结果就是1933年5月31日签署丧权辱国的《塘沽协定》。协定规定中国军队撤至延庆、通州、宝坻、芦台所连之线以西、以南地区，以上地区以北、以东至长城沿线为非武装区，实际上承认了日本对东北、热河的占领，同时划绥东、察北、冀东为日军自由出入地区。从此，华北门户洞开，日军随时可以直取平津。

---

① 冯炳如：《冯治安将军与喜峰口大捷》，《团结》2005年增刊，第15—17页。

② 麦新（1914—1947），原名孙培元，曾用名孙默心，生于上海。1935年投身革命，1936年参加吕骥领导的歌曲作者协会，1937年创作《大刀进行曲》，1938年加入中国共产党。1947年6月6日，在内蒙古开鲁县执行任务途中遭匪徒袭击壮烈牺牲。

二、武装起来保卫华北

日本侵略者对华北的步步进逼和巧取豪夺，使中华民族处于生死存亡的危急关头。保卫华北、抗日救国日益成为全国各阶层人民的共同呼声。

在民族危机日益严重的形势下，中国共产党继续高举抗日旗帜。1932年7月21日，中共河北省委发表反对日本帝国主义进攻热河宣言，号召工人们起来实行罢工，农民起来抗租抗税，学生们起来罢课示威，反对日本帝国主义进攻热河、华北。8月27日，中共中央发出抵制日货的决议，要求必须最坚决地执行抵制日货的工作，把领导权拿到自己手里，把工人、学生、劳苦群众组织起来，成立群众的抵货委员会。8月30日，中共中央发出紧急通知，明确目前中心的口号依旧是"开展武装民众的民族革命战争，反对日本帝国主义及一切帝国主义""民众自动武装起来驱逐日本帝国主义，打倒出卖民族利益的国民党"。①

1933年1月7日，中共中央作出关于日本帝国主义进攻华北的决议，指出：日本帝国主义占领山海关，开始了残杀中国民众及瓜分中国的新阶段。国民党以一年来的不抵抗政策代替日本帝国主义清除了武力占领华北的道路，这种形势将促使全国工农劳苦群众反日反帝斗争的情绪更加高涨。为此，提出下列紧急任务：一是开展最广大的群众的宣传鼓动；二是注意到工人群众中尤其是在停工关厂威胁中的日本企业中的工作；三是动员工人及劳苦群众组织反日义勇军；四是加倍地在一切白军部队中工作，特别是张学良的部队中工作；五是进行拥护红军苏维埃运动。

1933年1月17日，以中华苏维埃临时中央政府主席毛泽东和中国工农红军革命军事委员会主席朱德的名义发表宣言，提出红军准备在3个条件下同任何武装部队订立共同对日作战的协定。这3个条件

---

① 《中央紧急通知——关于日帝国主义的新进攻》，中共北京市委党史研究室编：《北京地区抗日运动史料汇编》（第二辑），中国文史出版社1990年版，第131页。

是：一、立即停止进攻苏维埃区域；二、立即保证民众的民主权利（集会、结社、言论、罢工、出版之自由等）；三、立即武装民众创立武装的义勇军，以保卫中国及争取中国的独立统一与领土的完整。

1933年1月26日，中共驻共产国际代表团又以中共中央的名义发出《中央给满洲各级党部及全体党员的信——论满洲的状况和我们党的任务》（"一·二六指示信"），提出"在某种程度和范围内，或能实行上层的统一战线""与民族资产阶级的某一部分实行统一战线"。[1]5月25日，中共中央发表《为反对国民党出卖华北平津告民众书》，号召工人、农民、士兵、青年学生，必须团结起来，组织反对日本及一切帝国主义的战争。11月21日，中共中央发表《为"中日直接交涉"宣言》，提出团结起来，武装起来，结成广大的反帝统一战线。

中国共产党的上述主张，表明党已经开始调整政策，朝着建立全民族的抗日统一战线迈进了一步。尽管由于这时党内"左"倾关门主义的方针还没有根本改变，又由于国民党统治集团仍然坚持反共内战和对日妥协的政策，建立抗日统一战线的主张还难以很快在全国范围内实现，但这一主张对于全国的抗日民主浪潮产生了积极的推动作用。

面对华北危机的严峻形势，工人、学生纷纷举行集会，发表宣言、通电，要求政府出兵抗日。社会各界人士，包括工商界、文化教育界、宗教界、海外华侨也都积极活动，呼吁抗日。一度被国民党当局镇压下去的抗日民主运动又重新活跃起来。

1932年7月23日，北平市工会救国联合会致电南京国民政府，要求"即派大军，指日北上，增援平津，进收辽吉，挽狂澜于既倒，作砥柱于中流"。[2]1933年1月7日，北平邮务工会发表告民众书，郑

---

① 中共中央党史研究室：《中国共产党历史（第一卷）》（上册），中共党史出版社2011年版，第310页。

② 《北平市工会救国联合会致国民政府电》，中共北京市委党史研究室编：《北京地区抗日运动史料汇编》（第二辑），中国文史出版社1990年版，第188页。

重宣示"我工会一日存在，即一日努力抗日救国工作"。[①]1月15日，北平佛教青年救国团发表告全国僧界书，号召"凡我僧界，迅下沉舟之决心，誓与倭奴一周旋，国存与存，国亡与亡，宁作战场鬼，莫为亡国僧"。[②]1月23日，北平各校学生组织抗日救国慰劳团，并发表宣言，称"我们宁愿为鼓起兵士的勇气而为中华民族谋利益，为中华民族求生存，为中华民族求解放，为世界求和平而死在战场上，不愿作这九死一生的苟安，我们即或死在战场上，而我们的灵魂与我们骨肉的粉末也是抗日的"。[③]2月24日，北平青年抗日救国团电请张学良督师杀敌，表示"本团誓率平市青年，为其后盾。洒我热血，灌我民族自由之花，掷我头颅，造我国家光明之果"。[④]

1933年春，华北妇女界代表深入喜峰口前线劳军，4位女士特地手持战士的大刀合影（新华社　提供）

① 《北平邮务工会告民众书》，中共北京市委党史研究室编：《北京地区抗日运动史料汇编》（第二辑），中国文史出版社1990年版，第191页。

② 《北平佛教青年救国团为抗日救国告全国僧界书》，中共北京市委党史研究室编：《北京地区抗日运动史料汇编》（第二辑），中国文史出版社1990年版，第198页。

③ 《北平各校学生抗日救国慰劳团宣言》，中共北京市委党史研究室编：《北京地区抗日运动史料汇编》（第二辑），中国文史出版社1990年版，第202页。

④ 《北平青年抗日救国团电请张学良督师杀敌》，中共北京市委党史研究室编：《北京地区抗日运动史料汇编》（第二辑），中国文史出版社1990年版，第206页。

长城抗战爆发后，前线将士奋勇杀敌，特别是29军大刀队喜峰口大捷后，在北平各界引起强烈反响。大家纷纷捐款捐物，组织慰劳团赴前线慰问。29军军长宋哲元在媒体公开发布鸣谢各界捐赠慰劳物品清单，如北京同济堂捐助立效灵丹4000瓶、银翘解毒丸4000包；燕京大学捐助钢盔1000顶；北平邮务工会捐助咸菜400斤[①]、锅饼1700斤……[②]清华大学抗日会还组织筑路队赴遵化修路，并同时携带咸菜3800斤慰问前线将士。当了解到前方将士缺乏雨衣的情况后，筑路队便发起捐献万件雨衣运动。

《塘沽协定》签订后，激起社会各界的强烈反对。中国共产党发表告民众书，明确指出"此次中日谈判，明明是投降出卖的城下之盟，明明是接受日本并吞华北要求"，号召全国民众"起来反对日本帝国主义进攻平津，反对国民党南京政府和北方军阀新的卖国"。[③]

1933年6月26日，萧湘在《北平文化》第3号发表《华北停战协定的定性分析》一文，揭露《塘沽协定》的本质：

> 50余万方里的中国土地不许中国驻军，不许中国过问，这就是所谓的"不失一寸土"吗？为什么在中国境内日本帝国主义的军队可任意行动，而中国军队则需日军的监视。中国军队号称有200万，自九一八事变迄今，除自动的士兵及义勇军在党军的压迫下做过激烈的抗日死战外，政府何曾明令出过一个兵？政府在"救国"的名义下，横征"救国捐""飞机捐""房捐""地捐"，而日本帝国主义的飞机每天大批"光临"平津，何曾见过一架"青天白日"的飞

---

① 1斤等于500克。——编者注

② 《北平各界向长城抗战军队捐赠慰劳品》，中共北京市委党史研究室编：《北京地区抗日运动史料汇编》（第二辑），中国文史出版社1990年版，第246页。

③ 《中共中央、共青团中央为反对国民党出卖华北平津告民众书》，中共北京市委党史研究室编：《北京地区抗日运动史料汇编》（第二辑），中国文史出版社1990年版，第172—173页。

机在平津上空……所以我们认为停战协定是断送华北的送命符，什么"使军队人民得之休养""无附带条件与口头约定"，都是欺骗民众的麻醉剂。从此认定，只有民众的力量才能收复失地。[①]

三、察哈尔民众抗日同盟军

南京国民政府的对日妥协投降政策，引起了国民党内部爱国人士的强烈不满。随着平津危机的日益加深，冯玉祥在张家口举起了抗日救国的旗帜。

九一八事变后，冯玉祥曾多次发表通电，呼吁团结抗日，反对蒋介石的不抵抗政策。他曾作了一首打油诗，痛骂蒋介石顽固坚持实行"攘外必先安内"政策："先剿共，先剿匪，不与日人开仗方为得。误国贼，卖国贼，不与日人开仗是为贼。日为友，敌为友，他是至死不与中国人为友。"[②]对日本帝国主义的侵略，冯玉祥的态度是一贯的、坚决的。他一再表示："此次日本出兵东省，占领我国土，残杀我人民，闻耗之下，肝胆欲裂。凡有血气之伦，应急投袂而起，同仇敌忾，雪此奇耻。"[③]并说："我是主张抗日的，我是军人，我应当多少带一点敢死的军队，到前方去打仗杀敌。""以抗日为第一要事；不抗日，惟死而已。"[④]

冯玉祥总结北伐战争后期与中国共产党分裂的教训，决心重新与共产党合作，要求中共派党员来张家口工作。吴化之等人秘密联系华

---

① 萧湘：《华北停战协定的定性分析》，中共北京市委党史研究室编：《北京地区抗日运动史料汇编》（第二辑），中国文史出版社1990年版，第265—269页。

② 中国第二历史档案馆编：《冯玉祥日记》（第4册），江苏古籍出版社1992年版，第56—57页。

③ 《复熊希龄电稿（一九三一年九月廿六日）》，《冯玉祥选集》（中卷），人民出版社1998年版，第653页。

④ 中国第二历史档案馆编：《冯玉祥日记》（第3册），江苏古籍出版社1992年版，第578、594页。

北党组织所能影响的武装力量，暗中向张家口集结。共产党员宣侠父、许权中、张存实等人也先后赴张家口。吉鸿昌毁家纾难，变卖家产6万元以购买枪械，然后奔赴张家口。

南京政府为打消冯玉祥举旗抗日的念头，屡屡致电或派人请其到南京。对南京、北平来的说客，冯玉祥怒加斥责，斩钉截铁地说："民族大敌当前，我冯玉祥能退走吗？能去当一名软骨头的亡国奴吗？我冯玉祥能招三十万人，就抗三十万敌人；能招一万人，就抗敌一万！"还说："我姓冯的宁愿死在日本人手里，也决不做软骨头的亡国奴！"①

1933年5月26日，汇集到张家口的各部队和各人民团体、各地区代表召开会议，宣布成立察哈尔民众抗日同盟军（简称"抗日同盟军"），冯玉祥被推为总司令。当日，冯玉祥发表就职通电，历数日本帝国主义侵略事实，猛烈抨击蒋介石的不抵抗政策，提出："率领志同道合之战士及民众，结成抗日战线，武装保卫察省，进而收复失地，争取中国之独立自由。有一分力量，尽一分力量；有十分力量，尽十分力量；大义所在，死而后已。"最后宣告："凡真正抗日者，国民之友，亦吾之友；凡不抗日或假抗日者，国民之敌，亦吾之敌。"②

察哈尔民众抗日同盟军总司令冯玉祥向抗日官兵讲话（新华社　提供）

① 冯纪法：《在冯玉祥将军身边十五年》，丘权政编：《回忆冯玉祥将军》，北岳文艺出版社1990年版，第208页。

② 《就任抗日同盟军总司令职通电（一九三三年五月廿六日）》，《冯玉祥选集》（下卷），人民出版社1998年版，第53—54页。

关于抗日同盟军的方针，冯玉祥指出："一、凡为民族独立而同情于抗日者，皆为吾友，应相互提携之。二、凡为亲日辱国以阻扰抗日者，皆为吾敌，应竭力攻击之。"[①]抗日同盟军成立后，连颁三道通令，宣布免除苛捐杂税、释放所有政治犯、党费不得由国库开支。召开军民代表大会，通过抗日同盟军纲领、军事问题、财政政策等决议案，强调抗日同盟军的性质为"革命军民之联合战线"，反对南京国民党政府与日本的"停战协定"。

中共河北省委成立前线工作委员会，具体负责领导党在张家口地区及抗日同盟军中的工作，并从北平、陕西等地抽调许多党的干部如刘仁、阎红彦等到抗日同盟军各部队工作，在抗日同盟军内正式建立党组织。经冯玉祥同意，中共组建第18师，许权中任师长；在3师、5师、16师、18师中建立了抗日救国会、政治工作委员会和宣传队等中共领导的外围组织。300余名中共党员在抗日同盟军中起到了骨干作用。

抗日同盟军成立后，冯玉祥任命吉鸿昌为北路前敌总指挥，方振武为北路前敌总司令，北进抗日。6月22日，抗日同盟军出兵攻克康保，打响收复察东失地第一枪。接着，7月1日收复宝昌。同日，分三路围攻多伦。当时防守多伦的有日军茂木骑兵旅3000余人及伪军李守信部，战斗异常激烈。吉鸿昌亲自到前线督战指挥，并朗诵四言诗一首鼓舞士兵：

有贼无我，有我无贼。
非贼杀我，即我杀贼。
半壁河山，业经改色。
是好男儿，舍身报国。[②]

---

① 《致李烈钧、徐谦、熊克武等沪上中委电（一九三三年一月七日）》，转引自徐辉琪：《九一八事变后的冯玉祥》，《抗日战争研究》2004年第1期，第192—216页。

② 穆欣：《吉鸿昌将军》，人民出版社1979年版，第90页。

经连日奋战，抗日同盟军于7月12日收复多伦。在以上诸战役中，共击毙日伪军1000余人，1600余名抗日同盟军官兵献出了宝贵的生命。收复多伦，给全国人民以巨大振奋。正像一支抗日歌中所唱的那样：

　　好男儿，壮志坚，抗日义旗举张垣。忠勇毕聚同盟立，誓以铁血抒国难。

　　力虽薄，义愤伸，收复察东克多伦。驱寇雪辱非不能，兴起兴起我国人。[①]

抗日同盟军开往前线打击日军（新华社　提供）

　　察东四县的全部收复，成为自九一八事变以来中国军队从日军手中收复失地的首功之役，给中国民众带来了抗日御侮的希望，更激发了全国民众的抗日决心与热情。然而这个胜利却使蒋介石、汪精卫等人大为光火，因为国民党当局将抗日同盟军的抗日行动视为"攘外必先安内"妥协政策的对立物，千方百计破坏抗日同盟军。他们不仅从

---

　　① 《抗日歌·张垣倡义》，中国人民政治协商会议河北省委员会文史资料研究委员会编：《冯玉祥与抗日同盟军》，河北人民出版社1985年版，第245页。

舆论上大肆造谣诽谤，收买动摇分子对抗日同盟军分化瓦解，而且指挥大军逼近张家口准备进攻抗日同盟军。7月底，在察哈尔的国民党军队已达16个整师（15万余人，铁甲车8列，飞机18架），对抗日同盟军形成层层包围之势。

与此同时，中共临时中央领导人继续实行"左"倾关门主义，错误地认为"冯玉祥始终是我们的阶级敌人"，与其他军阀"根本没有区别"，指责在抗日同盟军内工作的共产党员是"右倾机会主义"，并秘密指示河北省委将这支抗日武装力量发展成为红军，带到河北与山西交界地区建立新的根据地。这种错误方针，使得很多共产党员用艰苦努力换来的合作抗日局面难以维持下去。

8月5日，冯玉祥在日本和国民党军队的夹击下，被迫通电去职，随后撤销抗日同盟军总部。

冯玉祥走后，抗日同盟军大部被宋哲元收编。唯有吉鸿昌、方振武坚决抗日，并将所部改称"抗日讨贼军"，转战于丰宁、怀柔、密云等地，后在商震、关麟征、庞炳勋等部和日军的配合夹击下失败。吉、方二人脱险逃出。吉鸿昌潜入北平，转回天津。方振武辗转到达香港。至此，名震一时的抗日同盟军完全瓦解。

吉鸿昌回到天津后，继续从事抗日活动。1934年，他参与组织中国人民反法西斯大同盟，被推为主任委员，秘密印刷《民族战旗》，宣传抗日，联络各方，准备重新组织抗日武装。11月9日，他在天津法租界被南京当局特务暗杀受伤，后遭工部局逮捕，被引渡到北平军分会。特务使出种种手段，让他招供。吉鸿昌大义凛然地说："我是共产党员，由于党的教育，我摆脱了旧军阀的生活，转到工农劳苦大众的阵营里头来。我能够加入革命的队伍，能够成为共产党的一员，能够为我们党的主义，为人类的解放而奋斗，这正是我毕生的最大光荣。"

11月24日，是吉鸿昌殉难的日子。在刑场上，他以大地为纸、树枝作笔写下了气壮山河的就义诗：

恨不抗日死，

留作今日羞。

国破尚如此，

我何惜此头！

　　然后，他厉声对持枪的刽子手说："我为抗日救国而死，死得光明正大，决不能背后挨枪，站到我面前，我要亲眼看到敌人的子弹是怎样打死我的！给我拿个椅子来，我得坐着死！"他高呼着"抗日万岁""中国共产党万岁"的口号英勇牺牲，至死也没有在敌人面前倒下，时年39岁。人们在整理他的遗物时，从白布裤裆里找出铅笔头一根，小香烟纸一方，上有遗书一行，写道："我的死暂不要告诉我的妻子知道。"另一行写："不要厚殓。"

第三节　北平左翼文化运动

一、北平左翼文化运动的兴起

左翼文化运动的发生，正值革命力量与反革命力量斗争空前激烈的十年内战时期。1927年大革命失败后，一批中国共产党和党所影响的文化工作者冲破国民党反动统治的高压，在新开辟的革命的思想文化阵地上，展开了英勇的战斗。他们积极从事马克思主义宣传，进行革命文艺创作，宣传党的方针政策，反对国民党的文化"围剿"，开展抗日救亡活动，掀起了一场很有声势和实力的左翼文化运动。

北平作为中国历史文化名城，大学和知识分子集中，各种文化思潮十分活跃。在中国共产党的领导下，左翼文化运动逐渐兴起和发展。1929年下半年，在中共中央宣传部之下成立中央文化工作委员会，由潘汉年负责，统一领导这方面的工作。中共顺直省委和北平市委也先后成立负责文化工作的机构，党的负责人直接参加北平左翼文化团体的筹备工作，领导文化战线的斗争。北平地下党组织团结一批爱好文学、要求进步的青年，组织了读书会、文学研究会一类的团体，创办刊物，探讨进步文学和革命理论，并从中发现和培养革命积极分子。

九一八事变后，随着日本侵华活动的加剧，加之国民党奉行不抵抗政策，广大群众，特别是青年学生，越来越同情和倾向革命，这就为北平左翼文化团体的建立以及推动左翼文化的开展，提供了有利的客观条件。

1930年春，在中共顺直省委的领导下，北平20多个普罗①文艺社团、社会科学研究团体组成北平普罗文化运动大同盟，成为开展左翼文化运动的基本力量，也为以后北平左翼文化团体的建立做了组织上

---

① "普罗"即英文Proletariat（无产阶级）音译"普罗列塔利亚"的简称。

的准备。1930年3月2日，经过党的建议和筹划，由党内外作家组成的中国左翼作家联盟（简称"左联"）在上海正式成立。随后，中国社会科学家联盟、中国左翼戏剧家联盟、中国左翼美术家联盟、中国左翼教育工作者联盟（分别简称"社联""剧联""美联""教联"）以及电影、音乐小组等左翼文化团体也相继成立。这些团体的成立，在北平文化界和青年学生中产生了很大的影响。随后，在党的领导下，北平各左翼文化团体纷纷成立。

北方左翼作家联盟。1930年9月18日下午成立，成立大会在北平大学法学院小礼堂召开，到会的有段雪笙、张章等30余人。这是北平党组织领导下成立的第一个左翼文化团体。它团结了一批爱好文学、要求进步的青年学生，运用文学的形式，通过讨论创作作品，参加实际政治斗争，宣传马克思主义和中国共产党的主张。

中国社会科学家联盟北平分盟。成立于1930年10月16日，成立大会上通过了社联筹备会起草的纲领及成立宣言。纲领中明确提出，要"在中国共产党指导下，学习并推广马克思列宁主义，参加革命""加紧社会科学大众化运动，深入工厂农村兵营，使马克思列宁主义深入一般大众"。①会议还确定出版新兴社会科学杂志，参加工农教育事业，开始社会政治经济的调查等各项具体工作计划。

北平普罗画会。1931年2月5日成立，成立大会确立了画会的活动方针，明确了画会的任务：运用漫画、木刻等美术形式，反映农工的生活和他们争取解放的斗争。

北平教育劳动者联盟。简称"北平教联"，1931年底成立，主要成员为中小学教员，也有不少大学著名教授。这些进步教师在课堂上宣传进步思想，宣传抗日救亡的思想，在学生中有很大的影响。北平教联经常组织一些知名的进步教授到各大中学校演讲，向青年学生和市民做唯物史观的启蒙教育。参加北平教联的还有北平师范大学等校

---

① 中共北京市委党史研究室、中共天津市委党史资料征集委员会编：《北方左翼文化运动资料汇编》，北京出版社1991年版，第53页。

的学生。

中国左翼戏剧家联盟北平分盟。简称"北平剧联"，1932年2月成立，参加成立会议的有李树芬等12人，以《中国左翼戏剧家联盟理论纲领》和《中国左翼戏剧家联盟最近行动纲领》为自己的纲领。提出要"深入都市无产阶级的群众当中，取本联盟独立表演，辅助工友表演，或本联盟与工友联合表演三方式以领导无产阶级的演剧运动"，同时也提出要兼顾中国的电影运动，组织"戏剧讲习班"等。[①]在成立大会上，选举出由5人组成的第一任执行委员会，分别担任总务、组织、宣传、研究等方面的工作。"苞莉芭剧社"（"苞莉芭"是俄文"斗争"的音译）、"呵莽"（英语"come on"的音译）和"新兴""新球"等剧社都是北平剧联的成员。

北平世界语者同盟。1932年2月1日成立，成立宣言指出："中国的民众呻吟在帝国主义及其走狗集团的几重压迫下，更沦落到饥寒交迫的深渊，但因为中国经济发展的不均衡，以及语言文字的千差万别，莫说国际的携手极感困难，即要全国民众很灵活的团结，也是谈何容易。因此，我们更痛切地感觉到世界语在中国所处的地位的重要，把世界语运动深入到民间去，已成为我们在社会运动上的紧要任务之一。"[②]北平的世界语运动很快发展到北京大学、中国大学、北平师范大学等20多所学校。

北平左翼音乐家联盟。简称"北平乐联"，1932年12月成立，成立大会在西四附近的一个教会女中召开，会上制定了北平乐联的行动方针和规划。北平乐联成立时有盟员20余人，以后与北平剧联等团体合作，工作开展得很活跃。

北平文化总联盟。1932年5月，为协调各文化团体的活动，扩大

---

① 《中国左翼戏剧家联盟最近行动纲领》，中共北京市委党史研究室、中共天津市委党史资料征集委员会编：《北方左翼文化运动资料汇编》，北京出版社1991年版，第58—60页。

② 《北平世界语者同盟成立宣言》，中共北京市委党史研究室、中共天津市委党史资料征集委员会编：《北方左翼文化运动资料汇编》，北京出版社1991年版，第61页。

组织，统一领导，根据斗争形势的需要和中共河北省委的指示，北平各左翼文化团体联合召开代表大会，成立了北平文化总联盟（简称"北平文总"）。会上通过了《北平文化总联盟纲领》和《北平文化总联盟章程》两个文件。纲领提出了盟员今后一致的方针，如反对帝国主义在中国的奴役统治，以文化的武器为中国民族与社会的解放而斗争；打击一切狭隘的复仇思想、虚伪的和平主义及人道主义、依赖国联和美帝国主义的欺骗宣传；联合一切反帝反封建反日的文化团体及个人，巩固并扩大中国新文化运动统一战线；等等。[①]大会推选的执行委员会委员大多是各左翼社团的负责人。从执委中又推选出常务委员5人，分别担负总务、组织、宣传、出版、发行5部事务。北平文总内设有党团（组），党团（组）直接接受中共河北省委文委和中共北平市委的指示，领导下属各左翼文化团体党团的工作。先后在北平文总担任过领导职务的有潘漠华、周永言、张磐石等。

二、拿起文艺的武器

北平的左翼文化团体成立后，积极投身现实斗争，以文艺为武器，反对日本帝国主义的侵略，揭露国民党反动派的不抵抗政策，参加抗日救亡运动，宣传马克思主义，成为文化界抗日救国的一道独特风景线。

参加抗日救亡运动，是北平左翼文化运动的一项重要内容。九一八事变后，北平的左翼文化团体积极投入到反对日本帝国主义的斗争中，它们组织了多种抗日团体，印发反日宣传大纲、平民识字课本等材料，向各界民众宣传中国共产党的抗日主张。北平学生发起向南京国民政府请愿活动，大批左翼盟员参加了这一斗争，有的左翼文化团体负责人成了南下示威团的领导者。一·二八抗战后，北方左联

---

① 《北平文化总联盟纲领》，中共北京市委党史研究室、中共天津市委党史资料征集委员会编：《北方左翼文化运动资料汇编》，北京出版社1991年版，第67—68页。

与反帝大同盟、学生抗日救国联合会共同发动了北平人民的援沪抗日运动。一些左翼文化战士不仅用小说、诗歌、戏剧、图画、歌曲等形式唤醒民众，而且还拿起枪，与日本侵略者浴血奋战。抗日同盟军成立后，就有许多左翼文化团体的负责人和盟员从北平、天津前往张家口参军。

一些左翼文化团体的盟员，以手中的笔为武器，写下大量揭露日本帝国主义侵略、抨击国民党政府腐朽、歌颂工农红军英勇奋战的小说、诗歌、杂文和论著，创办了不少左翼文学刊物，据统计，从1929年春至1933年夏，计有《星星》《前哨》《北方文艺》等数十种。这些刊物一般都辟有时事分析、国际政治经济、小说、诗歌、演讲等栏目，全面反映自己团体的活动与主张。在白色恐怖之下，这些刊物出版和发行都很困难，但正如鲁迅所说的那样，他们"坚持韧性的战斗"，始终没有被反动派的迫害所吓倒：一个同志被捕了，别的同志接着干；一个刊物被查禁了，换个名称继续出版。这些作品在青年学生和劳苦大众中产生重大影响，启发和教育了一大批爱国青年投身革命。

北平剧联、北平乐联的成员运用演剧的形式，在公开的场合大演反帝反封建的进步戏剧。他们的演出很危险，几乎每次演出都要遭到反动当局的阻挠和禁止，与军警进行一场激烈的斗争。但北平剧联的演出又很频繁，据初步统计，仅在1932年北平剧联的公开演出就达20余次。

他们组织了两场有名的公演。一场是1932年5月在灯市口瀛环戏院的公演。参加演出的有于伶、宋之的、李树芬、司徒萍等。演出剧目为《血衣》《乱钟》《工场夜景》。开演不久，国民党军警就来到后台，强迫演员闭幕，激起观众强烈抗议，大声喊："演下去！演下去！""打倒日本帝国主义！"军警还从剧场的天窗往下扔砖头瓦块，下面的军警也大打出手，一时间棒子、凳子横飞。

正在混战时，一个女演员走到台中间大声质问警察："我们是爱国的，我们进行的是抗日救国活动，你们为什么要来破坏？"最后，在观众的支持下，演员们冲下台，同观众手拉手，在聂耳①的小提琴伴奏下，唱着《国际歌》，喊着口号，冲出剧场。这次演出，得到了社会舆论的同情和支持。

另一场是1932年10月在清华大学为东北义勇军募捐而举行的联合公演。这次公演的剧目有新球剧社的《战友》、呵莾剧社的《乱钟》、新兴剧社的《月光曲》、苞莉芭剧社的《工场夜景》。28日晚，清华大学礼堂内挤满了学生，气氛热烈，群情激昂。在钢琴伴奏下，聂耳用小提琴拉起《国际歌》。《国际歌》的旋律吓坏了晚会的主持人，他赶忙把聂耳拉回幕后，请他不要演奏这样的曲子。当聂耳重新回到舞台上时，《国际歌》雄浑有力的旋律又在礼堂中回响，全场观众情绪非常热烈，都激动地站立起来。悲壮的乐曲冲出礼堂，飞向天穹。演出的第二天早晨，清华园的国民党学生贴满反动标语，要把"普罗戏剧"赶出去。经过剧联努力，第二天晚上继续演出。这次演出，对清华大学的学生鼓舞很大，各种抗日组织都纷纷活动起来。

普罗画会的同志则拿起画笔、刻刀，用绘画的形式号召群众投入到抗日反蒋的洪流之中。他们常常将自己刻制的版画印刷出来，乘夜晚张贴在大街小巷。他们的宣传画目的明确，通俗易懂，宣传效果很好。1933年4月，普罗画会的同志在北平艺文中学举行第一次木刻展览会。这次展出的作品有反映抗日题材的《上海民族革命战争中之工人义勇军》《火灾》《到东北去》《抗日的呼声》《难民》《清道夫》《加入义勇军》等。当时的报刊评论说，这些作品"都能抓住时代的精神"，展览"叫你肃然起敬，顿时觉得你的周遭尽是黑暗和恶魔，你的前途呈现着希望和光辉"。②

学习和传播马克思主义是社联及其他左翼文化团体的又一重要活

---

① 聂耳（1912—1935），云南玉溪人。原名守信，字子义（一作紫艺）。1933年开始为左翼电影、戏剧作曲。1933年，由田汉介绍加入中国共产党。1935年在日本不幸溺水身亡。

② 中共北京市委党史研究室、中共天津市委党史资料征集委员会编：《北方左翼文化运动资料汇编》，北京出版社1991年版，第22页。

动。人们克服重重困难，冲破国民党政府的严厉查禁，从事马列原著的翻译和出版工作。1932年8月、1933年1月，马克思的《资本论》第4章至第13章由北平东亚书局分两册出版。1932年9月北平国际学社又出版侯外庐和王思华合译的《资本论》第一卷上册。为扩大马克思主义的宣传，满足北方左翼进步青年的需要，1931年党组织决定在保定成立自己的出版机构——北方人民出版社。该社负责人王禹夫一人担当了编审、校对和出版发行工作。该社共出版两类丛书：一类是人民文化丛书，主要是一些内容比较通俗，易为大众接受的读物；一类是左翼文化丛书，主要是马列著作、党的文件、决议，包括《共产党宣言》《国家与革命》《中国革命与中共的任务》等。

在传播马克思主义理论方面，北平教联做了很多工作。它在北平许多大学和中学的讲坛上，特别是在北京大学、北平师大、中国大学、中法大学这样一些民主气氛较强或私立的学校里公开设置马列主义哲学、政治经济学课程。李达、黄松龄、吕振羽、吴承仕、范文澜、侯外庐、马哲民、齐燕铭、王思华、杨绍萱、章友江、陈启修、施存统、张友渔、杨秀峰、陈翰笙、许德珩等人都在北方的一些学校讲授过马克思主义的政治经济学、历史哲学以及阶级斗争、唯物史观等课程，教育了一大批青年，推动了中国思想界的进步。

侯外庐在《三十年代初在北平》一文中，生动记载了传播马克思主义的趣事。他说，李达在白色恐怖的北平，坚持到校讲授马克思主义理论。李达对付教室门外的国民党特务自有一套办法，就是上课戴个大口罩，一言不发，用板书代替口授。侯外庐回忆，有一次许德珩在东北大学演讲，听众情不自禁地同声唱起"我的家在东北松花江上……"悲愤的歌声使演讲会顿时变成声讨日本帝国主义侵略罪行的大会，变成抗议蒋介石妥协投降、推行不抵抗政策的大会。

1932年12月11日，许德珩、侯外庐、马哲民被国民党反动当局逮捕（"许、侯、马事件"）。在公审中，检察官问侯外庐："为什么要宣传马克思主义，为什么要宣传反对帝国主义？"侯外庐回答：

"因为我爱国，天下兴亡，匹夫有责。"检察官又问："什么叫帝国主义？"说来也巧，正当此时，一架日军飞机低低地掠过上空，侯外庐朝天一指说："这就是帝国主义！现在你明白了吧！明明是我们中国的领空，为什么他们可以恣意横行。"这一番话，引得旁听席一片笑声，检察官气得暴跳如雷。[①]

1932年11月13日至28日，鲁迅从上海到北平探视母亲期间，在左翼文化团体策划下，通过学校行政或学生会邀请，做了5次演讲。11月22日在北京大学第二院演讲，题为《帮忙文学与帮闲文学》；同日在辅仁大学演讲，题为《今春的两种感想》；11月24日在北平大学女子文理学院演讲，题为《革命文学与遵命文学》；11月27日去北平师范大学演讲，题为《再论"第三种人"》；11月28日在中国大学演讲，题为《文艺与武力》。这5次演讲，被称为"北平五讲"。这是当时文化界的一件盛事，对当时正处在紧急情势下的北方文化界、青年界以至广大人民都产生了很大影响。

据当年聆听演讲的陆万美回忆，演讲的中心内容有二：一是打击当时国民党政府对日本侵略者的投降主义，尖锐揭露一些"御用学者"的欺骗言论，鼓励人民热爱祖国，清醒认识当时的严峻形势，必须相信自己的力量，"认真地，实际地"准备和进行反抗日本法西斯的侵略战

1932年11月，鲁迅应北平左翼文化团体之邀，来北平做了5次公开演讲（於俊杰　绘）

①　侯外庐：《三十年代初在北平》，中共北京市委党史研究室编：《北京地区抗日运动史料汇编》（第二辑），中国文史出版社1990年版，第397—417页。

争；二是在文艺战线上，针对当时北平"京派文人"死气沉沉的亡国论调，揭露他们口口声声"不问政治""为艺术而艺术"的本质，实际上是在"帮忙，帮闲"，为帝国主义和国民党反动派服务。

"北平五讲"受到文化界、青年界和广大人民的热烈欢迎。一位亲历者回忆："一听到这消息，却兴奋得、欢快得血液都沸腾起来了。到处都在谈论他，一致都表示欢迎他，甚至感觉到当时整个严寒风沙的北平，都立刻变得暖和光明起来，更为有意义了。"①这几次演讲原来都布置在大的礼堂或屋子里，但来的人实在太多，只好搬到广场上去讲。鲁迅立刻接受群众意见，在狂风和严寒中，只穿着薄棉袍，站在木方桌上，也没扩音器，向拥挤的人群讲话。

于伶在回忆"北平五讲"时说："北平五讲，是鲁迅先生在北平做的五次大战斗……这是一次北平文艺队伍的大检阅。我们的这个文化新军的最伟大和最英勇的旗手鲁迅，以他极大的热忱，以威严凛然而又温文亲切、从容安详的战斗雄姿，检阅了这支奋战在北国的文艺部队。每个战士以自己受到鲁迅的检阅为光荣，得到力量，怀着更坚定的战斗决心回去。"②

陆万美也对"北平五讲"做了高度评价。他指出：

> 鲁迅先生在北平，总共只住了十五天，和群众见面也只有五次，然而产生的影响确是巨大而深刻的。这主要是由于先生以"甘为孺子牛"的无比忠诚，热爱无产阶级革命事业和共产主义的美好理想，热爱灾难深重的祖国和自己民族的亲爱同胞。还由于先生具有毛主席指出的"民族英雄"的"向着敌人冲锋陷阵的最正确，最勇敢，最忠实，最热忱的"

---

① 陆万美：《追记鲁迅先生"北平五讲"前后》，中共北京市委党史研究室、中共天津市委党史资料征集委员会编：《北方左翼文化运动资料汇编》，北京出版社1991年版，第390页。

② 于伶：《鲁迅"北平五讲"及其他》，中共北京市委党史研究室、中共天津市委党史资料征集委员会编：《北方左翼文化运动资料汇编》，北京出版社1991年版，第403页。

战斗精神。先生每次讲话的内容，实际都密切地配合了党的斗争任务，生动深刻地宣传了党对形势的分析和政策，并准确打击了国民党的反动政策，尖锐地揭露了一切帮忙、帮闲的政客、学者的欺骗宣传。[①]

批评错误的反动思想、文艺理论，是左翼文化运动得以发展的重要保证。这些斗争，主要集中于对"新月派"的斗争、对"第三种人"的批判等。在这些斗争中，对方的矛头都集中在马克思主义文艺理论的主要内容——文艺的阶级性上，目的都在于反对无产阶级文学的根本任务——文艺为革命的政治服务。这些，也就成为双方论争的焦点。这是因为：敢不敢公开承认文艺的阶级性，以及究竟为哪一个阶级的政治服务，正是无产阶级文学和资产阶级文学的分水岭，正是两者最根本的分歧。在斗争中，左翼作家大力宣传革命的现实主义的创作理论，要求努力地反映广大劳苦大众的生活和斗争，捍卫了马克思主义文艺理论的根本原则和无产阶级文学的政治方向，为无产阶级革命文学运动的前进扫清了道路。

北平左翼文化团体的上述活动，有一个显著的特点，就是同广大群众相结合，同当时的抗日斗争相结合，同反对国民党的反动统治相结合，而不是单纯地搞文化活动。可以说，抗日救亡活动扩大了左翼文化运动的影响，左翼文化运动又进一步推动了抗日救亡活动的开展。

三、冲破国民党的文化"围剿"

左翼文化运动的发展，使国民党政府非常恐慌。为配合军事上的反革命"围剿"，他们对革命文化也进行了疯狂的"围剿"。一方面，他们大肆宣扬法西斯主义、封建主义等反动理论，企图以此抵制马克

[①] 陆万美：《追记鲁迅先生"北平五讲"前后》，中共北京市委党史研究室、中共天津市委党史资料征集委员会编：《北方左翼文化运动资料汇编》，北京出版社1991年版，第396页。

思主义的影响，麻痹和腐蚀人们的思想。另一方面，他们对革命的、进步的文化极尽压制摧残之能事，千方百计地"围剿"革命的思想理论和文化艺术，残暴地镇压文化战线上的共产党员和左翼文化工作者。

国民党政府对左翼文化的破坏，采取的措施主要有：

一是查禁进步书刊和文艺节目，封闭进步书店和文化机构，剥夺和限制进步文艺作品和刊物的出版自由。1930年12月，国民党政府颁布《出版法》，次年10月颁布《出版法施行细则》；1932年11月，国民党中央宣传部公布《宣传品审查标准》；1933年2月，国民党政府成立"中央电影检查委员会"；1934年6月和8月，又先后公布《图书杂志审查办法》和《新闻检查大纲》等反动法令，用来查禁进步电影和书刊的发行，迫害左翼文化工作者。上述法令中规定：凡是宣传共产主义和阶级斗争的，就是"反动"；批评国民党卖国不抵抗、要求抗日的，就是"危害中华民国"；对国民党政府稍有不满，就是"为共产党张目"，对这一切都要取缔、禁止、查办。据粗略统计，从1931年到1935年，仅国民党政府宣布查禁的书刊就有1000多种，其中大部分是中国共产党和左翼文化团体发行的书籍和刊物。

二是设立邮政检查。为防止进步思想流传，国民党政府在各邮电局设立检查站，发现邮递的左翼刊物即行扣留，追查逮捕作者、编辑人，查封书店和印刷所。据北平市公安局统计，从1931年11月30日到1932年2月24日，由邮电检查员"扣留销毁"的"有关时局平信及电报，并宣传共产各种'反动'刊物报纸"达7280多件。[①]

三是派军警镇压。国民党政府将驻南京的国民党中央宪兵三团、四团调驻北方，专司破坏革命之职。他们派遣便衣到各学校了解动态，侦缉地下党员和群众领袖；打入地下党内部，刺探情报；公开或秘密逮捕革命者，不论党团员或左翼团体成员，一律严刑拷打，援引《中华民国紧急治罪法》判以重刑，有的还押赴南京关押。共产党的

---

① 中共北京市委党史研究室、中共天津市委党史资料征集委员会编：《北方左翼文化运动资料汇编》，北京出版社1991年版，第27页。

省市委领导机关和外围革命团体接连遭受严重破坏，领导人潘漠华、洪灵菲等被捕。1933年8月，仅在北平报纸上公布的被捕左翼文化团体成员就有近百人之多。北方的左翼刊物出版发行也遭遇极大困难。据粗略统计，仅1933年一年被查禁的左翼文化刊物就有《北平文化》《文化新闻》《今日》等10余种。

总之，从1933年开始，北方的白色恐怖愈演愈烈，左翼文化运动遭到严重的挫折，大部分团体停止活动，许多左翼文化工作者分散到中小城市和乡村，进入极端艰苦的斗争时期。

在这种严酷的环境下，一些左翼文化团体的盟员不避艰险，始终坚持以极其秘密的方式，印发传单，涂写标语，出版发行进步书刊。有的通过各种合法、半合法的座谈会、文艺茶会、读书报告会等形式，巧妙地宣传马克思主义和党的方针政策。有的在一些合法报刊上取得主编副刊或担任编辑的机会，使这些副刊成了宣传左翼文化的阵地。有的利用合法手段，与当时一些卓有名望的社会人士一起创办刊物，借以扩大左翼文化的影响。

1934年4月，在北方左翼文化团体的支持、参加与协作下，以吴承仕为主编，创办大型综合性双月刊杂志《文史》。该刊不但注意学术研究，而且结合形势，发表政论，传播左翼文化，抨击当局的种种倒行逆施。1934年《文史》出版到第4期被停办。1935年10月，又由吴承仕出面，以中国大学几位进步教师和学生为骨干，创办综合性月刊《盍旦》。它发表政论性杂文，针砭时弊，评议国事，力倡抗日救亡，该刊一直到一二·九运动前夕才被迫停刊。

1934年8月，从事进步绘画活动的同志，主办了一场有北平和天津青年木刻家参加的书画、版画展览会。这个展览会改变过去政治色彩过于强烈的做法，采用半合法的形式，"以木刻为主，也请些'陪客'，以掩当局耳目"。展览会先后收到广州、太原、邢台、上海、天津、济南等地寄来的古代木刻作品60余幅，中外木刻书籍画册30余种，外国名作400余幅，鲁迅也寄来作品。展览会受到观众的欢迎和喜爱，证明只要采取正确的斗争策略，左翼文化运动就能够冲破"围剿"，向前发展。

与此同时，北平进步作家、艺术家还通过埃德加·斯诺等国际友人和美国《新群众》《亚细亚》等外国刊物，将北方左翼文化运动和中国人民同苦难做斗争的情况，以及进步作家、艺术家的作品，向国外特别是欧美的人民做广泛的报道和介绍，求得世界进步力量的同情和支持。

随着中国革命斗争形势的发展，以及日本帝国主义的步步进逼，从事左翼文化运动的同志又组织许多抗日救亡的团体和研究会。其中规模较大的就是北平文化界救国会和北平作家协会。

1936年1月，在中国共产党的领导下，包括北平文化界、教育界、新闻界150多人参加的北平文化界救国会成立。在其成立宣言中，称赞各地的学生运动，"他们费了父母'汗血之资'来入学校，希望学成后做个社会的中坚分子，国家的柱石良材，决不是不知艰难的黄口稚子，决不是爱出风头的无聊政客，决不是混水捞鱼的腐败官僚，决不是被人收买的捣乱分子，而是为爱国心所驱使，为民众争生存，愿意牺牲他们的光阴，愿意以赤血洗白刃而为民众的先驱、为救国的斗士"。宣言谴责国民党政府对民众爱国运动的压制，指出："我们为爱国心所驱使，决不因他们的污蔑而改变！我们救国的行动，决不因他们的压迫而挫折。我们宁为自由而死，不为奴隶而生。"宣言号召："全国文化界火速起来，促进全国民众的抗敌救亡运动，不能偷安退缩，准备作亡国奴才。华北的民众，全国的民众，起来！赶快起来！抵抗敌人的侵略，救护我们的国家，收复我们的失地，争取我们的自由！"①

1936年11月22日，北平文化界的共产党员、左翼作家和主张抗日救亡的进步作家、教授60多人，在西单鸿春楼菜馆召开北平作家协会成立大会。大会发表宣言，指出："在这伟大的民族救亡运动的洪流中，我们，文艺从业者，要在'联合战线'的号召之下谋团结起

---

① 《北平文化界救国会宣言》，中共北京市委党史研究室、中共天津市委党史资料征集委员会编：《北方左翼文化运动资料汇编》，北京出版社1991年版，第77—79页。

来，作为这伟大运动的一环。凡是不甘心作亡国奴和汉奸的作家们，纵然文艺上的主张不同，我们也认为同是一条战线上的战友，因为救亡运动是全中国人的共同事业。"号召："中国文艺家们！青年作家们！愿以至诚要求你们以共同团结的力量造成广大的联合！使'头的劳动'和'手的劳动'提携起来，通过了斗争，获得国家与民族的自由与解放！"①

左翼文化宣传的扩大和加强，在城市各阶层人民尤其是知识青年中，产生了极为广泛深远的影响。在北平生活了3个多月的聂耳，结识了北平许多左翼戏剧家和音乐家，积极参与北平剧联和北平乐联的演出，宣传抗日救亡。由他作曲的《义勇军进行曲》，是影片《风云儿女》的主题歌。"中华民族到了最危险的时候，每个人被迫着发出最后的吼声……"这歌声，唱出了中华民族的满腔悲愤，迅速传遍祖国大地，对动员人民奋起救亡起了巨大的作用。

可以说，左翼文化运动为全民族抗战的兴起做了思想动员和舆论准备，在斗争中也锻炼、培养了一批党的理论和文化工作骨干。但由于党内"左"倾错误的存在，左翼文化运动也受到一定影响。左联、社联等团体在组织上都存在关门主义、宗派主义倾向，许多要求进步、同情革命的青年被拒之门外；在行动上混淆了公开工作与秘密工作的界限，往往不顾客观条件是否允许，盲目地发动示威游行、飞行集会；在斗争的方法上也比较简单，脱离群众的要求和斗争的主要目标，吓跑了一些中间群众。这些问题的存在阻碍了左翼文化运动的开展，也是这些团体屡遭破坏的原因之一。

随着抗日救亡运动的发展，特别是我们党内正确路线和方针的确立，左翼文化运动逐渐将重心转向团结争取中间势力，建立和壮大文化界抗日民族统一战线方面。

---

① 《北平作家协会成立宣言》，中共北京市委党史研究室、中共天津市委党史资料征集委员会编：《北方左翼文化运动资料汇编》，北京出版社1991年版，第83—84页。

第二章

一二·九运动：唤醒全国民众

华北事变使平津上空乌云密布，整个华北危在旦夕。1935年12月9日，在中共北平临时工作委员会领导下，北平学生走上街头，举行游行示威，一二·九运动爆发。之后，中共中央号召广大青年到民间去，扩大抗日宣传，由此诞生了中华民族解放先锋队。随着抗日救亡运动新高潮的到来，中共中央召开瓦窑堡会议，决定建立广泛的抗日民族统一战线，并派刘少奇到华北，主持北方局工作。在刘少奇大力纠正"左"倾错误的基础上，北平学生运动方式开始发生变化，促进了全国学联和抗日救国会的成立，并积极推动29军抗战。

第一节　一二·九的抗日示威

一、"华北之大，已经安放不得一张平静的书桌了！"

清华大学救国会《告全国民众书》里的这句经典名言，既反映了当时华北的危急形势，也体现了广大青年学生的爱国情怀。他们悲愤地指出："华北自古是中原之地，现在，眼见华北的主权，也要继东三省热河之后而断送了！""中国民族的危机，已到最后五分钟。"[1]

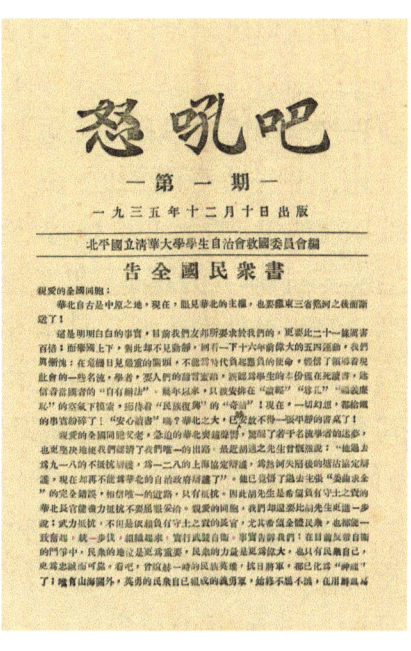

清华大学救国会《告全国民众书》

华北是中国的政治、经济、文化中心地区之一，当时包括河北、山东、山西、察哈尔、绥远5省和北平、天津两市。《塘沽协定》的签订，使华北门户洞开。此后不久，日本军部重提"分离华北"，确定了使"华北特殊化"的侵略扩张政策。1934年4月18日，日军沈阳特务机关长土肥原贤二假借"华北人民爱国协会"的名义，向日本陆军参谋部提出，目前最迫切的是"建立一个新的华北政权"。1935年1月4日，日军在大连召开会议，决定要在华北扶植能够"忠实贯彻日本要求的诚实的政权"。此后，日本军队开始在华北地区不断制造事端，加紧了侵略步伐。

1935年1月，日军制造察东事件，迫使29军撤出察哈尔东部。5

---

① 中共北京市委党史资料征集委员会编：《一二九运动》，中共党史资料出版社1987年版，第143—144页。

月，日军又制造河北事件，出动坦克、装甲车、炮队到河北省政府门前武装示威，并在山海关、古北口集结重兵待命。5月31日，南京政府电令河北省政府，由天津撤往保定办公。

与此同时，日军又在察哈尔制造张北事件。日本方面借口其人员在张北受到中国军队盘查，于6月11日向察哈尔省代主席、民政厅厅长秦德纯提出无理要求。6月27日，国民党政府指派秦德纯与日军代表土肥原贤二以换文方式签订"秦土协定"。国民党政府同意从察哈尔省撤退中国驻军和国民党党部，"将驻于昌平和延庆一线的延长线之东，并经独石口之北、龙门西北和张家口之北，至张北之南这一线以北的宋（哲元）部队，调至其西南地区"[1]；解散抗日机关和团体；"招聘"日本人为军事和政治顾问；等等。

河北事件发生后，日本方面多次向国民党北平军事长官何应钦提出对华北拥有实际统治权的无理要求。6月9日，日本中国驻屯军司令官梅津美治郎向何应钦提交"备忘录"，并限期答复。"备忘录"的主要内容有：取消河北省和北平、天津两市的国民党党部；撤退驻河北省的国民党中央军、东北军；撤换河北省主席和北平、天津两市市长；撤销北平军分会政治训练处；禁止全国抗日活动；等等。7月6日，何应钦复函梅津美治郎，表示6月9日"所提各事项均承诺之"。[2]梅津美治郎的"备忘录"和何应钦的书面复函，被称为"何梅协定"。

"何梅协定"和"秦土协定"使国民党中央军撤出平津和河北，实际上把包括北平、天津在内的河北、察哈尔两省的大部分主权奉送给日本，日本吞并整个华北进而灭亡中国的侵略气焰更加嚣张。

在此之后，日本侵略者又积极策动"防共自治运动"，收买拉拢华北地方实力派和亲日汉奸势力，策划成立脱离国民党中央系统、由

---

① 南开大学马列主义教研室中共党史教研组编：《华北事变资料选编》，河南人民出版社1983年版，第193页。

② 南开大学马列主义教研室中共党史教研组编：《华北事变资料选编》，河南人民出版社1983年版，第152页。

其直接控制的傀儡政权。11月25日，日本扶植汉奸殷汝耕在河北通县成立"冀东防共自治委员会"，控制冀东22个县。

日本侵略者还充分利用蒋介石与29军军长兼平津卫戍区司令宋哲元的矛盾。先是由土肥原贤二以关东军代表的名义向宋哲元提出要求：通电设立"华北自治政府"，将南京任命的华北官员一概罢免；随后以最后通牒的姿态，限令宋哲元宣布"自治"，否则日军将出兵占领河北和山东。作为回应日本要求的妥协办法，国民党政府计划于12月在北平成立"冀察政务委员会"，由宋哲元任委员长，辖区为河北、察哈尔两省和北平、天津两市，开始实行"华北特殊化"。"冀察政务委员会"是一个既同南京政府有联系又同日本侵略者有特殊关系的半自治政权，是使华北成为第二个"满洲国"的过渡。

在此期间，日本还以中日"经济提携"为幌子，加紧对华北进行经济掠夺。日本资本逐步控制华北的铁、煤、盐等军需资源和交通运输、电力设备。华北部分农村也逐渐变成日本的植棉区。在天津、青岛等大城市，日本单独经营的公司迅速增加，不少工厂、矿山变成中日"联营"的企业。日本商人还大规模地武装走私，使日货泛滥于中国市场，对已经处于衰退状态的中国民族工商业构成严重威胁。

通过华北事变，日本侵略者逐渐控制华北大部分地区，中华民族陷入空前严重的危机。在中华民族面临生死存亡的紧要关头，如何挽救民族危亡，成为摆在中国共产党和中国人民面前最紧迫的问题。

1935年七八月间，共产国际第七次代表大会在莫斯科召开。会上，季米特洛夫做了《关于法西斯的进攻以及共产国际在

日军飞机在北平上空盘旋，企图胁迫国民党当局接受其策划的"华北自治"

争取工人阶级团结起来反对法西斯的斗争中的任务》的报告。报告提出，在殖民地和半殖民地国家，共产党和工人阶级的首要任务，在于建立广泛的反帝民族统一战线，为驱逐帝国主义和争取国家独立而斗争。

8月1日，中共驻共产国际代表团草拟《中国苏维埃政府、中国共产党中央为抗日救国告全体同胞书》（即"八一宣言"），10月1日正式以中华苏维埃共和国中央政府和中国共产党中央委员会的名义在法国巴黎出版的《救国报》上发表。当国家和民族处在千钧一发的生死关头，"八一宣言"明确提出："抗日则生，不抗日则死，抗日救国，已成为每个同胞的神圣天职！"宣言呼吁停止内战，"以便集中一切国力（人力、物力、财力、武力等）去为抗日救国的神圣事业而奋斗。"宣言建议一切愿意参加抗日救国的党派、团体、名流学者、政治家和地方军政机关进行谈判，共同成立国防政府；在国防政府领导下，一切抗日军队组成统一的抗日联军。宣言号召全体同胞："有钱的出钱，有枪的出枪，有粮的出粮，有力的出力，有专门技能的供献专门技能，以便我全体同胞总动员，并用一切新旧式武器，武装起千百万民众来。"①

11月13日，中共中央发布《为日本帝国主义并吞华北及蒋介石出卖华北出卖中国宣言》，号召："在亡国灭种的紧急关头，我们的出路，只有坚决的武装起来，开展反对日本帝国主义侵略的民族革命战争，与打倒卖国贼首蒋介石国民党的革命战争，以保卫华北与保卫中国，以争取中国民族的最后解放。"②11月28日，中共中央又以中华苏维埃共和国中央政府主席毛泽东、中国工农红军革命军事委员会主席朱德的名义，发表《中华苏维埃共和国中央政府、中国工农红军革命军事委员会抗日救国宣言》，提出："只有全国海陆空军与全国人民总动员，开展神圣的反日的民族革命战争，以打倒日本帝国主义，以

---

① 《建党以来重要文献选编》（第12册），中央文献出版社2011年版，第262—268页。

② 《建党以来重要文献选编》（第12册），中央文献出版社2011年版，第444页。

消灭中国有史以来最大的汉奸卖国贼蒋介石，中国民族才能得到最后的彻底的解放。"①

三个宣言传到北平之后，立即在社会各阶层引起强烈反响。在中国共产党的领导下，一场反对日本帝国主义侵略、要求全民族抗日的风暴来临了。

在中共北平市工作委员会的领导下，北平大中学校的爱国进步学生，秘密参加民族武装自卫会、左联、世界语联等组织，公开组织读书会、时事座谈会，讨论大家共同关心的问题。他们阅读列宁的《国家与革命》、列昂节夫的《政治经济学教程》、华岗的《中国大革命史》等著作，以求从理论上和历史经验中得到回答。文化教育界的共产党员和进步教授们，利用大学讲堂，讲授马克思主义，宣传中国共产党的抗日救国主张，对青年学生起了积极的启蒙作用。

为把爱国学生团结起来，展开抗日救国斗争，在党的领导下，11月18日北平市大中学校学生联合会（简称"北平学联"）成立。北平市立第一女子中学（简称"女一中"）学生郭明秋为主席，清华大学学生姚依林为秘书长，镜湖中学学生孙敬文为总交通，东北大学学生邹鲁风为总纠察，燕京大学学生黄华（王汝梅）为总交际。中共北平市工作委员会在北平学联建立党团，工委宣传部部长、辅仁大学学生彭涛为书记。

据姚依林回忆，北平学联成立时，"对我们影响最大的是'八一宣言'。当时我们是从《共产国际通讯》（英文）、《共产国际半月刊》（英文）上看到季米特洛夫在共产国际七大上的报告《法西斯主义就是战争》后，开始知道和认识建立抗日民族统一战线的必要性的"。那么，他们是怎么看到这些英文刊物的呢？原来在北平某饭店一楼有个法国人，办了个法文图书馆，实际上是个书店。书店卖英文书籍，也卖《共产国际通讯》（英文）、《共产国际半月刊》（英文），还有巴黎出版的《救国报》（中文）。"我们懂英文，书店又是公开卖，

---

① 《建党以来重要文献选编》（第12册），中央文献出版社2011年版，第473页。

所以我们进去看，看了就买回来。看到这些，我们真有点如获至宝。'八一宣言'中提出了统一战线思想，我们受到它的很大影响。"①

当时的东北大学学生宋黎，也回忆了"八一宣言"的巨大影响力："'大中华民族抗日救国大团结万岁！'的思想，在青年学生中引起了强烈的响应；建立以打倒日本帝国主义为目的的最广泛的抗日民族统一战线的号召深入人心。它不仅使同学们进一步认识了民族危机的严重性，同时也从宣言中找到了抗日救国的出路。抗日救亡的烈火熊熊燃烧起来了！"②

二、一二·九学生请愿示威

1935年11月，中共河北省委特派员李常青到北平对中共北平市工作委员会进行改组，成立中共北平临时工作委员会（简称"临时工委"），谷景生任书记（后改由李常青任书记），彭涛任组织部部长，周小舟任宣传部部长。临时工委成立后，通过认真分析形势，决定以请愿的方式，发动一次大规模的抗日救国行动。

这样，在临时工委的领导下，北平学联开始了紧张的工作。12月3日，北平学联在女一中召开各校代表会议，通过《通电表示否认任何假借民意之"自治运动"》《联络北平市大中学校发起大规模请愿》两项议案，决定联络北平各大中学校，向华北最高当局发起大规模请愿，与步步进逼的日本侵略者和卑躬屈膝的国民党政府进行针锋相对的斗争。

12月6日，北平学联再次召开代表会议，通过并发表《北平市学生联合会成立宣言》。宣言明确指出："华北已经到了万分危急的生死存亡的关头！""'亡国奴'的惨痛马上便要轮到我们头上。"宣言还

---

① 中共北京市委党史资料征集委员会编：《一二九运动》，中共党史资料出版社1987年版，第323—324页。

② 中共北京市委党史研究室编：《北京革命史回忆录》（第二辑），北京出版社1991年版，第356页。

提出了"立即停止内战，全国海陆空军总动员，对敌宣战！""全国人民总动员，总武装，保卫华北，驱敌出境！"等反对日本帝国主义吞并华北的九大纲领。[①]

同一天，燕京大学、清华大学、北洋工学院、北平市立第一女子中学等平津15所大中学校的学生自治会发表通电，谴责国民党政府对日妥协退让政策，鲜明地指出："此时之势，抵抗为唯一出路。""今日而欲求生路，唯有动员全国抵抗之一途。"通电要求国民党政府"立即领导全国民众以四万万人之力量发展民族斗争"。针对此前蒋介石提出的"和平未到完全绝望时期，决不放弃和平；牺牲未到最后关头，亦不轻言牺牲"，通电质问道："和平岂尚有望？最后关头岂尚未到？"[②]

也是在这一天，传来国民党政府准备于12月9日在北平成立"冀察政务委员会"，以实现所谓华北特殊化的消息。12月7日，在临时工委的领导下，北平学联在女一中召开30余校的代表会议，决定12月9日举行学生大请愿，反对"华北自治"。会议讨论了游行口号、时间和路线。各校学生代表立即将学联的决定传达到广大爱国学生中。于是，大家做旗帜，写标语，印传单，积极进行各项准备工作。游行前夜，彭涛、姚依林、郭明秋、黄敬、孙敬文5人在女一中开会，商定由黄敬在游行队伍中指挥，姚依林和郭明秋在西单亚北咖啡馆指挥，同时约定上午11点在新华门请愿后，在王府井会合。

古城北平已不再平静。广大学生的爱国热情，像被久久压抑在地下的炽热的火山岩浆，一旦有了出口，就将怒射而出，并发出惊天动地的巨响。12月9日凌晨的北平，寒风凛冽，滴水成冰。警察当局得到消息，清晨就下了戒严令，关闭了城门，在一些交通要冲和学校校门口布置了岗哨，阻止学生出入，企图破坏和扼杀这次爱

---

① 中共北京市委党史资料征集委员会编：《一二九运动》，中共党史资料出版社1987年版，第147—148页。

② 中共北京市委党史资料征集委员会编：《一二九运动》，中共党史资料出版社1987年版，第141页。

国学生运动。

中国大学、北平师范大学、女一中、师大女附中等学校的学生，最早抵达新华门。中国大学的学生在董毓华的带领下，高唱着《义勇军进行曲》，行进在西单大街上。"起来！不愿做奴隶的人们，把我们的血肉，筑成我们新的长城……"嘹亮的歌声，回荡在沉睡的北平上空。爱国学生手挽着手，臂膀紧靠臂膀，昂首挺胸，行进在马路中间。府右街南口布满了警哨。当队伍到达时，军警拦住去路，要求把队伍解散。董毓华随机应变，两手向队伍一挥，表示解散。之后，他对军警说："走散的人群我也管不了。"请愿队伍即刻解散，三五成群，有的走在马路中间，有的走在人行道上，有的与军警擦肩而过，有的故意找军警纠缠。面对这一突发状况，军警们手足无措，不知如何应付。就这样，中国大学的爱国学生，冲破军警防线，向新华门而去。

东北大学300多名爱国学生在宋黎的率领下，高举着"东北大学学生请愿团"的大旗，四人一排，手挽着手，女同学在队伍中间，潮水般涌向街头。打回老家去，消灭日本侵略者，是东北大学学生共同的强烈愿望。军警在新街口一带布置了一条封锁线，为避开他们，请愿队伍从西直门内的北沟沿转到西四北大街。当队伍行进到西四牌楼时，被二三百名军警拦住。爱国学生没有畏惧，紧挽手臂迎着耀武扬威的军警，迈着坚定的步伐向前走去。军警操起棍棒和大刀，但同学们冲破封锁线，从府右街跑步奔向新华门。沿途北平大学法学院、东北中山中学的部分学生也冲破军警包围，与之会合。其中，北平大学法学院的校门更是被军警上了锁，爱国学生们是翻过围墙跑出来的。

清华大学和燕京大学在西郊，离城30余里。清晨5时，近千名爱国学生就起了床。他们冲破反动警察的阻拦，沿着田间小道直奔西直门，途中又联络和接应城外的弘达中学二院、成达中学等校的请愿学生。队伍到达西直门时，城门已被军警关闭，城楼上下到处都是荷枪实弹的军警。同学们派代表与军警交涉，要求进城，但遭到拒绝。一位同学愤怒地喊道："等到我们的敌人开到的时候，你们还能这样紧紧地把城门关起来么？"随后，学生们含着热泪呼喊："中国人的城门，已经不许中国人进了！"这句话刺痛了爱国学生的心，激起了大家对日本侵略者和国民党反动政府的新仇旧恨。于是，同学们异口同声地高呼："打倒日本帝国主义！""反对华北五省自治！""打倒汉奸卖国贼！"这雷鸣般的怒吼，喊出了中国人民要求停止内战、一致抗日的心声。

随后，爱国学生取道阜成门、西便门，但这两个城门也被军警关闭。无奈之下，他们决定在西直门一带召开群众大会，进行抗日宣传。燕京大学学生自治会主席张兆麐首先拿起喇叭筒站在一座小土堆上讲话。他控诉日本侵略者在东北的暴行，指责国民党政府的不抵抗政策，明确表示反对成立"冀察政务委员会"，并领着大家呼口号。随后，各校许多同学轮流站在土堆上发表演讲，其中清华大学女学生陆璀讲得最好，群众深受感染，在大家心中留下深刻印象。邹韬奋把她发表演讲那张相片选作《大众生活》杂志的封面，一度广为流传。城外学生的抗日宣传，一直持续到傍晚。

到上午10时30分，新华门前会集了10多所学校的1000多人的请愿队伍。过往行人也有参加到队伍中来的，围观者越来越多，声势越来越大。新华门是中南海的大门，国民党北平军事长官何应钦就在里面办公。而在4天前，由日本侵略者雇用的汉奸和地痞流氓组成的"华北民众自治代表"，带着要求"中日提携""华北自治""共同防共"的请愿书，来到这里向何应钦请愿。何应钦以礼相待，予以接见。12月9日这一天，新华门却紧闭着，门前军警如临大敌。这一鲜明的对比，充分暴露出国民党政府出卖民族利益和国家利益的丑恶嘴脸，更加激起爱国学生的无比义愤。会聚而来的学生们在新华门前挥舞着旗帜和标语，歌声、口号声此起彼伏。

"中华民族到了最危险的时候，每个人被迫着发出最后的吼声……""枪口对外，齐步前进！不伤老百姓，不打自己人！我们是铁的队伍，我们是铁的心，维护中华民族，永做自由人！"雄壮的《义勇军进行曲》和《救国军歌》回荡在新华门上空。"打倒日本帝国主义！""打倒汉奸卖国贼！""反对华北五省自治！""武装保卫华北！""收复东北失地！"激昂的口号声，汇成时代的最强音，反映了全国人民的心声！

爱国学生提出6项请愿要求，指名要何应钦答复：（1）反对华北成立"防共自治委员会"及类似组织。（2）反对一切中日间的秘密交涉，立即公布应付目前危机的外交政策。（3）保障人民言论、集会、出版自由。（4）停止内战，立刻准备对外的自卫战争。（5）不得任意逮捕人民。（6）立即释放被捕学生。

此时，何应钦不在中南海，躲到小汤山去了。时至上午11时，何应钦的秘书侯成出来与学生会面，声称何应钦不在北平，有什么要求他可以代为转达。同学们陈述6项请愿要求，侯成却答复说，在华北成立政治组织"乃系国家之政策"，中日之间"并无秘密外交及任何秘密协定"，"中国现在除剿共外，并无内战"。①他要爱国学生"谅解政府的困难"，"好好读书救国"。②爱国学生要他下令打开西直门，让清华大学、燕京大学等校的同学们进城参加请愿。他却推诿说，这不是他职权范围内的事。

学生们对侯成的答复极为愤慨，在请愿不成的情况下，决定进行游行示威。由于东北大学参加请愿的人数最多，大家便推举宋黎担任游行队伍的总指挥。考虑到许多学校被围，学生队伍没有拉出来的情况，为壮大队伍、宣传群众、扩大影响，宋黎决定游行队伍由新华门出发，前往天安门。

行进路上，不断有冲出军警包围的中法大学、北平大学医学院、弘达中学等学校的学生加入游行队伍。每经过一个学校，都有学生加入，整个队伍逐渐扩大到四五千人。

许德珩、吴承仕等教授和当时在燕京大学任教的斯诺夫妇也参加

---

① 中共北京市委党史研究室：《中国共产党北京历史》（第一卷），北京出版社2011年版，第243页。

② 清华大学中共党史教研组《一二九运动史》编写组编：《一二九运动史》，北京出版社1980年版，第36页。

了游行。斯诺夫妇在游行队伍中非常活跃，他们同扛大旗的同学一起，走在队伍的前头。在游行的过程中，斯诺夫人尼姆·威尔士经常背转身来举起手对大家喊："你们唱歌呀！"当天晚上，斯诺给纽约《太阳报》发了一条长长的电讯，称这是北平学生的又一次五四运动。后来，斯诺评价这场运动是他"第一次看到大批中国知识青年表现出来的政治勇气"，"令参加者和旁观者都感到振奋"，"中国正在苏醒"。①

游行队伍不断向群众宣传抗日救国道理，沿途民众不断鼓掌喝彩，很多人还抢着阅读游行队伍散发的传单。甚至人力车夫也喊起口号："打倒伪独立运动！逮捕卖国贼！打倒日本帝国主义！拯救中国！"奉命前来阻挠学生游行的军警和保安队员，有的也被同学们的爱国精神所感动。当爱国学生向他们塞传单，宣传抗日救亡的道理时，他们往往无言以对，觉得很尴尬，苦笑着退走了。

游行队伍原本计划经王府井大街，到天安门集会。然而，反动政府却以为游行队伍要去东交民巷领事馆区冲击日本使馆。因此，调来大批军警，在王府井大街南口布置了一道严密的封锁网，等待着游行队伍的到来。同学们高呼口号，勇敢前进，毫无惧意，与军警搏斗起来。当场有30多名学生被捕，数百人受伤。

在黄敬、宋黎等人的组织下，被冲散的游行队伍很快撤到北京大学三院并举行了简短的集会，一致通过组织全市总罢课这一决定。随后，爱国学生充满自豪地怀着高昂的斗志和信心，分别回校了。

在一二·九运动的影响

一二·九运动中游行的爱国学生

① 埃德加·斯诺：《斯诺文集》（第二卷），新华出版社1984年版，第172—173页。

下，从12月11日开始，天津、杭州、上海等大中城市先后爆发学生爱国运动，许多地方的工人也进行罢工。上海与其他地方的爱国人士和团体成立各界救国会，要求停止内战，一致抗日。抗日救亡斗争发展成为全国规模的群众运动，中国人民抗日救亡民主运动的新高潮到来了。

毛泽东在延安各界纪念一二·九运动4周年大会上高度评价这一运动，认为"它配合着红军的北上抗日行动，促进了国内和平和对日抗战，使抗日运动成为全国的运动。所以，一二九运动是动员全民族抗战的运动，它准备了抗战的思想，准备了抗战的人心，准备了抗战的干部"。①

三、一二·一六大示威

一二·九请愿后，临时工委、北平学联做了认真总结，并对下一步行动进行部署。

12月10日，北平学联发布宣传大纲，特别强调贯彻党的抗日民族统一战线这一正确方针："中华民族的自由解放，是我们的目标，扩大民族革命战争，是我们的方针。然而这种重大的任务，绝非学生群众所能单独胜任的。所以为了我们伟大的前途，我们必须联合全国民众，结成统一革命战线，武装全国民众，来扩大民族解放斗争。"②在此基础上，提出7条具体的宣传大纲：

（1）打倒日本帝国主义。（2）反对危害民族生存的内战。（3）反对一切出卖民族利益的政策与行动（甲、反对卖国外交。乙、反对秘密协定。丙、反对"冀东防共自治委员会"。丁、反对名存实亡的华北政治形态。戊、反对奴化教育。

---

① 《毛泽东文集》（第二卷），人民出版社1993年版，第253页。
② 中共北京市委党史资料征集委员会编：《一二九运动》，中共党史资料出版社1987年版，第145页。

己、争取言论、出版、集会、结社自由）。（4）武装全国民众，扩大民族的解放斗争。（5）争取中华民族的自由解放。（6）世界一切被压迫民众联合起来。（7）联合世界上以平等待我之国家，建立统一战线。

12月11日，北平全市各大中学校学生实行联合罢课，北平学联也从一个秘密组织转变成为具有广泛群众性的公开组织。罢课期间，党通过学联及时领导和组织各校学生，开展了各方面工作。北京大学、清华大学、燕京大学等校，纷纷成立学生救国委员会或学生救亡工作委员会。清华大学救国会邀请参加过五四运动的著名爱国教授许德珩来校演讲，宣扬五四运动的光荣传统。在燕京大学，通过"华北专题研究会"，组织大家讨论"日本侵略华北之方式"和"塘沽协定与何梅协定之真相"；通过"青年问题座谈会"，讨论"华北如有变动青年应该怎么办？"及"如何组织民众"等专题。许多学校还恢复了党团组织。通过各种活动，广大学生进一步认清日本帝国主义的侵略行径和国民党政府的卖国嘴脸。短短几天时间，学生们认识到，对日本侵略者和蒋介石的反动统治，必须进行坚决的斗争。

当临时工委得知国民党政府不顾广大人民群众的强烈反对，仍然决定在12月16日成立"冀察政务委员会"的消息后，决定在这一天举行更大规模的示威游行。

这次游行的准备工作吸取了12月9日的一些教训。比如，研究斗争艺术：多路出动，把队伍分成4个大队，并确定两个集合地点，以分散敌人力量，保持队伍不被打散；互相接应，冲破敌人封锁包围；严密交通，加强队伍联络；等等。北平学联还成立示威组织部，组织中队长以上的学生进行演习。鉴于清华大学和燕京大学上次被阻在城外的教训，学联决定每校抽出30人组成先遣队于15日提前进城。这些先遣队队员，或以亲友关系，或以同乡关系，或以其他方式，借住在城内，以便接应第二天大队人马入城。

12月16日，古老的北平城，再一次怒吼了！城内的游行队伍共分成三个大队：第一大队由东北大学率领，包括北平大学工学院、第三中学、镜湖中学等。第二大队由中国大学率领，包括弘达中学一院、北平大学法商学院、北平大学医学院、北平师范大学数理学院。第三大队由北京大学率领，包括求实中学、贝满女子中学、两吉中学等。城外各校集中为一个大队，由清华大学率领，包括燕京大学、北平大学农学院、孔德学校、弘达中学二院等。

黄敬扶着电车向与会群众演讲

城内的三个大队，或与军警展开英勇的搏斗，或采取灵活巧妙的战术，数次冲破军警的阻拦，先后抵达天桥。城外的大队，浩浩荡荡地奔向西直门。城门仍像7天前那样紧紧地关闭着。广大爱国学生怒火中烧，立即转向阜成门，又被拒之城外。队伍继续南行到被关闭的西便门前，在学生奋力撞击下，城门木闩被撞折，队伍一拥而入，奔往天桥。

上午11时许，北平爱国学生、各界群众和东北流亡同胞在天桥召开了有3万余人参加的市民大会。会上，通过"不承认冀察政务委员会""反对华北任何傀儡组织""收复东北失地"等决议案。会后举行的示威游行再次遭到反动军警的镇压，全市学生共有22人被捕，300余人受伤。但慑于人民爱国运动的压力，国民党政府被迫宣布"冀察政务委员会"延期成立，斗争取得初步胜利。

一二·一六大示威前夕，中共中央北方局和中共河北省委决定重建北平市委，并派林枫担任市委书记。他与彭涛、姚依林、黄敬、郭明秋等取得联系，加强了党对一二·九运动进一步深入发展的领导。

第二节　建立中华民族解放先锋队

一、"到民间去"

1935年12月20日，中共中央通过共青团号召广大青年："把反日救国运动扩大起来！到工人中去，到农民中去，到商民中去，到军队中去！"①而在这时，国民党政府却要求各校取消期末考试，提前放寒假，并强行规定12月25日之前一律离校，以分散各校学生的力量。

12月31日，中共中央北方局在《火线》杂志发表《论平津学生之抗日反国民党汉奸斗争与平津党的任务》一文，向平津党组织发出指示，强调当前的主要任务是"坚决的有准备的进行反对提前放假，反对绑票式的强迫离校，反对摧残华北教育"，"积极的扩大平津学生群众的运动为全华北以至全中国民众的反日反蒋反汉奸走狗的实际行动"；指出"我们必须正确的了解这一民族解放的斗争，绝不是限于学生群众的范围内所能得到胜利的，也绝不是限于平津的区域内所能得到胜利的"；要求"运用广泛的统一战线，首先争取平津教职员与文化界的共同行动，及平津商人工人近郊农民与军警士兵的共同行动，扩大到争取与华北各农民反日反蒋斗争正在发展的中心区域的密切联系，发动和进行广泛的华北民众反日反蒋游行运动，以至举行全国总的示威游行和请愿运动，开展起全国汹涌的民族解放斗争浪潮！"②

中共北平市委按照北方局的要求，领导北平学联成立了平津学生南下扩大宣传团，决定沿平汉路南下，深入扩大抗日宣传。成员多为一二·九运动中的骨干和积极分子，共计500多人。

宣传团设总指挥部，由中共党员、中国大学学生会主席董毓华

---

① 《建党以来重要文献选编》（第12册），中央文献出版社2011年版，第517页。

② 中共北京市委党史资料征集委员会编：《一二九运动》，中共党史资料出版社1987年版，第44页。

平津学生南下扩大宣传团先遣队

任总指挥，中共党员、东北大学学生宋黎和北平师范大学学生江明任副总指挥。由彭涛、董毓华、宋黎、江明组成宣传团党团，彭涛任书记。总指挥部及所属团队各设宣传、组织、交通、事务、纠察、救护和调查等专责人员。

宣传团下分4个团：第一团由北京大学领导，包括东城各大中学校，团长是北京大学的韩天石；第二团由北平大学领导，包括西城各大中学校，团长是江明；第三团由清华大学领导，包括燕京大学、朝阳大学、辅仁大学等大中学校，团长先是董毓华，后是清华大学的蒋南翔；第四团由天津北洋工学院、河北法商学院等校组成，团长由北洋工学院学生代表担任。为便于指挥，各团下面又分大队，大队下面再分小队。以第三团为例，下面分成3个大队，第一大队是清华大学学生50余人，第二大队是燕京大学学生46人、光华女中1人、贝满女中2人，第三大队是朝阳大学、辅仁大学、中法大学、广安中学、男一中等校学生30人。各大队设大队长1人。

宣传团的行动计划是分东、西、中三路南下，先到河北省固安县会合，然后再分头南下至保定集中。第一团、第二团为中路，由北平出发，经大井、丰台、南苑、黄村、青云店、安定、礼贤至固安；第三团为西路，由北平西郊蓝靛厂出发，经卢沟桥、长辛店、良乡、窦店、琉璃河至固安；第四团为东路，从天津出发，经杨村、安次、永清至固安。

1936年1月2日至4日，平津学生南下扩大宣传团的4个团以战斗的姿态，先后出发了。南下途中，既要忍冻受饿，又要应付反动军警的阻拦，极为不易。在学校里，吃的是大米白面，荤素俱全；住的是温暖的宿舍，有的还睡柔软的钢丝床；一出校门，就可以坐电车和洋车。而现在，简直是走进另一个世界："吃的是大饼咸菜，睡的是冰冷的土炕，只铺盖着薄薄的棉织的军用毯，直到后来才想到在炕上铺些稻草再睡下。每天清晨用刺骨的冰水洗脸，以致后来都养成了不洗脸的习惯。"[1]有的学生脚磨破了，仍然坚持前进不掉队。不少女同学更是头一次参加这种"急行军"，有的人双腿肿得连炕也上不去了。有时由于人数较多，男同学只能在寒冷的夜晚背靠着背坐在冰冷的地上打盹。为了抗日救国，他们甘愿裹风雪、冒严寒，把抗日救国的学生运动发展为全民运动。爱国学生的责任，已经不再限于校内的罢课、街头的示威，而是要深入民间，唤起民众的自动武装，来争取中华民族的真正解放和自由。

南下宣传一度遇到困难。爱国学生虽然怀有满腔的抗日热情，但他们并不懂得封建剥削，不懂得农民的生活疾苦，宣传内容、宣传方式没有针对性，不能获得广大农民的认同。他们演讲、唱歌、呼口号，老乡们也听不太懂。由于摸不清他们的来意，有的老乡看见他们来了，就把大门关上。宣传团党团决定引导学生首先向农民学习，深入贫苦农民中去调查访问，认识反帝反封建的一致性，认识民族压迫与阶级压迫的关系。

在党团的领导下，学生们白天进行调查访问，展开宣传活动；夜里在宣传团内进行学习讨论，提高政治水平和阶级觉悟。在调查访问的过程中，一个农民告诉学生，糠菜只能吃到农历年底，过年便没有吃的了；每年的收成"倒二八分粮"，地主拿走八成，再加上数不清的苛捐杂税，已经剩不下几粒粮食了。一个佃户说，他每年佃个三五亩的地来种，佃时先交洋20块，第二年由地主把地收回，至于收成如何，一概不管。"我们那来二十块钱啊！东借西借的好容易凑上了，那地本是沙地，不出什么的，后来河里泛水啦，就都淹了，我们到

---

① 魏东明：《半年来》，《清华周刊——救亡专号》第44卷第11、12期，1936年7月22日。转引自《一二九运动资料》（第一辑），人民出版社1981年版，第466—467页。

那找饭吃去啊！"①有一户人家，妈妈和孩子已经饿了一天没有饭吃。妈妈告诉学生，他们一家靠丈夫挣饭吃，她丈夫每天跑70多里路去贩柿子来卖，一天卖几十个换饭吃。昨天她丈夫一天没有回来，她和孩子只好等着，等到丈夫回来了才有饭吃。农民的血泪控诉和自己的亲眼所见，深深震撼着爱国学生的心灵。正如艾芜所言："要问我宣传回来后的观感如何？我唯一的答复就是：破产后的农村，农民过的生活实在太苦！"②通过调查访问和讨论，大家开始认识到，只有推翻吃人的封建剥削制度，才能充分发动广大民众，才能取得抗日战争的彻底胜利。

深入了解农民疾苦之后，学生们的宣传变得有血有肉了，开始受到广大农民的欢迎。清华大学学生、宣传团第三团的魏东明总结道："渐渐我们就注意到对农民做个别谈话，从他们的生活说起，从横在眼前的旧历年说起，从地主豪绅说到了军阀和帝国主义。渐渐地，农民就换去了以为我们是命令他们替官老爷们打日本的态度，明白了我们是来给他们想主意，为了他们生活的好处的了。""我们逐渐地把大众的口语加进到语汇里去。……我们宣传的方式也复杂起来，除了演讲和个别谈话而外，我们还教授唱歌，同时逐段讲解歌词，以后又排演戏剧。随着时间的增加，我们渐渐认识了朴厚热情的农民性格，渐渐亲近了他们，爱上了他们。"③

三团在窦店镇一座庙前的戏台上召开群众大会，把从东北义勇军传来的《时事打牙牌》教给他们。这首歌很有鼓动性，歌词很有感染力，一共有20多段。歌词从东北沦陷说起，说到当亡国奴的痛苦："中华民国二十年哪，九月十八那一天呀，关东起狼烟。哎咳哎咳哟，

　① 秉菁：《更清楚的认识》，《大众生活》第1卷第12期，1936年2月1日。转引自《一二九运动资料》（第一辑），人民出版社1981年版，第413页。

　② 艾芜：《代邮》，《北大旬刊》第2、3、4期合刊，1936年4月10日。转引自《一二九运动资料》（第一辑），人民出版社1981年版，第439页。

　③ 魏东明：《半年来》，《清华周刊——救亡专号》第44卷第11、12期，1936年7月22日。转引自《一二九运动资料》（第一辑），人民出版社1981年版，第467页。

关东起狼烟！""东北同胞三千万哪，国破家亡真可怜呀，妻离子又散，哎咳哎咳哟，妻离子又散！"这首歌号召大家起来救亡，歌中唱道："全国工农兵学商哪，大家齐心来救亡呀，赶走小东洋，哎咳哎咳哟，赶走小东洋！"这首歌还宣传了社会主义是劳苦大众的奋斗目标："苏联本是共产国哪，自由平等新生活呀，人人都工作。哎咳哎咳哟，人人都工作！"①当同学们离开窦店镇的时候，后边还留下一片歌声。

在涿县境内的码头镇宣传时，三团的同学们用通俗易懂的方式讲解农民兄弟饥饿贫困的根源，是由于帝国主义的压迫和封建地主的剥削，而代表帝国主义和封建地主的，就是国民党政府。当他们讲到沦亡后的东北同胞如何过着牛马一般的生活时，农民们愤怒地喊："干掉这些日本鬼子！"话剧《打回老家去》描写了黑龙江义勇军英勇的抗战。这个剧目对话恳切、化装逼真，虽因陋就简，却收到很好的效果，激起了广大农民的民族仇恨。他们齐呼："打倒日本帝国主义！"一位50多岁的农妇愤而上台，向大家喊道："大家要齐心打日本，不要当亡国奴！日本鬼子来一个毙一个，来十个杀十个！"②

一团在礼贤镇召开群众大会。演讲分4个部分：（1）学生下乡宣传之意义及其目的；（2）东北人民遭受亡国惨痛之现状；（3）农民的苦状由于某国及准买办阶级之剥削与摧残；（4）解决各种痛苦之途径及今后组织之方法。学生们沉痛的语句和悲哀的声调，在每一个听众心里都留下了永远不能忘却的印象。群众代表在发言中这样说道："我们以往不知道痛苦的来源和某帝国主义的压迫，新兴买办阶级的剥削与摧残；亡国的惨痛是我们民众所能忍受的吗？我们为了要活命，我们要同民族的敌人和一切恶势力拼命！斗争！"③台下群众伸

---

① 刘居英：《忆平津学生南下扩大宣传团》，《北京大学"一二·九"运动回忆录》，北京大学出版社1985年版，第150—151页。

② 《南下宣传日记》，《清华周刊》第45卷第10期。转引自《一二九运动史》，北京出版社1980年版，第95页。

③ 张衣谷：《平津学生联合扩大宣传》，《大众生活》第1卷第11期，1936年1月25日。转引自《一二九运动资料》（第一辑），人民出版社1981年版，第392页。

出拳头在空中挥舞着，爱国热情日益高涨起来。

除了前文提到的《时事打牙牌》，同学们经常唱的歌曲还有苏联的《工人歌》，歌词是这样的：

> 生活像泥河一样流，机器吃我们的肉。煤烟涂黑我们的脸，火酒烧焦了心窝……为了我们自由幸福，快把斗争来展开。

在南下宣传的过程中，同学们还在固安、新城、雄县等地收集人民群众自发创作的救国歌谣。这些歌谣唱道：

> 中国兵，中国将，只会逃跑不打仗。老百姓，气不平，跟着学生去游行。北京城，耍大刀，中国老总发了骚！吃着我，喝着我，拿起刀来杀害我！当兵保国是正理，快枪大刀向谁使？大家瞧，大家看，这个时候怎么办？今天反，明天乱，怎么吃顿安定饭。你靠兵？兵不管，吃了俸禄翻了脸。你问将？将不听，拿了薪水影无踪。我的国，我不救，亡了国，看谁受！你看我，我看你，不敢干，就等死！劝诸位，快奋起，靠人不如靠自己。莫害怕，莫退避！大家全力干到底！同心全力搬倒山，看谁还敢不说理！[①]

老百姓对国民党政府不抵抗政策的抗议和强烈的抗日愿望，在歌谣里体现得淋漓尽致。

在和农民群众的深入接触中，宣传团团员亲眼看到他们遭受残酷剥削、压迫的悲惨生活，听到他们的血泪控诉，受到深刻的阶级教育。这使得爱国学生对农村阶级斗争情况有了深入了解，深刻体会到劳动人民有着强烈的革命需求和抗日要求。宣传团党团抓住时机，组

---

① 《救国歌谣》，《永生》第1卷第10期，1936年5月9日。转引自《一二九运动资料》（第一辑），人民出版社1981年版，第445—446页。

织党员向广大学生讲述党的抗日民族统一战线政策和红军北上抗日的英勇事迹。这使学生们认识到，中国共产党是代表劳苦大众利益和民族利益的，只有依靠共产党领导的抗日武装，才能打败日本帝国主义。这样，爱国学生开始把希望寄托到中国共产党身上了。很多学生不顾家庭、亲友、学校的劝阻和干扰，决心走上革命道路，从一个爱国者逐步成长为一个共产主义者。

一位当年参加南下宣传的清华大学学生黄超显（黄秋耘）在回忆这段历史时写道：

> 老实说，我的社会主义思想并不是完全起源于阅读马克思、列宁的著作和毛主席的著作，而是同时期生于那些硬邦邦的、充斥着跳蚤和虱子的被窝里的。……十多天南下扩大宣传，……对知识分子的影响倒是非常深刻的。要改变人们的思想，宣传品和书籍不一定能起多大作用，主要还是通过现实生活的教训。……现实生活毕竟是最有说服力的，最能打动人心的。[1]

1月7日、8日，南下扩大宣传团4个团分别到达固安。固安县县长按照北平当局的通知，下令紧闭城门，还在城墙上架起机关枪，不让学生进城。一座城墙挡不住抗日救亡的强大热情。中共地下党员、固安简易师范学校校长王雨山率领部分学生出城，来到宣传团住处，并主持欢迎会。会后，他带领简师学生，想方设法进得城去，动员简师的师生走上街头，为宣传团进行募捐。然后将募捐的钱和食品，以及被褥，用绳子从城墙上送下来。同时，他们在城内开展抗日救亡宣传，贴出"中华民族团结起来共同抗日救国！""欢迎南下扩大宣传团！"等标语，得到城内老百姓的热烈响应。

虽然数日被关在城外，但同学们抗日救亡的情绪却历久不衰。有

---

[1] 黄秋耘：《风雨年华》，人民文学出版社1983年版，第12—13页。

同学还按照《时事打牙牌》的歌谱，编了一支歌："一路风霜到固安，城门关了整三天。县长王八蛋，哎咳哎咳哟，县长王八蛋！"进城不得，宣传团就在城外乡镇开展宣传工作，召开群众大会和各种座谈会，演出话剧《打回老家去》，教群众唱救亡歌曲，收到了很好的效果。宣传团还在固安县城北关一个大车店中召开大会。北平学联负责人、宣传团总指挥董毓华做工作报告，并提出了"当前是打倒一切帝国主义呢，还是集中力量打倒日本帝国主义"这一策略问题，要大家展开讨论。讨论完毕，董毓华依据党的抗日民族统一战线政策，提出日本帝国主义是当前中国人民最危险、最直接的敌人，应该集中力量打倒日本帝国主义。这次讨论，是党有意识地向宣传团团员们进行的抗日总方针教育，大家进一步领会了党的抗日民族统一战线策略。会后，宣传团进行组织调整，将第四团并入第一团，重新确定了行动路线：第一团走东路，从固安向南，经霸县、雄县、任丘、高阳至保定；第二团走中路，从固安往西南，经新城、容城至保定；第三团仍走西路，至涿县后沿平汉线南下抵达保定。3个团约定10天后在保定会师。

然而，随着宣传影响的不断扩大，国民党政府愈加恐慌，下令沿途各地方随时准备镇压学生，并派出大批军警、特务对宣传团前堵后截。1月14日，宣传团第二团在新城县辛立庄小学驻地被军警、特务包围，大部分学生当晚逃出，在雄县追上第一团，少数没有逃出的学生被军警押回北平。第三团也于1月14日这一天，在高碑店遭到军警、特务包围，并被要求解散，"我们带去的旗子，臂章，一切一切，都被他们撕毁了，没收了！"[1]次日，第三团的团员被强行押解回北平，火车抵达西便门时，"委员老爷带了拿刺刀和绳子的警察逼我们下了车"。[2]当第二团在辛立庄被包围时，董毓华、宋黎连夜赶回北平

---

① 秉菁：《更清楚的认识》，《大众生活》第1卷第12期，1936年2月1日。转引自《一二九运动资料》（第一辑），人民出版社1981年版，第421页。

② 赵志宣：《扩大宣传日记》，燕京大学《一二九特刊》第11期，1936年1月28日。转引自《一二九运动资料》（第一辑），人民出版社1981年版，第436页。

向市委汇报，市委决定派人通知宣传团不再继续南下，第一团、第二团的同学于1月22日分别返回平津。

平津学生南下扩大宣传团自1月2日至21日，步行700余里，历时20天，沿途撒下了抗日的种子。团员自身也受到了锻炼和教育，并为全国先进青年的组织——中华民族解放先锋队的诞生做了思想和组织准备。

二、民先队的诞生

南下扩大宣传团第三团在高碑店被困期间，爱国学生对国民党政府镇压抗日救国运动非常愤慨，决定回北平后成立一个永久性的战斗团体。

1936年1月16日，第三团在燕京大学召开会议。那位在高碑店的学校里骂了特务"放狗屁"而被打了嘴巴的同学，那位在高碑店车站旁边的小客店里因特务威胁放火而勇敢地跟特务理论被骂作"窑姐"的女同学，那位在客店里被特务泼了满头冷水的同学，都参加了会议。在讨论了相当长的时间后，他们决定组织起来，成立永久的团体——中国青年救亡先锋团。他们宣布那一天在高碑店的小学校里，当军警、特务把校门把守住，所有"曾经是拉手的圈子的一分子

平津学生南下宣传路线略图

的，他就是基本队员"。①他们制定会章，明确提出要"以认识及把握正确理论进行反帝反封建的民族解放运动为宗旨"。他们还决定"要永远抗争下去，直到中华民族真正获得了解放为止"。②

1月21日，宣传团第一团、第二团按照固安城外的约定到达保定。此时，中共北平市委派人前来传达"结束南下，到保定后立即返平"的指示，通报第三团已经成立中国青年救亡先锋团的情况，并告知彭涛立即返回北平，另有工作安排。彭涛临行前决定由北平师范大学学生敖白枫任党团书记。当日下午，第一团、第二团被保定当局安排到同仁中学住宿。当局还通知同学们，第二天早晨要全部乘火车返回平津。当晚，第一团和第二团召开大会，决定宣传团回北平后不能散了，而要成立一个新的组织，以便进一步集结起来，更有力地进行抗日救亡运动。宣传团的团员为第一批队员，并选出9名筹委成员。次日，同学们被军警押回平津。

南下扩大宣传团第一、二、三团在北平会合后，党组织便着手研究如何将南下归来的大批积极分子进一步组织起来。于是，中共北平市委书记林枫与黄敬、姚依林便在骑河楼的"清华同学会"举行会议，商量筹建一个抗日的、先进的、具有广泛群众性的青年组织。

2月1日，在北平石驸马大街的北平师范大学，召开南下扩大宣传团团员代表大会，决定将中国青年救亡先锋团与民族解放先锋队合并，正式成立民族解放先锋队（简称"民先队"，后改名为中华民族解放先锋队）。会议通过民先队的《斗争纲领》《工作纲要》《组织系统》《规约》，产生了领导机构——民族解放先锋队总队部。敖白枫任总队长，北京大学刘文卓（刘导生）任秘书，北京大学萧敏颂任组织部长，北平师范大学王仁忱任宣传部长。中共北平市委在民先队成立党团，黄敬任书记。民先队按学校成立分队，第一批队员共300余

---

① 魏东明：《半年来》，《清华周刊——救亡专号》第44卷第11、12期，1936年7月22日。转引自《一二九运动资料》（第一辑），人民出版社1981年版，第469页。

② 王孝风：《北平学运的扩大》，《大众生活》第1卷第12期，1936年2月1日。转引自《一二九运动资料》（第一辑），人民出版社1981年版，第400页。

人，分属26个分队。

2月16日，民先队发表成立宣言。根据当时的危机局面，宣言明确指出民先队的首要任务是：揭破汉奸及其走狗的阴谋并打击其种种阴谋的破坏手段；联合一切抗日反帝力量，无党无派，在抗日救亡的旗帜下，一致团结起来。为此，宣言还提出八项具体纲领：

> （1）动员全国武力驱逐日本帝国主义出境。（2）成立各地民众武装自卫组织。（3）成立各界抗日救国会。（4）铲除汉奸卖国贼。（5）打倒傀儡政权。（6）没收日本帝国主义者在华财产及汉奸卖国贼的产业充作抗日军费。（7）联合世界上以平等待我之民族共同抗日。（8）联合全世界弱小民族及被压迫民众共谋解放。[①]

组织政治学习是民先队活动的重要内容。民先队成立后，在中共北平市委的领导下，积极组织队员学习《大众哲学》《中国大革命史》《国家与革命》《共产主义运动中的"左派"幼稚病》等革命书籍。其中，马列主义经典著作和党内负责同志写的文章，只内部传阅不公开。有些学校的民先队还开办流动图书馆，队员们可以借阅图书。

为指导工作和推动队员学习，总队部办有不定期的机关报。由于没有稳定的经费来源和固定的印刷场所，就印一期算一期，时断时续。为躲避国民党政府的检查，机关报先后使用过《民族解放》《解放之路》《一周间》等名称。为凝聚队员们的战斗力，民先队创作了队歌：

> 我们意志好比钢和铁，为着民族解放来奋斗，……我们是勇敢并且善战的青年先锋队，我们是民族解放的青年

---

① 《北大旬刊》第2、3、4期合刊，1936年4月10日。转引自中共北京市委党史资料征集委员会编：《一二九运动》，中共党史资料出版社1987年版，第171页。

《民族解放先锋队队歌》歌谱

先锋队；在工厂乡村和兵营里，要灌进我们的歌声，起来吧起来同胞们，掀起民族革命。

大家都很喜欢这首歌曲，在宿舍里、在郊游时，常常哼唱着。全面抗战爆发后，为建立更广泛的抗日民族统一战线，团结更广大的青年群众，民先队队歌的词曲做了改换。

民先队经常组织队员学习军事知识，举办军事训练和军事演习。他们清楚，只拿笔杆子，不拿枪杆子，是不能赶走日本侵略者、取得民族独立和解放的。民先队总队部设有武装部，由北京大学学生杨雨民负责。开始时，党组织找到一位有丰富游击战经验的同志，由黄华接到燕京大学一位教授家的客厅，开了一天的训练班。清华大学学生李昌做了笔记，刊载在民先队的机关报上，供大家学习。但光讲不练，比较抽象，不利于游击战术的掌握。于是清华大学和燕京大学两个分队开始在西山举行行军和游击战演习，效果很好。演习次数越来越多，规模也越来越大。最初几次，军警还进行干涉，但是演习队伍化整为零，分进合击，军警根本控制不住，也就不管不问了。这种游击战术的训练，推动了大批民先队员在全民族抗日战争爆发后参加敌后游击战争。

民先队还广泛联系大学教授、教员和29军官兵，开展统一战线工作；组织捐款捐物，支援抗日前线将士；组织歌咏队、文艺团体，到工农群众中宣传抗日救国。随着影响的扩大，队员成分极为广泛，不仅有青年学生、教师、工人、农民，甚至有国民党军队中的成员。同年8月，民先队总队部进行改选，李昌任总队长。这时，北平的民先队员已有1200多人。

民先队一成立就与外地的爱国青年建立通信联系，特别是1936年暑假，大批民先队员返乡，在当地发展建立民先队组织，并把组织关系带回北平。到10月间，天津、济南、烟台、苏州、南京、开封等全国31个城市建立了民先队组织，法国的里昂、巴黎，日本的东京也建立了民先队组织。民先队已经从北平走向全国，走向世界。

1937年2月6日，在中共中央北方局的领导下，民先队第一次全国代表大会在北平召开。出席大会的有18个地区的24位代表，代表着全国6000多名队员（国外的民先队未能派代表出席会议）。大会通过了《中华民族解放先锋队第一次全国代表大会政治及工作决议案》，分析了当前政治形势的特征及其动向，提出人民救亡运动的任务与路线，认为"努力促成全民族抗日联合战线，促成国内和平统一与民主政治的实现，是目前人民救亡运动的基本任务"。决议案特别提出，"大规模武装抗战的日子已一天天迫近，所以我们要加强对于各种已存在武装力量（如军队民团等）的抗日宣传，要自己加紧学习各种军事知识，并用各种方式建立民众的武装力量"。[①]大会还通过了《中华民族解放先锋队组织法》和《告队员书》，并选举李昌、刘文卓等7人为全国总队部负责人。这时，北平地区的民先队已有70个分队，队员达到2300人。到七七事变前夕，北平所有大学和绝大多数中学都建立了民先队分队，有分队近百个，队员3000余人。

民先队是中国共产党所创建和领导的以抗日民主为奋斗目标的先进青年组织，是党建立抗日民族统一战线的助手和领导抗日救亡运动的纽带，对团结广大青年、促进抗日救亡运动起了很大作用，为党和党领导的人民军队、抗日根据地培养和造就了一大批知识分子干部。

---

① 中共北京市委党史资料征集委员会编：《一二九运动》，中共党史资料出版社1987年版，第271—272页。

三、樱桃沟的抗日石刻

民先队从诞生之日起，就强调全民族武装起来抗击日本侵略者，并把加紧学习各种军事知识作为民先队员的一项重要任务。1936年夏天，民先队会同北平学联分别在西山樱桃沟、老虎洞、大觉寺举行3次夏令营活动。其中，第一次夏令营活动从7月10日开始，为期7天，参加者180余人。

营员是来自北平多所大、中学校的民先队员或具有双重身份的共产党员。樱桃沟元宝石下溪水边的一块山石前，有一片开阔地，是夏令营活动的中心区域。这里既是营员们的用餐和洗漱场所，也是每天研讨社会问题、理论问题和抗战局势的"大课堂"。那块山石就是当年的"讲台"，营员们围坐在山石旁，听杨秀峰、黄松龄等教授分析抗日战争的局势，听军事教官白乙化阐述军事理论，做军事报告。大家在这里争相传看《中共中央关于目前政治形势与党的任务的决议》、"八一宣言"等当时很难见到的党的文件；热烈讨论红军北上抗日的消息和爱国志士的抗日活动；激烈争辩当时的社会问题、理论问题，抨击蒋介石"攘外必先安内"的反动政策；还在这里自编自演一些爱国抗战的小节目。

民先队机关报刊登的这段文字，把营员们的激动兴奋之情表现得淋漓尽致：

> 潺潺的流水，血红的野花，都在欢迎着集体生活的运动。于是山上是人们，山谷里是歌声，白天里是行军，演习野战，黑夜里是各种问题的论战。在这种生活中，个人主义毁灭了，大家互相帮助，互相亲爱，而且共同学习。……但最令人不忘的还是一个天黑如漆的夜袭，当在荆棘窝里匍匐前进时，忽然发现了"敌人"，想到这就是日本帝国主义强盗，就要对准开枪了（拍手代替），心虽然强烈的跳动着，

还是警惕自己，不要太过于兴奋。①

一天中午营员休息时间，北京大学学生陆平看到清华大学学生赵德尊使用凿子向那块已经成为夏令营活动中心的标志性山石凿去，遒劲的"保"字逐渐显现。陆平接过凿子，两个人轮流凿出"保卫华北"4个大字。每个字六七寸大小，方方正正，呈"十"字状排列，横排的"华北"两字按当时的读写顺序由右及左排列。这4个大字最能反映当时全国人民的心声，表达了北平青年抗日救国的坚定信念和必胜决心。

为躲避日本侵略者的"扫荡"，当地村民把这块大石刻糊上厚厚的泥土，并在四周种满爬山虎。这样，这块石头与周围的土坎儿便没了区别，渐渐地没人再记得它了。1974年夏，陆平的女儿陆微与伙伴们先后两次前往樱桃沟寻找石刻，终于在8月6日第二次前往时，找到石刻。他们刮去石头上厚厚的泥土和青苔，冲刷掉沉积在上面的泥沙，"保卫华北"4个大字重见天日。

1985年12月9日，一二·九运动50周年之际，北京市大、中、小学学生和共青团员捐款，在"保卫华北"石刻的东南边，建立了一二·九运动纪念亭。如今，这里已成为爱国主义教育基地。那块石刻也被搬到沟顶的路面上，作为革命文物加以保护。

保卫华北

　　① 中华民族解放先锋队总队部编：《我们的队伍》，1937年3月编印，第20页。转引自清华大学中共党史教研组《一二九运动史》编写组编：《一二九运动史》，北京出版社1980年版，第130页。

第三节　凝聚各阶层抗日力量

一、刘少奇纠正"左"倾错误

随着抗日救亡运动新高潮的到来，中国共产党面临着从土地革命战争向民族革命战争转变的新形势。为适应形势的变化，制定出适合新情况的完整的政治路线和战略方针，1935年12月17日至25日，中共中央在瓦窑堡召开政治局扩大会议，讨论军事战略问题、全国的政治形势和党的策略路线问题，决定建立广泛的抗日民族统一战线。

瓦窑堡会议通过的《中共中央关于目前政治形势与党的任务的决议》指出："党的策略路线，是在发动、团聚与组织全中国全民族一切革命力量去反对当前主要的敌人：日本帝国主义与卖国贼头子蒋介石。不论什么人，什么派别，什么武装队伍，什么阶级，只要是反对日本帝国主义与卖国贼蒋介石的，都应该联合起来，开展神圣的民族革命战争，驱逐日本帝国主义出中国，打倒日本帝国主义的走狗在中国的统治，取得中华民族的彻底解放，保持中国的独立与领土的完整。"同时指出，为了更大胆地运用广泛的统一战线，必须同党内"左"的关门主义倾向做坚决的斗争。"在目前形势下，关门主义是党内的主要危险。"[1]

12月27日，毛泽东在党的活动分子会议上做了《论反对日本帝国主义的策略》的报告。在报告中，毛泽东科学分析了在日本帝国主义要变中国为殖民地的情形下，中国各个阶级的态度，明确指出："党的任务就是把红军的活动和全国的工人、农民、学生、小资产阶级、民族资产阶级的一切活动汇合起来，成为一个统一的民族革命战线。"并特别强调："我们一定不要关门主义，我们要的是制日本帝

---

[1] 《建党以来重要文献选编》（第12册），中央文献出版社2011年版，第536、547页。

82

国主义和汉奸卖国贼的死命的民族革命统一战线。"①

瓦窑堡会议后，为加强对地处抗日前线的华北地区斗争的领导，12月29日，中共中央政治局召开常委会议，讨论北方局工作。会议决定派刘少奇到华北，以中央驻北方代表身份，主持北方局工作。其任务主要是加强对反日学生运动及游击战争的领导，大胆地运用党的抗日民族统一战线策略，巩固党的秘密组织，使秘密工作与公开工作结合起来。

1936年二三月间，刘少奇抵达天津。在对华北党组织的状况和抗日救亡运动的形势进行一系列的调查研究之后，他认为"左"倾错误，如打倒一切、一切不合作、一切斗争到底、原则上否定策略路线的曲折性及在一定条件下防御退却的必要性等，是执行党的统一战线政策的主要障碍。为此，刘少奇提出华北地区党的工作方针，即坚持党中央"停止内战，一致抗日"的总口号，准备自己，组织群众，联合一切愿意抗日的党派和阶层，实行党的抗日民族统一战线新政策。

3月31日，经中共北平市委同意，北平学联党团组织北平各大中学校学生代表1300余人，在北京大学三院礼堂，举行悼念因参加抗日救亡运动被反动当局逮捕并折磨致死的河北高中学生郭清的大会。会前，有学生用汽车从骡马市大街棺材铺运来一口空棺材，放在大礼堂中央。北大校长蒋梦麟闻讯后极为恼火，认为"外来学生迁入该校开会，并运棺入校，实系侮辱"。②在国民党军警特务包围的情况下，同学们举行"抬棺游行"，遭到镇压。这次行动，使许多原来没有暴露身份的学生干部被捕，北京大学学生会被勒令停止活动。

刘少奇得知此事后，于4月5日写了《论北平学生纪念郭清烈士的行动——给北平同志的一封信》。在信中，他一针见血地指出这种"左"倾冒险主义做法的恶劣影响："使许多抗日的同情你们的可能和你合作的分子离开你们，甚至离开学校；把其他许多中立甚至同情

　　① 《毛泽东选集》（第二卷），人民出版社1991年版，第147、151、155页。

　　② 《抬棺游行追悼郭清学生四名被开除》，《北平晨报》1936年4月1日。转引自《一二九运动资料》（第一辑），人民出版社1981年版，第536页。

分子(如蒋梦麟)推到了反对的营垒,这就给法西斯蒂分子分裂学生爱国阵线一个最好的机会。"对此,刘少奇提出严厉批评,认为"这样的行动,如果再有一次以至几次的话,在敌人严重进攻之下,会使一切民众的爱国组织完全不能公开,会使你们完全脱离广大群众,使许多组织塌台,使许多同志和先进的爱国志士被捕被杀,使汉奸法西斯蒂夺到'爱国运动'的领导地位来窒杀爱国运动。最后只能剩下你们几个布尔什维克在秘密的房子内去'抗日救国',这里还有什么'统一战线'?!这是怎样明显的脱离群众的关门主义?!这不简单是错,而且是罪恶啊!"①在信中,刘少奇要求国民党统治区的党组织充分利用公开的合法方式,团结更多的群众投身到抗日救国的行列中来。

这封信对纠正学生运动中"左"的偏向起了很大作用。中共北平市委根据刘少奇的指示,努力做好这件事情的善后工作,很快消除了学校当局和部分教授与学生的对立情绪,打破了学生的"孤军苦斗状态"。根据刘少奇关于必须正确对待学校当局、名流学者,实行"师生合作,一致救亡"的指示,各校学生提出"师生合作"的口号,组织形式多样的活动。北平市学生救国联合会还发表了一封公开信,向蒋梦麟等五四运动时期的先进者们检讨过去处理师生关系中的不当之处,为进一步推进学生救国运动,诚恳地请求他们给予指导和帮助。②

为纠正北平党内及华北地区党内实际工作中存在的"左"倾冒险主义错误影响,指导抗日救亡运动的进一步开展,刘少奇先后发表《肃清立三路线的残余——关门主义冒险主义》《关于白区职工运动的提纲》《关于共产党的一封信》等文章。这些文章批判了关门主义

---

① 《火线》第55期,1936年4月15日。转引自《一二九运动资料》(第二辑),人民出版社1982年版,第15—16页。

② 《北平市学生救国联合会给五四运动先进者的一封信》(1936年5月4日),《救亡情报》第3期,1936年5月24日。转引自中共北京市委党史资料征集委员会编:《一二九运动》,中共党史资料出版社1987年版,第193页。

和冒险主义，阐述了党关于建立抗日民族统一战线的新政策，提出要善于把一般原则与现实生活中的具体问题联系起来，要善于密切联系群众、团结群众，共同完成党的任务。

这一年的四五月间，北平党团组织合并，团员转为党员。5月，中共北平市委改组，李葆华任市委书记，黄敬任市委宣传部部长、学委书记。在市委的领导下，北平党组织认真组织党员、民先队员、进步学生学习刘少奇的文章，采取一系列举措，克服实际工作中"左"倾错误影响，巩固和发展了一二·九运动的胜利成果，积蓄了革命力量。

1936年8月5日，中共中央书记处在给北方局及刘少奇等人的指示信中，对北方局的工作给予充分肯定："我们认为北方党的工作，自胡服（刘少奇——引者注）同志到后，有了基本上的转变，主要的表现：在政治领导的加强，纠正了过去河北党中严重的关门主义倾向，且能采取适当的方式，直接影响全国统一战线最有权威的刊物。表现在努力扩大抗日战线，不仅企图建立华北各界救国联合而且能顾及全国，在学生、军队、农民等群众中，均有较好的成绩。表现在组织上，河北的党不仅能够帮助环绕河北各省建立党的组织，而且能够顾及到上海、西南、武汉等地党的建立等等，这些主要转变，是已奠定了胜利的基础，开展着光明灿烂的伟大前途。"[1]

二、促进全国学联和全国救国会成立

"抬棺游行"后，在中共中央北方局的领导下，北平学生运动的方式开始发生变化。1936年4月18日，北平市学生联合会改名为北平市学生救国联合会，并建议成立华北各界救国联合会。4月25日，北平市学生救国联合会发表宣言。宣言检讨过去工作中的错误，如"运用团结一致的不够""放弃联络各界的责任""郭清追悼大会

---

[1] 《建党以来重要文献选编》（第13册），中央文献出版社2011年版，第215页。

的损失"等；同时，申明要以新的路线和姿态，比如"出版经常刊物""重振抵制日货"等，广泛团结学生和教师，争取各界的指导与合作，共同开展抗日救国运动。①

5月17日，民先队召开代表大会，认真学习和讨论统一战线问题。会议明确提出：争取广大群众参加到抗日民族统一战线中来，是目前的中心任务；学生运动要在抗日民族统一战线的总方针下，善于根据不同情况和不同的需要，开展各种活动，进行深入细致的工作。通过学习和整顿，民先队的工作方式和工作作风也有很大转变，逐步克服了急躁、骄傲自满、与群众联系不够的缺点。

在党的抗日民族统一战线策略的指导下，在中共北平市委、北平学联的领导下，各校党组织和民先队踏踏实实地做群众工作，开展广泛深入的争取团结教育群众的活动，把不同觉悟程度、不同兴趣爱好、不同宗教信仰的广大学生，都团结到抗日救亡的大旗下，使学生运动有了更广泛的群众基础。

针对国民党政府为压制学生抗日救国斗争而鼓吹的"读书救国"论调，各校党组织通过校刊和读书会、座谈会、辩论会等，在学生中开展"读书与救国"的讨论。在讨论中，"读书即救国""先读书后救国""学生只管读书、救国是政府的事"等谬论，受到有力批驳。同学们认识到，"读书救国"实际上是诱导学生读死书，麻痹瓦解学生的爱国精神，听任国民党政府继续卖国。

在批判"读书救国"论的同时，为团结争取广大学生和教师参加到抗日救亡运动中来，密切进步学生与广大中间学生、教师之间的关系，党组织及时提出"救国不忘读书"的口号，特别要求党员、民先队员和进步学生，在积极参加抗日救亡活动的同时，也要用心读书，通过功课上的模范去影响、团结大家，并改善与教师之间的关系。清华大学党支部书记蒋南翔就提出了"做好学生"的口号，要求党团

---

① 《北平市学生救国联合会第一次宣言》（1936年4月25日），《救国时报》1936年6月15日。转引自中共北京市委党史资料征集委员会编：《一二九运动》，中共党史资料出版社1987年版，第190—191页。

员、民先队员在抗日救亡、勤奋学习、强健体魄等方面都起到表率作用。由他起草并以北平市学生救国联合会名义，发表在《学生与国家》创刊号上的《我们对于目前学生运动的意见和希望》，鲜明提出："热血的奔腾不是救亡事业的全部，热情澎湃外更需要坚忍的意志和坚强的能耐，因此我们需要沉着地及时好好学习生活和救亡的知识，好好的求学，以增强自己的战斗能力。"[①]

各校学生还在党组织的领导下，组织各种学术社团，举办与抗日救国相结合的学术活动。燕京大学成立的"北平求知学会"，在全市20多所大中学校成立分会，会员多达1000余人。学会出版《求知月刊》，向广大学生宣传辩证唯物主义和抗日救亡的道理，受到普遍欢迎。清华大学组织"实用科学会"，吸引平日里不太关心政治和时事，但对科学感兴趣的同学参加，在活动中使他们受到抗日救国的教育。北平师范大学组织"科学战争研究会"，把读书、科学研究和抗日救亡运动结合起来，他们还自己动手做防毒面具，研究国防化学。

在党组织的领导下，各校学生还纷纷成立文艺团体，开展抗日救亡的文艺活动。清华大学"海燕歌咏团"成立才几个月，团员就发展到近200人。歌咏团成立时，唱的第一首歌曲就是《国际歌》。在白区，唱这首歌是违法的，他们就以演唱各国国歌为名，把《国际歌》当作苏联国歌，使其合法化。他们还将《义勇军进行曲》《国际歌》《毕业歌》《马赛曲》等豪壮的抗日歌曲和外国革命歌曲印在明信片上，销量达20多万张。燕京大学成立"未名歌咏队"，每周或每隔一周练习唱救亡歌曲。在古老的北平城，抗日救亡的歌声，淹没了《桃花江》《毛毛雨》等靡靡之音。

此外，基本上每个学校都有剧团。燕京大学成立狂飙剧社，演出的《回春之曲》以一·二八抗战为背景，描写华侨青年回国参加抗战的故事，悲壮激烈。闭幕前，男主角喊出高昂的抗日救亡口号"不愿

① 《我们对于目前学生运动的意见和希望》（1936年10月10日），《学生与国家》第1卷第1期，1936年10月10日。转引自中共北京市委党史资料征集委员会编：《一二九运动》，中共党史资料出版社1987年版，第218页。

做亡国奴的、不愿意做帝国主义顺民的人起来，杀啊！前进！"时，得到观众的热烈响应。[①]东北大学学生根据自身经历，自编自演的话剧《流亡曲》，深受群众欢迎。北平师范大学学生剧团在北平郊区的集市、庙会上，表演双簧、大鼓以及《察东之夜》《打回老家去》等街头活报剧，演出时经常台上台下积极互动，全场随时响起"打倒日本帝国主义"的呼声。闻名已久的街头剧《放下你的鞭子》，更是深受广大民众欢迎。

北平学联、各校学生创办的刊物，也日益成为宣传党的抗日民族统一战线政策、研究中国革命问题的重要阵地。北平学联把不定期刊物《学联情报》改版为《学联日报》，后来还出版《北平学生》《学联会报》等。清华大学的《清华周刊》、燕京大学的《燕大周刊》《燕京新闻》、北京大学的《北大旬刊》、北平大学工学院的《救亡》、东北大学的《东大周刊》等都在党组织的领导下，宣传革命理论和抗日主张，不断加强广大学生对抗日救亡运动的认识。

为推动全国抗日民族统一战线的形成，刘少奇派黄敬前往上海，参与全国学联和全国救国会的筹建工作。1936年5月29日，全国学联成立大会在上海召开，经过两天的会议，中国学生救国联合会（简称"全国学联"）正式宣告成立，通过全国学联的纲领、简章和宣言，推选北平学联的刘江陵为执行主席，陆璀为宣传部部长，董毓华为组织部部长。全国学联的成立，有力推动了抗日救亡运动在青年学生中的开展。

黄敬等人还会见了上海各界救国联合会的章乃器，并介绍了北平学生运动的情况。5月31日至6月1日，全国各界救国联合会（简称"全国救国会"）成立大会在上海召开，会议通过了《宣言》《抗日救国初步政治纲领》等文件，选举宋庆龄、何香凝等40余人为执行委员，沈钧儒、章乃器等14人为常务委员。全国救国会的成立，使抗

---

① 陈鼎文：《狂飙剧社的演出》，赵荣声等编：《一二九在未名湖畔》，北京出版社1985年版，第192页。

日救国运动深入社会各个阶层。到这一年的年底，参加人数已达10万余人。

三、推动29军抗战

刘少奇主持北方局工作后，对29军军长宋哲元及冀察政务委员会做了认真的分析研究，认为宋哲元虽有向日本侵略者妥协的一面，但29军有着长城抗战的光荣历史，"在全国救国运动高涨的情势下，还是动摇的，还不甘愿卖国当汉奸，还有转向抗日的可能"。[①]于是，刘少奇和北方局就引导爱国学生和民众把"打倒卖国贼宋哲元"的口号改为"拥护宋委员长抗日"。这些口号改变后，群众的救国活动取得了进一步合法的可能性。一二·一二游行示威时，游行群众正遇着宋哲元的汽车，学生即送一张传单给他，他看到传单上写着"拥护宋委员长抗日"的口号，面带笑容乘车而去。宋哲元还让群众到景山集合，并派北平市市长秦德纯向群众讲话。

中共中央根据形势的发展，也提出要加强对宋哲元及29军的统战工作。1936年8月14日，毛泽东致信宋哲元，称赞他"情殷抗日"，希望他及29军，一面联合华北人民群众，做实力的准备，一面恢复1925年至1927年西北军在光荣历史时期曾经实行的联俄联共政策，"一俟时机成熟发动大规模的抗日战争"。[②]同日，毛泽东还致信北方局联络部部长王世英并转刘少奇，指示必须向宋哲元及29军继续做工作。[③]中共中央派张经武[④]为代表，负责同宋哲元联系。接到毛泽东的信后，刘少奇即派华北联络局北平小组负责人张友渔协助张经

---

① 《刘少奇选集》(上卷)，人民出版社1981年版，第250页。

② 《毛泽东年谱(1893—1949)》上卷(修订本)，中央文献出版社2013年版，第570页。

③ 《毛泽东年谱(1893—1949)》上卷(修订本)，中央文献出版社2013年版，第571页。

④ 张经武，当时是中国共产党派往华北地区做统一战线工作的代表。

武，在29军的军官中进行统战工作。

根据中共中央的指示，北方局和北平市委对争取宋哲元及29军，做了大量工作："（一）通过各种关系同中、上层军官进行接洽与联络；（二）通过群众救国运动向军队进行各种宣传鼓动；（三）用各种形式在军队中进行秘密的宣传组织工作，把许多公开半公开的刊物输送到军队中去。"①

充分利用党在29军的关系，进行抗日救亡宣传，成效斐然。在日本的逼迫下，蒋介石几次命令宋哲元将29军南撤至保定，宋对此犹豫不决。针对这种情况，刘少奇起草了主张抗日救国的三条意见，以29军一位参谋处处长自己的意见为名，拿给宋哲元看，劝宋"以进为守，号召全国民众"，依靠民众，不要依靠蒋介石，坚决抗日，即便失败也要留个美名。宋哲元对这个意见比较赏识，没有南撤保定。

中共北平市委也积极行动起来，组织共产党员、民先队员和进步教授，到南苑军事教导团做教官，讲授抗日道理；指派党员、民先队员和进步学生，以教体育、教唱歌等方式，对29军官兵进行抗日宣传。北平市委还积极审慎地在中下级军官中发展党员，如情报处处长任靖秋和在七七事变中英勇牺牲的排长沈忠明，都是抗战前夕发展的党员。1937年6月，南京政府要求组织学生集中军训，何基沣是29军37师110旅旅长，他积极主持学生军训，还通过军训学生对部下进行抗日思想教育。后来，何基沣成为中共地下党员。

早在1936年4月6日，北平学联就发表致宋哲元的公开信。信中回顾29军长城抗战的光辉历史，"您以不可一世万人景仰的英姿出现在我们眼前"，"替中国争回不少的光荣，给中国人多少生存的勇气"，并表示相信"您和我们中间的距离是可以消失的，只要您能恢复您在喜峰口的雄姿。我们青年人的心始终为抗日战线中的首领，留下纯洁

---

① 《刘少奇选集》（上卷），人民出版社1981年版，第249页。

诚挚的空处！"①之后，中共北平市委通过北平学联、民先队等团体，利用一切机会，对29军开展抗日救亡的宣传鼓动工作。

7月15日，宋哲元在北海公园举行追悼长城抗日阵亡将士的活动。北平学联知道后，即派5名代表参加，敬献花圈和挽联，并宣读了祭文。

9月18日，29军驻丰台部队与侵华日军发生武装冲突，双方各有伤亡，冀察当局以撤退丰台驻军了却此事，引起29军将士的强烈不满。北平学联抓住时机予以慰问，对29军的抗日行动和热情表示支持，并发表公开信，提出三点要求：第一，要求中央政府对日本军人驻扎丰台及在丰台肇事等情况提出抗议；第二，要求军事委员会明令29军不得放弃所驻一寸国土；第三，要求29军领袖顾念军人大义及国家利害，摒弃任何敷衍一时苟且偷安的思想及行为。②清华大学还组成"战地慰劳服务队"，向爱国官兵表达拥护29军抗日的心愿。受伤官兵表示："我们应该救自己的国家！"③

爱国学生还主动前往南苑29军的营房进行宣传。面对士兵们，爱国学生高呼着"拥护29军抗日"之类的口号，同时发给他们传单，"他们都以很和蔼亲切的态度接受"。一个参加过喜峰口抗战的战士，还与学生们聊起打鬼子的光辉往事："小鬼子狗熊透了，瞎咋呼时候，看着可不得了，一动真，半点用也没有。我就杀了他们好几个，只受一点伤！"说着还卷起袖子，让学生们欣赏那光荣的疤痕。④

---

① 《北平市学生联合会致宋哲元将军的一封公开信》（1936年4月6日），《救亡情报》第2期，1936年5月17日。转引自中共北京市委党史资料征集委员会编：《一二九运动》，中共党史资料出版社1987年版，第180—181页。

② 《北平学生救国联合会为丰台驻军撤退致平津新闻界教育界的公开信》（1936年9月21日）。转引自中共北京市委党史资料征集委员会编：《一二九运动》，中共党史资料出版社1987年版，第216页。

③ 《救亡情报》第22期，1936年10月18日。转引自清华大学校史编研组：《战斗在一二九运动的前列》，清华大学出版社1985年版，第66页。

④ 乍光：《一天的成绩——灾区服务的又一报告》，《生活星期刊》第1卷第25号，1936年11月22日。转引自《一二九运动资料》（第二辑），人民出版社1982年版，第150—151页。

11月3日，驻平津一带的日军在北平会合举行大演习，大批坦克、重炮穿过北平城，横冲直撞。北平地下党组织通过进步报刊，提出以武装演习来回应日军的演习。在进步舆论和爱国官兵的要求下，宋哲元决定在红山口举行小规模演习，在固安举行秋季大演习。

北平学联派代表前往演习地慰问。演习开始之时，士兵们齐声宣读北平学联代拟的誓词："我们以百姓血汗换来子弹，须诚心竭力，期望命中，歼灭仇敌——日本鬼子。""我们要准备战死在疆场。"①演习时，许多学生和士兵们一起冲锋。演习间隙，学生们与士兵们一起回顾29军长城抗战的历史，激励士兵们抗日情绪。"学生们底诚挚的态度和对他们希望的热烈也会打动了士兵的心，使他们明白了为甚么这一群娇养惯的年青人也会跑了这么多路来受罪，而且对他们那样亲热和诚恳，前些天敌军演习的情况他们还都记忆着，在这里友敌的界限会自然地提高了他们的抗敌意识和情绪。"②

宋哲元也对学生们发表讲话，表示"中国民族惰性甚大，事事落后，如能振刷精神，努力图强，必有办法"，"无论何人，只要是以国家社会及民族利益来相谈者，本人极愿虚心接受，若徒为个人利益，则绝不接近，个人本此主张，绝不怕任何艰难与压迫"。③宋哲元倾向于抗日的转变，受到学生们的热烈欢迎。

四、领导一二·一二抗日游行示威

形势的发展，远非一帆风顺，国民党政府依然在对日本帝国主义奉行不抵抗政策。1936年11月和12月，连续发生绥远抗战、日本海

---

① 《清华同学参观二十九军杀敌演习》,《清华副刊》第45卷第3期,1936年11月16日。转引自清华大学中共党史教研组《一二九运动史》编写组编:《一二九运动史》,北京出版社1980年版，第146页。

② 浦溶:《二十九军演习》,《清华周刊》第45卷第4期,1936年11月22日。转引自《一二九运动资料》(第二辑),人民出版社1982年版，第152页。

③ 《各校学生参观二十九军演习》,《世界日报》1936年11月15日。转引自《一二九运动资料》(第二辑),人民出版社1982年版，第154页。

军陆战队武装登陆青岛以及国民党政府逮捕全国救国会领袖等重大事件。

绥远前线取得收复百灵庙的胜利之后，蒋介石对绥远驻军威逼利诱并派汤恩伯率军进驻，监视抗战军民，与日军谋求妥协，从而使局部抗战告终。上海、青岛的日本纱厂工人不堪压榨，先后爆发反日大罢工，日本海军陆战队乘机进军青岛，国民党政府不予抵抗，表示"外交尚未绝望"①，甚至签订协定，保证日本工厂秩序。在上海，反动政府又以"危害民国罪"的罪名于11月22日深夜逮捕全国救国会领袖沈钧儒、章乃器、邹韬奋、李公朴、沙千里、王造时、史良，震惊中外。

11月24日，北平学联决定，自25日起北平学生举行两天总同盟罢课，并派代表南下请愿，要求释放救国会七领袖。12月9日，北平学联举行纪念一二·九运动一周年大会，会上通过议案：为了使抗日救国运动向更高阶段发展，为了在日本侵略者加紧进攻之时表现北平学生不愿做亡国奴的决心，决定在12月12日举行抗日大示威。

中共北平市委学委书记黄敬、学委高承志、民先队总队长兼党团书记李昌组成示威总指挥部，李昌任现场总指挥。在一个咖啡馆里坐着两个"客人"，不时地有人找他们谈话，有的什么也不喝，谈几句，便匆匆地走了。过了很久，特务们才发现这里是示威的指挥所，当他们要打电话叫人来捉时，两个"客人"已经不见了，指挥所又转移到新的地点了。

这次游行的口号有"援助绥远抗战""争取爱国自由、释放救国领袖""反对青岛屈服协定""各党派联合起来，一致抗日"等。这些口号，集中反映了全国各地正在进行着的抗日救国的斗争内容，体现了党的抗日民族统一战线政策。在北大一院召开的大会，共有30多个大中学校的五六千人参加。大会主席宣布了这次游行示威的目

---

① 《北平市全体学生示威宣言》（1936年12月12日）。转引自《一二九运动资料》（第二辑），人民出版社1982年版，第163页。

标，即：（1）要求中日绝交；（2）反对日军青岛暴行；（3）保障爱国自由，释放救国领袖；（4）扩大绥远战局，实行全国抗战；（5）要求冀察当局出兵冀东，收复察北。[①]

当天下午5时，北平市市长秦德纯代表宋哲元在景山接见爱国学生。为防止万一，北平市委领导成员李雪峰、安子文到景山附近了解事态的发展，黄敬则动员上层人士尽力保护学生，并通知中外记者到景山采访。秦德纯在讲话中肯定了学生的示威是民气的反映，并表示29军一定本着喜峰口战役的英勇精神，适应全国民众的要求，和一切不愿做亡国奴的人们合作，担负起民族解放的责任。随后，同学们高唱着爱国歌曲，高呼着抗日口号，走出景山，回到各自的学校。清华大学的学生们，本来可以到南池子就近搭车回校，然而他们却一致要求"在灯火明朗的街市上更充分地把他们救亡的呼声散布给每个吃晚饭的人们"。[②]从景山经过北海公园、西四牌楼、新街口，一直到西直门，一路上口号震天，同学们的嗓子都喊哑了。到西直门西关外，同学们才坐上汽车，返回学校。

这样的游行示威，是一二·九运动以来从未有过的，表明中国共产党的抗日民族统一战线政策取得了重大胜利。这次斗争，也检阅了队伍：北平的共产党员、民先队员和爱国学生在党的教育培养下，在抗日救亡的洪流中，不断得到锻炼，政治觉悟有了很大提高，斗争经验也不断丰富起来。

一二·一二抗日游行示威正逢西安事变爆发。在中国共产党的领导下，西安事变和平解决，促进了中共中央逼蒋抗日方针的实现。在抗日的前提下，国共两党实行第二次合作已经成为不可抗拒的大势。

---

① 《一二·一二北平学生抗日大示威》，《清华副刊》第45卷第8、9期合刊。转引自清华大学中共党史教研组《一二九运动史》编写组编：《一二九运动史》，北京出版社1980年版，第150页。

② 冯夷：《我们又示威了》，《清华副刊》第45卷第10期，1936年12月28日。转引自《一二九运动资料》（第二辑），人民出版社1982年版，第173页。

五、抗日的新启蒙运动

一二·九运动冲破了国民党长期的白色恐怖，标志着国民党文化"围剿"的破产。正如毛泽东指出的，国民党政府的军事和文化"两种'围剿'都惨败了。作为军事'围剿'的结果的东西，是红军的北上抗日；作为文化'围剿'的结果的东西，是一九三五年'一二九'青年革命运动的爆发。而作为这两种'围剿'之共同结果的东西，则是全国人民的觉悟"。①

从一二·九运动到全民族抗战爆发，北平左翼文化运动有了新的发展。1936年秋，中国共产党提出以科学、民主为内容的新启蒙运动的主张后，北平一些进步教授积极响应，撰文阐述中国人民必须反对异民族的奴役，反对旧礼教，反对复古，反对武断，反对盲从迷信，反对一切愚民政策，对推动全民族的抗日救亡运动，做了积极的思想发动。

1937年1月以后，北平进步的文化人士和救亡团体，纷纷讨论怎样重新评价五四运动，怎样批判地接受五四未完成的工作。在五四纪念日到来的时候，北平的许多报刊都推出"五四纪念特刊"。文化团体和救亡团体召开纪念座谈会，热烈讨论提倡科学民主、反对封建迷信愚昧和封建思想等问题。张申府发表文章《五四纪念与新启蒙运动》，针对五四运动的欠缺，提出新启蒙运动的内容有三：一是这个运动必须是理性运动，要宣传科学法、实践科学法；二是这个运动应该是综合的，所要造的文化应该是各种现有文化的一种辩证的或有机的综合；三是这个运动应该是深入的、清楚的，对于中国文化和西洋文化，都应该根据现代的科学法做一番切实的重新估价，有个真的深的认识。②

---

① 《毛泽东选集》（第二卷），人民出版社1991年版，第702页。

② 张申府：《五四纪念与新启蒙运动》，《北平新报》1937年5月2日。转引自中共北京市委党史研究室编：《北京地区抗日运动史料汇编》（第三辑），中国文史出版社1996年版，第77—78页。

5月中旬，吴承仕、张申府、张友渔、黄松龄等40余人成立了专门研究和推动新启蒙运动的启蒙学会。《启蒙学会宣言》讲道："启蒙运动，就是抗敌救亡运动，至少也是抗敌救亡阵线上的开路先锋和建筑上的奠基础石。"启蒙学会将"把握住民主自由的原则，在反独断、反盲从、反迷信的一贯信念之下，尽力完成我们应该做的工作，争取当前民族解放的胜利，再渐次地打开天下为公的大同世界之门"。①

　　新启蒙运动是五四运动的继续和发展，但"不是五四运动时代的单纯反封建文化的运动，而是要把一切文化应用到有利于民族生存的方面"。②它宣传科学、民主，宣传中国共产党的抗日主张和马克思列宁主义，使北平文化思想界在认识上产生了新的飞跃。七七事变后，北平许多进步的文艺工作者和青年，响应党的号召，开赴反对日本帝国主义的前线，投入到伟大的抗日战争中去。

---

　　①　中共北京市委党史研究室编：《北京地区抗日运动史料汇编》（第三辑），中国文史出版社1996年版，第99—100页。

　　②　艾思奇：《新启蒙运动和中国的自觉运动》，《文化食粮》第1卷第1期，1937年3月20日。转引自中共北京市委党史研究室编：《北京地区抗日运动史料汇编》（第三辑），中国文史出版社1996年版，第66页。

第三章

卢沟烽火：全民族抗战的开端

1937年7月7日，日本侵略者为达到以武力吞并全中国的罪恶目的，悍然炮轰宛平城，制造震惊中外的七七事变。卢沟桥畔一时间硝烟弥漫，笼罩在侵略者燃起的熊熊战火之中，中国军民对日本军国主义侵略进行了顽强抵抗。29军浴血南苑，广大北平民众积极支援。南口战役，中国守军的抗战精神可歌可泣。中国共产党坚持敌后游击战争，提出"巩固平西、坚持冀东、开辟平北"的"三位一体"战略，平郊抗日根据地逐渐巩固。

第一节　卢沟桥抗战

一、打响全民族抗战第一枪

1192年建成的卢沟桥，承载着历史的重负，历经几代兴衰。745年后，它又目睹了中华儿女抗击日本侵略的悲壮。卢沟桥位于宛平城西，是平汉、平绥、北宁三条铁路的交叉中心，战略地位十分重要。当时，北宁线已为日军控制，卢沟桥再失，则平汉线即为日军所得。这样，日军将会沿平汉线南下，侵占华北，占领全中国。因此，卢沟桥这一战略据点，成为中日双方必争之地。

华北事变后，日本广泛开展战争动员，扩军备战，继续对华步步进逼。1936年5月上旬至6月，日军分8批次从国内进抵华北，形成了一个拥有步兵联队、炮兵联队、航空联队、战车队、骑兵大队等多兵种的军事集团，中国驻屯军得到强化。随着兵力的增强，日军的挑衅愈演愈烈。9月，日军通过两次"丰台事件"强占北平西南门户丰台，严重威胁当地中国驻军，加剧了华北的紧张局势。10月至11月，日军举行秋季大操演，以北平为假想进攻目标，以卢沟桥、宛平城为主要攻击点，参演部队近万人。

西安事变和平解决之后，中国国共两党趋向合作而联合尚未巩固，英、法、美等国给予中国一定的援助但态度并不积极，日本帝国主义决定趁此机会发动全面侵华战争。从1937年5月起，日军在北宁路沿线以及丰台、卢沟桥一带频繁进行实弹演习。日军规定，参加演习的每一个士兵，都要达到在夜间也能够非常熟练地掌握卢沟桥附近地形的要求。同时，还制定了奇袭29军驻地指挥部、兵营、宛平城门等计划，要求所有官佐都分别到上述地点多次进行实地调查，以便在战争发生时，能够准确、稳妥、顺利地对29军进行突然袭击。五六月间，日本关东军司令部和驻天津的中国驻屯军司令部频频开会，策划发动大规模的侵华战争。6月，驻丰台日军一部又以

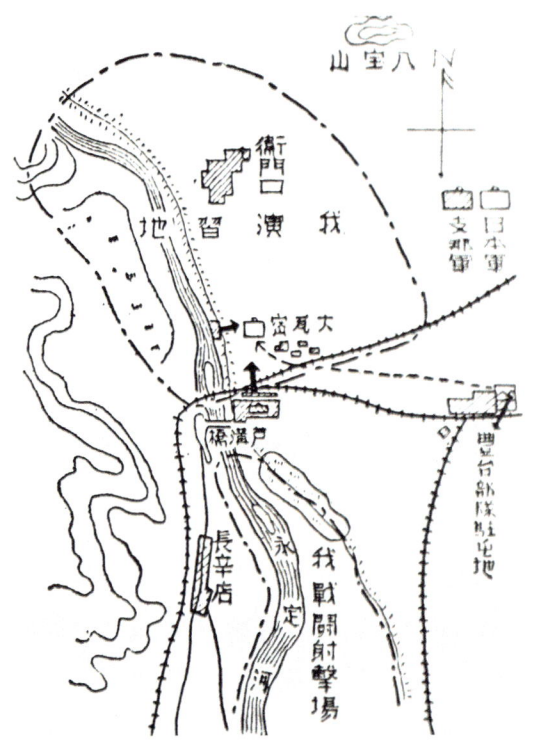

1937年7月事变发生时，日军绘制的卢沟桥地区形势地图（新华社　提供）

攻守宛平城为目标，不分昼夜地进行演习。6月21日，中国驻屯军紧急成立临时作战课。此时，在东京政界的消息灵通人士之间，私下盛传着："七夕的晚上，华北将重演柳条湖一样的事件。"[1]

面对日军随时可能发动战争的紧急局面，守卫卢沟桥和宛平城的29军37师110旅219团第3营，进行严密警戒，密切监视日军行动。这个营是个加强营，有步兵4个连，轻重迫击炮各1个连，重机枪1个连，共1400多人，营长为金振中。为应对即将临近的战争，金振中还将兵力进行临战部署，开挖了军事壕沟。3营还对士兵加强思想教育，发出"宁为战死鬼，不作亡国奴"的誓言，命令官兵在开饭前和睡觉前必须高呼一遍，以此激励官兵守土抗敌之志。

7月6日，驻丰台日军以卢沟桥为目标举行进攻演习，还到宛平城东门外要求通过宛平城到长辛店一带演习，被中国驻军严词拒绝，双方相持达10余小时。7月7日上午，日军到卢沟桥以北地区演习。下午，日军驻丰台的河边正三旅团第1联队第3大队第8中队，在中队长清水节郎带领下进至卢沟桥西北龙王庙附近，声称要举行夜间演习。

---

[1]　今井武夫：《今井武夫回忆录》，上海译文出版社1978年版，第16页。

晚上7时30分，日军夜间演习开始，近600人的部队迅速行动。10时40分，在宛平城东北方向日军演习的地方响起枪声。随后，几名日军来到宛平城下，诡称丢失一名士兵，要求进城搜查，被守城官兵拒绝。日军随即开枪示威，守城官兵立即投入战斗，给敌人以猛烈回击。事实上，日军士兵志村菊次郎[1]并未失踪，而是因解手离队，20分钟后即归队。

深夜，北平特务机关长松井太久郎致电冀察政务委员会，声称"失落日兵一名，要求进入宛平县城搜索"[2]，并称如不允许，将诉诸武力。这一无理要求，显然另有企图，当即被中方拒绝。

随后，日军调兵遣将，对宛平城东侧、东南侧、东北侧形成包围，准备扩大战争。7月8日5时许，日方坚持进城搜寻"失踪士兵"

守卫卢沟桥的29军士兵

① 志村菊次郎，东京人，20岁入伍。七七事变时只是个入伍3个月的二等传令兵，不久复员回日本。1941年12月再次入伍。1944年1月31日，在缅甸阿拉干山区布其顿，担任宪兵伍长的志村被中国远征军新一军孙立人部击毙。

② 何基沣、邓哲熙、王式九、戈定远、吴锡祺：《"七·七"事变纪实》，中共北京市委党史研究室编：《北京地区抗日运动史料汇编》（第三辑），中国文史出版社1996年版，第230页。

的无理要求再次遭到中方拒绝后，日军第1联队第3大队主力在大队长一木清直指挥下，向龙王庙铁路桥扑来，要求在中国守军阵地进行搜寻，遭到中共地下党员沈忠明排长的严词拒绝。日军突然开枪射击，沈忠明中弹倒地。他的牺牲，激怒了守桥卫士，两个排在李毅岑排长指挥下，同日军展开肉搏。中国守军终因敌我力量悬殊，几乎全部战死，日军也遭到重创。与此同时，在东门外进攻的日军，用大炮猛轰城墙及城内建筑，城内居民伤亡惨重。

面对日军不断发起的新攻势，29军守城将士沉着应战，奋起抵抗。8日下午，29军从长辛店以北至八宝山以南同时向日军发起反攻，将铁路桥及其附近的龙王庙等处夺回。

日本侵略者对中国人民反对外来侵略的能力估计过低。他们见势不利，决定采取缓兵之计，称失踪士兵已经找到，向中方提出和平解决的要求。蒋介石当时仍然对日本抱有幻想，因此想把七七事变作为"地方事件"来处理，结果贻误战机，在日军大部兵力尚未集结的时候，未能给驻丰台日军以歼灭性的打击，造成以后战事的完全被动。

二、支援29军抗战

卢沟桥的枪炮声震怒了全中国人民。7月8日，中共中央向全国发出《为日军进攻卢沟桥通电》，大声疾呼："平津危急！华北危急！中华民族危急！只有全民族实行抗战，才是我们的出路！"通电号召全国同胞和军队团结起来，"筑成民族统一战线的坚固长城""驱逐日寇出中国！"[①]

同日，中共中央书记处就七七事变后华北工作的方针向北方局下达四条指示：（1）"坚决保卫平津保卫华北，提出'不让日本帝国主义侵占中国寸土''为保卫国土流最后一滴血'等口号，动员全体爱国军队全体爱国国民抵抗日本帝国的进攻，在各地用宣言传单

---

① 《建党以来重要文献选编》（第14册），中央文献出版社2011年版，第356—357页。

标语及群众会议进行宣传与组织的动员。"（2）"立即与政府当局及各界领袖协商执行上述方针之具体办法，迅速组成坚固的统一战线，对付当前的重大事变。"（3）"立即在平绥平津以东地区开始着手组织抗日义勇军，准备进行艰苦的游击战争，在平汉线津浦线亦应准备组织义勇军，注意与各界爱国分子合作。"（4）"进行坚决的反汉奸斗争。"①

中国共产党领导下的抗日救亡团体，开展广泛的抗战活动。7月8日下午，北平市学生救国联合会派4名代表前往宛平城慰劳抗日将士。37师王参谋长接见了代表们，说日军定于晚上8时攻城，城中军队最高负责人正在布置军事，不能详细面谈，深表遗憾。王参谋长作出两点表示：一是"抗战到底，与城共存亡，决不撤退"，二是"希望全市同学扩大宣传，并予以精神及物质上之援助"。②

7月9日，民先队北平队部发布动员令，号召各区分队各小队及时进行一切可能的工作：把日军挑衅事件向亲友同学做宣传工作；经过一切可能的社会线索，注意日军和汉奸的活动，一方面尽可能地加以详细调查（如人数、活动地带及活动计划等等）并报告当局，另一方面尽可能加以监视；各队部应根据各种可能进行战时编制；各女队友应该根据彼此间的关系，准备和进行看护与慰藉的工作及组织，并随时争取与军队中的军医处看护队及红十字的看护队共同工作，或成为他们的队员；着手募捐慰劳和接济29军的伤员；各区分队立刻准备整理并充实交通人员，建立区分队密切联系；各区分队尽量在各校印出壁报或情报；各区分队扩大召集座谈会；准备迎接伟大的抗战行动！③

7月10日，中国学生救国联合会发布《为卢沟桥事件宣言》，号

---

① 《建党以来重要文献选编》（第14册），中央文献出版社2011年版，第360页。

② 《北京大学学生会暑期工作委员会情报和报告》（1937年7月8日），中共北京市委党史研究室编：《北京地区抗日运动史料汇编》（第三辑），中国文史出版社1996年版，第302页。

③ 参见《民族解放先锋队紧急通告总动员》（1937年7月8日、9日），《救国时报》九一八纪念特刊，1937年9月18日。转引自中共北京市委党史资料征集委员会编：《一二九运动》，中共党史资料出版社1987年版，第300—301页。

中华民族解放先锋队的代表前往医院慰问受伤官兵

召"动员全国家、全民族的人力财力，上下一心一德，用统一集中的神圣力量去抢救中华民族的危亡"，希望"忠勇的二十九军将士继承昔年长城抗战的光荣历史，发挥喜峰口大刀歼敌的英武精神，抱着与领土主权共存共亡的绝大决心"，并表示"全中国同胞绝不甘北方土地的沦亡，一定能够起来共做二十九军抗战将士的后盾""誓死援助二十九军保卫北方！"[①]

7月11日，民先队、北平学联、华北各界救国联合会、东北抗日救国联合会、作家协会、妇女抗日救国联合会等团体成立各界人民抗敌后援会，并在7月13日发表市民拥护29军抗战宣言：誓死反对日

———————
① 《中国学生救国联合会为卢沟桥事件宣言》（1937年7月10日），《救国时报》1937年9月18日。转引自中共北京市委党史资料征集委员会编：《一二九运动》，中共党史资料出版社1987年版，第302—303页。

本武装侵略华北；拥护英勇抗战的29军保卫平津；立即驱逐日驻屯军出境；反对签订一切屈辱条约。①

除此之外，中国共产党领导下的抗日救亡团体，还先后组织募捐团、慰劳团、看护队、宣传队、战地服务团，开展广泛的抗战活动。

北平学联发起捐献一万条麻袋运动，学生、市民都积极响应，在北京大学、中国大学的校园里，麻袋很快就堆积如山。北平学联还在学生中发起为官兵捐献一万件背心的运动。在北平学联和民先队的组织下，北京大学和北平大学医学院组织了联合救护队，并将北京大学三院改成伤兵医院。很多女学生经过短期训练之后，都成了伤兵医院的护士，她们成天伴随着伤员，煮汤换药，送茶送饭，有的人经常彻夜工作。爱国学生还在北平学联和民先队的指导下，组织劳军大队，扛着大旗，带着用募捐来的钱买的水果、饼干和其他日用品，在长辛店、门头沟、宛平等战斗前线进行慰劳活动。他们每到一处，就请士兵和下级军官讲述战斗情况，同时向他们敬献慰劳品，并表达后方人民的期望和支持。29军的将士们深受感动，含着热泪紧紧地握着学生们的手说："万分感谢你们……我们一定为民族争光……誓死收复失地……"民先队组织的义勇队还与29军官兵一道，参加了战斗。

在中国共产党的积极推动下，北平的普通民众也迅速行动起来，投入抗击日本侵略者的战斗中。

处在战斗最前线的宛平县、长辛店等地的民众在战争开始后，就为29军将士们挖战壕、抬担架、运送弹药和物资。老年人冒着枪林弹雨为部队当向导，给城楼上站岗的士兵送茶送饭。妇女们为战士们蒸馒头、烙饼、烧开水、洗衣服。当地小学生也组织募捐队，支援战争。长辛店工人还搜集大批铁轨、枕木、麻袋，冒着生命危险赶赴宛平前线建筑防御工事。附近的农民也积极出粮、出草、出柴，帮助部

---

① 清华大学中共党史教研组《一二九运动史》编写组编：《一二九运动史》，北京出版社1980年版，第171页。

队修路、送情报、抬伤员、运送物资弹药。北平城里的磨刀匠来到前线，为部队磨刀，盼望将士们多杀日本侵略者。黄包车车夫也争着抢着拉运伤员进城救治。北平的市民们踊跃募捐筹款为前方战士制作慰问袋，袋内装着毛巾、牙刷、牙粉等日用品。有的慰问袋上印着"诸位兄弟，尽忠报国，北平市民，誓为后盾"的大字，表达了与29军官兵共同抗战的决心。

为支援29军抗战，一些文艺作品得以创作和传唱。通俗读物编剧社出版的《血战卢沟桥——十九岁小伙子连砍十三名日兵》的歌词这样写道：

> 七月七日正半夜，小鬼炮打卢沟桥。占了桥又向宛平进，把我们全部当成大草包。谁知道这回鬼子把钉碰，遇见了二十九军众英豪。对日本仇恨原不小，一个个怒气冲九霄。
>
> 只见那二十九军英雄汉，生龙活虎杀气高。手起刀落鬼头掉，一个葫芦两个瓢。砍瓜切菜杀得好，风吹雨打鬼哭神嚎。只杀的小鬼"哎呀呀呀"乱喊叫，抱头鼠窜把命逃。
>
> 连砍日兵十三个，十九岁金标小英豪。这全凭爱国热心不怕死，才争下万古留名抗日功劳！[1]

李克创作的《血战卢沟桥》共分5个部分，内容形象生动。在提到金振中时，这样写道：

> 有个金振中，带兵共一营，二十九军有威名；听说敌人到，气得双眼红，连忙召集众弟兄。你背大斫刀，我拿勃朗宁，克喳克噜响连声；大家出了城跑步快如风，好似万马齐奔腾。

① 《血战卢沟桥——十九岁小伙子连砍十三名日兵》（1937年7月20日），中共北京市委党史研究室编：《北京地区抗日运动史料汇编》（第三辑），中国文史出版社1996年版，第341—344页。

这首歌也提到赵金标：

> 鬼子真稀松，个个是狗熊，跪在地上把爷称；我军动了性，刀下不留情，一刀一个血窟窿。有个赵金标，抢刀去冲锋，克喳哗啦响连声，砍鬼十三名；不愧真英雄，亚赛当年赵子龙。[①]

北平民众的有力支援，对29军抗战起到很大的激励作用。北平人民掀起的轰轰烈烈的抗日救亡运动振奋了全国人民，各地民众纷纷动员和组织起来，开始了全民族抗战的伟大征程。

三、浴血南苑

轰轰烈烈的抗日斗争如火如荼地进行之时，北平、天津的一小撮汉奸却在大肆向北平军政当局劝降。7月11日晚间，宋哲元从山东乐陵老家返抵天津，在亲日分子怂恿下与日方谈判。在与中国驻屯军司令香月清司会面后，宋哲元认为"和平解决已无问题"。19日，宋哲元回到北平，即命令拆除城内各重要路口的巷战防御工事，开启已关闭数日的城门。

此时，大批日军却正通过陆、海两路向平津集结，日机轮番在北平和平汉路沿线上空侦察。在援军到齐后，21日，日军开始炮击宛平县城及长辛店一带中国驻军。26日晚，日本中国驻屯军步兵旅团第2联队第2大队500余名士兵，谎称是日本驻平公使馆卫队，乘26辆汽车、3辆坦克进入广安门，与中国守军29军第132师第25独立旅第679团第1营第1连发生枪战，当晚10时过后战斗停止。日本当局非常恼怒，于27日下令向中国军队发起总攻。因北平城内日本侨民

[①] 《血战卢沟桥》(1937年7月20日)，中共北京市委党史研究室编：《北京地区抗日运动史料汇编》(第三辑)，中国文史出版社1996年版，第345—346页。

未能按计划全部撤出，进攻时间改为28日，但局部进攻已经开始。

南苑为29军军部驻地，驻扎部队约7000人，有38师师部及不到一旅的部队，有骑兵第9师师部和骑兵一团，有特务旅、教导团、参谋训练班等。27日深夜，日军向南苑发起进攻。宋哲元及29军将领发表自卫守土通电，表示将固守北平，誓与城垣共存亡。宋哲元命令29军军部移驻北平城内，委派132师师长赵登禹为南苑方面指挥官。28日晨，日军出动飞机数十架掩护机械化部队向北平近郊的南苑、西苑、北苑发起全线进攻。最为惨烈的当数南苑。日军从西、南两面向南苑进攻，另以一部切断南苑至北平的公路，以数十架飞机低空轮番轰炸。由于冀察当局之前的妥协，平津前线放松了战备，事先没有构筑防御工事，所以当日军展开进攻时，中国守军被包围在狭小的营区内，仅以营围做掩体，在日军的轰炸扫射下，部队受钳制不能活动。加之通信设备被敌机炸毁，联络中断，指挥失灵，南苑各部队之间无法配合作战。在5个多小时的惨烈战斗中，中国守军伤亡2000多人。29军副军长佟麟阁、132师师长赵登禹奉命分别率部撤退时，均在大红门一带遭遇日军伏兵袭击，壮烈殉国。

此时，中共北平地下组织决定发动群众协助守城，并派杨秀峰、张申府、张友渔三位教授与29军副参谋长、中共地下党员张克侠联系，由其向宋哲元提出发动群众的建议。28日下午，张克侠向宋哲元建议后，"宋却说什么军队都不能打，老百姓又能何为。他不相信群众力量，表示不同意"。[①]随后，宋哲元决定离开北平，委派张自忠代理冀察政务委员会委员长、冀察绥靖公署主任兼北平市市长，并于当日夜间撤至保定。29日凌晨，29军全军撤离北平，北平沦陷。

---

① 张克侠：《北平失陷经过》，中共北京市委党史研究室编：《北京地区抗日运动史料汇编》（第三辑），中国文史出版社1996年版，第242页。

四、冀东保安队起义

冀东保安队原名河北特种警察部队，成立于1933年《塘沽协定》签订之后，共一万余人。冀东伪自治政府在通县成立后，将保安队划归伪政权统辖。冀东伪政权的残暴统治和日军对保安队的歧视、欺压，坚定了保安队官兵不甘附逆的决心。

早在1935年，第1总队队长张庆余和第2总队队长张砚田等即与宋哲元会面，"表明愿随宋抗日"。宋哲元希望他们两人"坚定立场，不再动摇"。七七事变爆发后，张庆余和张砚田还派人与29军37师师长冯治安联系。冯治安认为，"现在我军同日军是和是战尚未决定……暂勿轻动"，等两军开战时可"出其不意，一面在通县起义，一面分兵侧击丰台，以收夹击之效"。冀东伪政府保安处处长刘宗纪也支持张庆余，表示"我也是中国人，岂肯甘作异族鹰犬。望你小心布置，大胆发动，我当追随左右，尽力协助，以襄义举"。①

7月28日，日军大举进攻29军，南苑等地相继发生激战。北平市民不明战况，以为29军收复丰台成功。张庆余、张砚田听到消息，认为战机已到，便于当夜12时联名通电全国，宣告起义。当时留在通县的日军部队约300人，连同宪兵、特警及日侨约700人。保安队兵分两路。一路由张庆余率领，前往西仓。西仓有日军特务机关和守备队。在捉拿日本特务机关长细木时，细木闻枪声四起，料知有变，遂率领特务数十人抗拒。细木不了解真实情况，对保安队大声叫嚷道："你们速回本队，勿随奸人捣乱，否则皇军一到，你们休想活命！"他的话还没有说完，即被保安队乱枪打死。在西仓，日军火力猛烈，工事坚固，激战6小时之后，保安队官兵牺牲200多人。见此形势，张庆余决定改用火攻。士兵们从附近汽油库搬来油桶，堆满日军兵营四周。随后，士兵们放火焚烧油桶，刹那间黑烟弥漫，火光冲天。保安队趁势从四面冲入日军兵营，歼灭日军约300人。另一路由

---

① 张庆余：《冀东保安队通县反正始末记》，中共北京市委党史研究室编：《北京地区抗日运动史料汇编》（第三辑），中国文史出版社1996年版，第251—252页。

张砚田带领攻打冀东伪政府，保安队顺利占领伪政府并活捉了殷汝耕。在通县起义的同时，驻顺义城及城西高丽营的保安队也奉张庆余之命举行起义。

29日中午，日军24架轰炸机开始对保安队进行狂轰滥炸，时间长达7小时之久。保安队躲避不及，伤亡严重。张庆余决定放弃通县，开往北平，投奔29军。当天晚上，保安队分两路押着殷汝耕向北平撤退，行至北平城下，方知29军已经撤往保定。保安队只好向门头沟转移，行经安定门时，遭遇日军铃木旅团。日军20余辆装甲车集中火力向保安队进攻，保安队孤军奋战，腹背受敌。激战中，日军将押解殷汝耕的士兵冲散，劫走了殷汝耕。张庆余见战事危急，遂把部队化整为零，分全军为120个小队，趁夜色由连、排长率领分批突围，奔赴保定集中。当起义队伍到达保定与29军会合时，这支万余人的队伍仅剩下4000余人。

30日，张庆余等发表反正通电，总结起义成果："挥泪誓师，一鼓粉碎伪组织各机关暨暴日驻通守备队特务机关警察署，巨憝汉奸，一体俘获。"①在起义过程中，冀东保安队共歼灭日军、伪警察、宪兵等500多人，直接导致冀东伪自治政府从通县迁往唐山，鼓舞了华北军民的抗日斗志。

① 《驻通县保安队张庆余等反正通电》（1937年7月30日），中共北京市委党史研究室编：《北京地区抗日运动史料汇编》（第三辑），中国文史出版社1996年版，第224页。

第二节 八路军挺进平郊

一、"红蓝箍"起兵白羊城

在昌平区西部五峰山下，有一个百余户人家的山村——白羊城村。七七事变爆发后，在这里诞生了平郊第一支中国共产党领导的人民抗日武装。这支队伍就是国民抗日军，老百姓称它为"红蓝箍"。

1937年初，流亡在北平的东北抗日义勇军成员高鹏、纪亭榭等人，秘密筹划建立抗日武装队伍。七七事变后，他们在中共中央北方局所属东北工作特别委员会（简称"东特"）的支持下，加紧武装起义的准备工作。为在平郊寻找举义之地，他们通过关系结识了白羊城村人、保卫团团总汤万宁。他们向汤万宁等人晓以抗日救国大义，动员其共同组织抗日队伍，汤万宁当即痛快答应。

7月22日，在白羊城村关帝庙前的空场上，国民抗日军正式宣布成立，举行武装起义。这是北平郊区成立的第一支人民抗日武装。国民抗日军成立后，东特根据中共中央关于"立即在平绥平津以东地区开始着手组织抗日义勇军，准备进行艰苦的游击战争"[①]的指示，联合中共北平市委，先后派出一批党员、民先队员和进步青年到这支队伍工作，使其处于党的直接领导之下。

位于北平德胜门外的河北省第二监狱，关押着七八百名犯人，其中有几十名共产党员和革命者。日本侵略者占领北平之后，还没有顾上派兵接管这所监狱，仅有少数狱警看守。一天，一名群众向国民抗日军报告，说是第二监狱有机关枪、步枪，还有几百名犯人，有不少是共产党死刑犯。高鹏、纪亭榭等人决定乔装奇袭第二监狱。国民抗日军中的汪之力、史进前、王建忠等共产党员，为了营救革命同志出

---

① 《中共中央书记处关于卢沟桥事变后华北工作方针给北方局的指示》（1937年7月8日），《建党以来重要文献选编》（第14册），中央文献出版社2011年版，第360页。

国民抗日军部分领导人合影

狱，加强队伍中党的力量，也坚决支持这次行动。

8月22日晚上，国民抗日军20多人，谎称"皇军城防队来查监"，冲进监狱，先是缴了狱警的枪，砸了电话机，逼迫看守交出牢门钥匙，接着又去释放被关押的犯人。这些重获自由的人们随着国民抗日军转移到铁狮子坟的树林里。在这里，国民抗日军简单介绍了时局，并欢迎大家加入队伍，当时就有数百人参军。这次行动还缴获"马枪二十九支，套筒枪十支，轻机关枪两架，捷克式枪四支，伯朗宁手枪一支，子弹共约三千余粒"。[1]

国民抗日军奇袭第二监狱，营救了一批被关押的共产党员，为革命事业保存了骨干力量，其中一些人后来成为党政军的高级干部。奇袭第二监狱的消息，极大地鼓舞了北平同胞的抗日热情。北平城的爱国学生、知识分子，郊区的贫苦农民，开始踊跃加入国民抗日军。一些流散的29军和冀东保安队士兵，也纷纷归附。国民抗日军的力量很快就壮大到1000余人。

不过，由于部队成分复杂，国民抗日军违反纪律的现象时有发生。为加强纪律，9月5日，国民抗日军在北平西北郊区的三星庄村

---

① 《国民抗日军捣毁北平河北第二监狱》(1937年8月23日)，中共北京市委党史研究室编：《北京地区抗日运动史料汇编》(第三辑)，中国文史出版社1996年版，第448页。

召开全体军人大会。大会通过汪之力起草的"全军约法"，规定所有人员、武器、军需财物，统归全军所有，统一指挥、统一调动；以全军大会或代表大会为最高权力机关，闭会后成立军政委员会为常设代表机构；凡有关全军重大事项均须军政委员会通过；军政委员会设秘书长主持日常事务。大会还选举军政委员会，任命司令部组成人员，建立3个总队。这次大会正式打出国民抗日军的旗子，还向全军战士发放红蓝两色的袖标。袖标红色在上，表示战斗；蓝色在下，代表祖国河山，象征着用战斗打败日本侵略者，恢复祖国大好河山。从此，"红蓝箍"的称号在平郊群众中闻名遐迩。

随着部队中党组织的逐步健全，经上级批准，决定成立党的队委会，各总队也建立党员小组。共产党员大都在各级组织中担任领导职务。当时，党员的身份和党的组织，都是秘密的，部队中党组织的任务是执行党的抗日民族统一战线政策，做好争取上层、团结基层的工作。他们为保证党对国民抗日军的实际领导作用，把这支成分复杂的统一战线性质的武装，逐步改造成党直接领导下的人民武装方面，作出了很大贡献。

三星庄整军之后，国民抗日军于9月8日在黑山扈地区与日军进行了第一次正面交锋。国民抗日军击退日军多次进攻，并取得击落一架日军飞机的重大胜利。战斗过程中，日军从北平方向飞来4架飞机。飞机飞得很低，往来盘旋。曾担任29军副连长的苏家顺，招呼战士们一齐举枪射击。正好一架飞机迎头飞近，苏家顺举起机枪扫射起来，其他战士的步枪也不甘示弱。随后，这架飞机的机翼摇了起来，接着向东方俯冲下去，一声轰响，升起一团尘烟。据事后了解，这架飞机坠毁在清河镇西。法国巴黎出版的由中共驻共产国际代表团主办的《救国时报》先后于1937年10月26日及1938年1月31日，两次报道国民抗日军袭击第二监狱和黑山扈大捷的消息，并发表评论："日寇虽已强占北平及北方各地，并集中大军向南侵略，但实无法巩固其后方。只要我军能进行反攻，在北方游击队与北方民众响应下，必能消灭日寇而收复平津及一切失地。"①

10月底，八路军总部派人将朱德、彭德怀亲笔签名的长信带给国民抗日军，信中详细介绍了中国共产党抗日的有关政策，以及建立根据地与进行游击战的方针，对国民抗日军的工作做了全面指示。当时，队伍里的党员和积极分子都渴望能与党和八路军建立直接联系。经过艰难工作，国民抗日军决定派汪之力等3人去和晋察冀军区一分区联系。经晋察冀军区司令员聂荣臻同意，11月中旬，国民抗日军开赴蔚县，补充被服、弹药等。随后，又开赴晋察冀抗日根据地阜平进行整训。12月25日，八路军总部批准国民抗日军改编为晋察冀军区第5支队，赵侗任司令员，高鹏任副司令员，汪之力任政治部主任，汤万宁任司令部参议员。

1938年1月，第5支队进行了一个多月的军事和政治训练，部队素质大大提高，全军上下士气高昂。4月下旬，第5支队返回平西接防；5月，攻克昌平，共俘获伪警察百余名、公务人员数十名，放出百余名犯人，"计缴枪5余支，子弹10余箱，战马40匹，俘日韩马10匹"。②有些被释放的人员和被俘的公务人员帮助扛运缴获的枪支弹药，他们到平西后参加了八路军。

7月，为纪念七七事变爆发1周年，打击日本侵略者的嚣张气焰，根据晋察冀军区的部署，第5支队袭击卢沟桥、宛平、石景山、香山等地的日伪军，用集束手榴弹连续炸毁石景山发电厂两台锅炉，使北平全城连日停电。晋察冀军区司令员聂荣臻称赞这一战役"政治影响极好，枪炮声震动北平城内，电灯全熄，群众抗日情绪为之更有提高。感觉中国抗战不会失败的"。③

---

① 汪之力：《抗战初期的北平西山抗日游击队》，中共北京市委党史研究室编：《北京地区抗日运动史料汇编》（第六辑），北京燕山出版社2001年版，第532页。

② 《平西冀中战况报告》（1938年5月16日），中共北京市委党史研究室编：《北京地区抗日运动史料汇编》（第六辑），北京燕山出版社2001年版，第9页。

③ 《关于五支进逼门头沟和香山西报告》（1938年7月9日），中共北京市委党史研究室编：《北京地区抗日运动史料汇编》（第六辑），北京燕山出版社2001年版，第10页。

8月，经八路军晋察冀军区批准，第5支队改编为晋察冀军区一分区第3团，成为当地八路军主力部队之一。

二、南口抗战

南口位于北平城西北45公里处燕山余脉与太行山的交会处，是居庸关南侧的长城要隘，也是北平通往西北地区的门户。那一带地形复杂，高山峻岭，关隘重重，是华北著名的天险之一，素有"绥察之前门，平津之后户，华北之咽喉，冀西之心腹"之说。

从南口经居庸关、宣化到张家口，是一个东西狭长的盆地，平绥路纵贯其中，并有公路相辅，形成西北、华北、东北连通的干线。平津沦陷后，日军在华北将主攻方向从北平南部转向北部的南口一带，在其作战计划中，明确提出："在8月12日左右，由铃木兵团消灭南口之敌，一举夺取八达岭。"[1] 这样，"一可断绝中国军队从平绥线进至平津之路，二可据此进攻察绥两省，直图山西及整个西北"。[2] 南口的得失，影响华北与西北的存亡，守住南口至关重要。

为抢占南口，中日双方都部署了雄厚的兵力。中国军队主力为汤恩伯率领的第13军，辖第89师和第4师，以及陆续支援的高桂滋第17军第21师、第94师和第72师，独立第7旅及两个炮兵团，总兵力约6万人，在南口、居庸关、八达岭、镇边城长约45公里的战线上防守。日军派出板垣第5师团全部及川岸第20师团之一部，总兵力约7万人，配有各种火炮300门以上，另有航空队、战车队、化学部队参战。中国军队人数、武器装备都不如日军，但广大官兵为国家民族而战，士气高昂，精神振奋，抱定牺牲到底、打好这一仗的坚强决心。

为向中国军队发起进攻，日军进行了大量侦察活动。从1937年8月1日起，日军飞机每日在平绥路沿线侦察，并对南口等各要点施

---

① 邱锦：《南口保卫战》，中共北京市委党史研究室编：《北京革命史话（1919—1949）》，北京出版社1991年版，第128页。

② 中共北京市委党史研究室编：《北平抗战简史》，北京出版社2015年版，第75页。

行侦察轰炸。8月7日起，日军骑兵开始出没于中国军队阵地（得胜口—康陵监—关公岭—马家窑一线）前方，侦察中国军队防守力量和战备状况。

8月8日晨，中国军队尚未完成部署，后续部队还在东运中，日军即以步骑兵千余人、炮10余门进攻中国军队南口阵地左翼隘口得胜口。驻守这里的是第89师265旅530团，团长谭乃大立即率部奋起反击。激战一小时，击退来犯之敌。530团伤亡11人，日军伤亡13人。南口抗战从此开始。

8月9日拂晓，数股日军在30辆坦克的掩护下，自沙河向南口扑来。因大雨滂沱，在昌平城西，坦克陷于泥泞之中。中国守军闻讯，派出小股部队袭击，日军被动挨打，待坦克从泥中挣扎出来，狼狈后撤。

8月10日，日军开始向南口大举进攻，以步骑兵千余人，大炮10余门、飞机5架，猛攻南口阵地、南口镇和南口车站。日军的作战方式是，先用炮火猛轰中国守军阵地，再派少数骑兵进行搜索，然后是

罗芳珪

坦克和装甲车开进，最后步兵才从坦克后面冒出来冲锋。日军炮火极为猛烈，南口阵地和附近的房屋，陷于一片火海之中。龙虎台高地是南口的屏障，驻守这里的是第89师529团。团长罗芳珪①指挥作战灵活果断，当日军炮火猛烈时，他命令守军撤下阵地，以避免无谓的牺牲。当日军冲上龙虎台立足未稳之时，他又率领部队全力反击，以枪托、大刀与日军展开激烈的肉搏战。血战3个多小时后，日军溃退。

———————

① 罗芳珪（1907—1938），湖南衡东人。1938年4月6日，在台儿庄战役中牺牲，同年被南京国民政府追授为陆军少将。1988年被中华人民共和国民政部追认为革命烈士。

8月11日拂晓，日军兵分两路，一路以主力步骑兵3000余人、炮20余门、飞机9架，向南口守军阵地进攻；另一路以步骑兵1000余人、炮10余门，向得胜口方面进攻。这一天的战斗进入到白热化程度，从清晨一直打到黄昏。在与日军反复肉搏10余次之后，终将日军打退。日军伤亡六七百人，中国军队壮烈牺牲和负伤的也有300多人。

8月12日拂晓，日军以步兵5000余人，炮五六十门，战车二三十辆，再次全面进攻南口、虎峪村、得胜口、苏林口一带阵地。日军30多辆坦克列队冲进南口。中国守军火炮的威力太小，日军坦克被打中后，调转方向又向中国军队的阵地冲来。第529团3营7连连长隆桂铃急中生智，带领第1排、第2排的战士们，不顾坦克重机关枪的扫射，拿着手榴弹从坦克的侧面攀上去，打开顶盖，把手榴弹扔进去。转眼之间，就有6辆坦克动弹不得，其余的慌忙掉头逃窜。中国守军乘胜追击，收复失去的阵地。

8月13日，天刚放亮，日军就开始排兵布阵。他们将重炮每4门排成一行，前后排为3行，四周再用坦克团团围起。以此为例，依次在面向南口的阵地上布阵。与此同时，空中还有20多架飞机盘旋，

南口抗战战场之昌平居庸关东山（昌平区委党史办　提供）

地面上也集结了精锐部队六七千人。随后，日军的大炮、飞机对中国军队的阵地进行轮番轰炸，然后又以坦克掩护步兵发起冲锋。第89师529团在南口前线已经坚守了六天六夜，伤亡严重。在13日的争夺战中，该团的兵力越来越少，形势极为严峻。由于后续部队尚未赶到，529团只能拼命死守。团长罗芳珪昼夜在前线阵地指挥，已经几天几夜没合眼了。部下劝他稍微休息一下，他勃然大怒："壮士出征，生死在所不惜，何顾疲劳？"全团官兵听说后，个个奋勇争先，誓与阵地共存亡。这群热血男儿纷纷振臂高呼："我们誓死不退！""从这会儿起，我们已经葬在南口了！"他们端起刺刀，呐喊着扑向日军。

8月14日，日军向居庸关攻击前进，第89师利用山地有利地形进行顽强阻击。至8月16日，日军的进攻仍然进展甚微。

从正面进攻久攻不下，日军开始移其主力向中国守军右翼即南口西侧长城沿线迂回进攻，实行抄袭中国军队阵地侧背的战略。8月23日，日军攻破居庸关关口。8月24日，日军突破长城线，以破竹之势进入察哈尔省平原地带。8月25日，日军夺取八达岭后，开始向怀来进击，并于26日占领怀来。8月27日，张家口和延庆失陷。

9月1日，蒋介石以"张垣（张家口——引者注）与南口既失，各部队损失甚重，一时反攻不易"为由，令中国守军"从速做固守晋绥之部署"。[①]在南口战役中，中国军队伤亡达1.6万余人，日军也付出了伤亡万余人的代价，中国军队从南口一带全线撤退。

南口战役是七七事变后中国军队抗击日军的第一个大战役，打乱了日本侵略者的战略计划。中共中央机关刊物《解放》在《南口的抗战》一文中，对该役给予高度评价，认为在这次战役中，中国军队的"无比壮烈的抵抗"打击了日军嚣张的侵略气焰，以"战斗的英勇，博得了全世界的惊讶和赞扬"。文章指出："这一页光荣的战史，将永远与长城各口抗战、淞沪两次战役鼎足而三，长久活在每一个中

---

① 《南口会战纪要》，中国第二历史档案馆藏，档案号为787-7229。

华儿女的心中。"① 中国军队在南口战役中与侵略者以死相拼的英雄气概，鼓舞了全国人民的抗战斗志。南口战役虽然失利，但中国守军的抗战精神可歌可泣。

三、宋邓支队挺进平西

1937年8月22日至25日，中共中央在陕北洛川召开政治局扩大会议，明确提出在冀察边境开展抗日游击战争、创建抗日根据地的方针。随后，中共中央和毛泽东又多次指出，"在冀热边区创造抗日根据地有极重要的战略意义""游击战在冀热发展对敌人的威胁最大"②"整个华北工作，应以游击战争为唯一方向。一切工作，例如民运、统一战线等等，应环绕于游击战争"。③ 按照中共中央和毛泽东的部署，八路军在平郊首先开辟了平西抗日根据地，然后以平西为基地挺进冀东，在以雾灵山为中心的区域内开展抗日游击战争。

平西是指北平西部平绥路和平汉路之间，包括昌平、宛平、房山等县的全部或一部分区域。这里既有海拔在2000米以上的小五台山、灵山，又有常年奔流的永定河、拒马河穿山而过，回旋余地比较大，战略地位十分重要。在平郊开展游击战争，创建根据地，首先要开辟平西。在平西建立抗日根据地，能够直接威胁日伪统治中心北平和张家口，控制交通命脉平绥和平汉两条铁路，并成为晋察冀边区的屏障和向冀东、平北发展的前进基地。

1937年11月7日晋察冀军区的成立，为开辟和巩固平西抗日根据地建立了可靠的后方。11月13日，晋察冀军区宣布成立4个军分区。其中，第一军分区，司令员为杨成武，政治委员为邓华，所率部队为原115师独立团。1937年底，第一军分区以独立团的10多个连

---

① 《解放》周刊第15期，1937年9月6日。

② 《毛泽东军事文集》（第二卷），军事科学出版社、中央文献出版社1993年版，第367页。

③ 《毛泽东文集》（第二卷），人民出版社1991年版，第23页。

队为基础，扩编为1、2、3三个团，所辖地域为灵丘、广灵、察南之阳泉、蔚县、涞源、易县、涞水、定兴、徐水、满城等县，正式确立八路军在平西的主力部队。

1938年2月9日，毛泽东致电八路军总部、长江局并告北方局，指出："雾龙（灵）山为中心之区域，有广大发展前途，但是独立作战区域，派去部队须较精干，且不宜过少，军政党领导人员须有独立应付新环境之能力。"①为贯彻这一指示，晋察冀军区于2月中旬派邓华率所属第3团，首先赴平西创建根据地，而后向冀东挺进。

到达平西后，第3团连克敌人据点，摧毁日伪政权，镇压土匪，收编地方武装，迅速扩编为邓华支队。3月底，在东斋堂村成立第一个抗日民主县政府——宛平县政府，委任原中共宛平县委书记魏国元为第一任县长。在开辟平西抗日根据地的过程中，邓华支队先后拿下涿鹿的矾山堡、蔚县的桃花堡、涞水的金水口等据点；奇袭房山坨里火车站；突袭门头沟东矿和昌平境内的高崖口、南口；经西北出察南，袭占涿鹿，并配合当地群众夜袭平绥路，破坏铁轨10余公里，攻占了宣化、怀来之间的下花园车站。

5月，活动于晋西北的八路军第120师宋时轮支队，受命开到平西与邓华支队会合，两个支队组成八路军挺进纵队，后改称第4纵队。宋时轮任司令员，邓华任政治委员，共有5000余人。八路军挺进冀东有了可靠的基础。5月底6月初，第4纵队从平西出发，他们连克昌平、延庆、四海、居庸关，东渡潮白河，攻入兴隆城，向冀东开拔。

随后，平西抗日根据地便由第5支队接防。9月上旬，日军5万余人围攻晋察冀边区，第5支队西撤支援。涿鹿、蔚县等地的日军乘机围攻平西抗日根据地，所到之处，烧杀抢掠，无恶不作。平西人民重新陷入水深火热之中。

---

① 《毛泽东军事文集》（第二卷），军事科学出版社、中央文献出版社1993年版，第153页。

10月，第4纵队由冀东返回平西后，立即开始恢复平西抗日根据地的工作，其主要方针是扩展版图，使平西与晋察冀边区连成一片。第4纵队先后收复东斋堂、西斋堂、上清水、下清水等重要村镇，宛平县抗日民主政府也很快恢复，工作局面重新打开。接着，第4纵队不断扩大活动区域。先是向平西腹地野三坡出兵，消灭盘踞在此的反动地主武装，解除平西的纵深忧患；后又向房（山）涞（水）涿（县）地区扩展，该地区东临平汉路，人口稠密，物产丰富，能够补充山区的人

1938年夏，八路军宋时轮、邓华支队穿越平北，挥师冀东

力物力的不足，有助于打通与冀中大清河地区的联系；还向宣（化）涿（鹿）怀（来）地区积极活动，在北面扩大区域。

经过几个月的发展，平西抗日根据地相继建立宛平、涞水、宣涿怀、房（山）良（乡）、涞涿等5个抗日民主县政府，各区、村的抗日政权和群众组织也建立起来，并成立晋察冀边区第6行政专员公署。平西抗日根据地所控制的区域，东起长辛店，西至紫荆关，南起高碑店，北到蔚县、宣化、怀来、涿鹿，与晋察冀一分区紧密相连。在随后的抗日战争中，平西抗日根据地一直屹立在北平的西部山区。

四、冀东大暴动

北平以东地区，时称冀东。它以雾灵山为中心，包括南起乐亭、

宁河海滨，北至兴隆、青龙，东至迁安，西到平谷、顺义、通县、蓟县的广大地区。这里是冀热辽的接合部，有绵延起伏的燕山山脉做依托，有北宁路和尚在修建中的平承锦路贯穿其间，又与渤海相濒，是东北伸向华北的走廊，也是日本侵入中国内地的要冲，战略地位十分重要。

七七事变后，毛泽东就将目光投向这一地区，提出要在这里创建抗日根据地。为实现党中央的决策，1937年9月底10月初，北方局书记刘少奇提出："在冀东，应准备迅速发动抗日武装起义配合全国的抗战，并坚持游击战争"，并要求中共河北省委"不失时机地抓紧准备冀东抗日武装起义"。[①]

1938年5月底，在听取河北省委书记马辉之关于冀东抗日武装起义准备情况的汇报时，刘少奇指出，在冀东发动起义，不但要有充分的准备，还要有八路军的策应和其他根据地的密切配合，否则，即便发动起来，也难以巩固和坚持。他特别强调：起义后，要以八路军为主，坚持冀东抗日游击战争，建立以燕山山脉为中心的抗日根据地。为了团结友党友军和各阶层人民共同抗日，要在根据地建立共产党领导下的抗日民族统一战线的民主政权。冀东的民团、地主武装、保安队、警察部队等，其基层成分多为破产的农民，其上层人物中有的也有一定的民族意识，对他们要注意争取、教育和改造，以扩大我们的抗日武装力量。[②]

在北方局的领导下，河北省委和冀东党组织在将近一年的时间里，不仅在冀东广大农村和开滦煤矿进行抗日武装斗争的动员和组织工作，而且在各阶层人民中广泛地建立和发展抗日民族统一战线，就发动抗日武装起义问题取得各方面的一致赞同。

5月底6月初，八路军第4纵队趁日军准备进攻武汉，敌后兵力空虚的大好时机，在宋时轮、邓华的率领下，兵分两路，经平北向冀

---

① 《刘少奇年谱》（上卷），中央文献出版社1996年版，第191页。

② 《刘少奇年谱》（上卷），中央文献出版社1996年版，第217—218页。

东挺进，落实中央在冀东开创根据地的重要决策。

第4纵队的战士们斗志昂扬，唱着新编的军歌，迎接这场新的战斗：

> 战火连天，战号频吹，决战在今朝，我们抗日的先锋军，英勇武装上前线，用我们的刺刀、枪炮、头颅和鲜血，坚决与敌人决死战。

部队的文艺宣传队还创作了一首诗《挺进冀东》，贴在路边的墙上，以鼓舞部队斗志：

> 赶，从雁北，到雁南。一气走了三千三，喜峰口上来抗战！
> 看，渤海岸，山海关，万里长城脚下边，拳头指向长白山！
> 干，逼唐山，围开滦，北宁铁路拦腰斩，开展冀东游击战。[1]

第4纵队的到来，给冀东各地准备暴动的人民以巨大鼓舞。7月上旬，在党的领导下，一场震撼华北的大暴动在冀东迅速掀起。此次暴动规模很大，包括东起山海关，西至通县，北起青龙，南到渤海边的广大地区，涉及20余个县。参加暴动的民众多达20万人，有工人、农民、警察、民团及绿林人物，也有各抗日派别的上层人物。开滦煤矿7000多名工人也发动武装暴动，使北宁路中断半个多月。参加暴动的队伍大部用冀东抗日联军的名称，共组成抗日武装10万人。在第4纵队的配合下，各暴动队伍攻克昌平、兴隆、蓟县、平谷、玉田、迁安、卢龙、乐亭8座县城和全部村镇。在很短的时间内，摧毁敌伪在冀东多年经营的反动统治基础。

冀东大暴动是中国共产党领导的以工农兵为主体，联合各抗日阶级阶层的武装大暴动，其"声势之大，发展之迅猛，是当时震动全国

---

① 张启林：《平西抗战中的诗歌和音乐》，《永定河》2018年第3期。

的大事件。后来通过中外通讯社和广播，冀东暴动曾风闻世界"。[①] 9月1日，中共中央和北方局致电宋时轮、邓华及中共冀热边特委，祝贺冀东抗日大起义的胜利。贺电指出："由于冀东国共两党同志及无党派抗日志士的合作，抗日联军与八路纵队的胜利，已给日寇以严重的打击，摧毁了冀东汉奸政权，发动了广大的民众，配合了全国的抗战。"贺电同时对建立冀东抗日根据地提出要求和希望："望你们继续巩固团结，集中注意力打破敌人对你们的进攻，扩大与巩固部队，武装与组织民众，建立冀东抗日政权，肃清汉奸，扩大与巩固你们的胜利，为驱逐日寇，建立独立、自由、幸福的新中国而奋斗到底。"[②]

8月下旬，第4纵队党委、冀热边特委和冀东抗联各部负责人在遵化铁厂镇举行会议。会议决定成立冀察热宁军区，统一指挥起义部队，由宋时轮任司令员，邓华任政委，下设5个军分区。为统一政权领导，会议还决定成立冀察热宁边区行政委员会。

第4纵队挺进冀东和冀东人民大起义，在全民族抗战前期对配合全国抗日产生了深远影响。11月25日，中共中央在致晋察冀军区和第4纵队的电报中，对第4纵队挺进冀东所取得的胜利，给予肯定："宋邓支队深入冀东苦战数月，配合并促成地方党所领导的冀东起义，恢复了冀东的中国政权，发动了群众，建立了冀东的游击区，扩大了我军在敌深远后方的政治影响，给敌人以打击，一般说来是获得了成绩的。"[③]1943年3月，刘少奇在总结华北抗战经验时指出，冀东大暴动"是一次很值得研究的人民抗日大起义。我们的同志在起义前作了很好的工作，那里的国民党组织及伪政权下差不多全部的保安队（七八个旅），县政府的武装，开滦矿山的工人，农民及许多地主资本家，都联合起来参加了起义。这是真正地发动了几十万群众来进行反对日寇汉奸的武装斗争，并在起义后立即组织了联合的领导起义的政

---

① 《聂荣臻回忆录》中册，解放军出版社1984年版，第401页。

② 《解放》周刊第51期，1938年9月8日。

③ 《毛泽东等关于冀热察区工作的意见给朱德等的电报》（1938年11月25日），《建党以来重要文献选编》（第15册），中央文献出版社2011年版，第791页。

权与军事指挥机关"。①

　　冀东大暴动提高了冀东广大人民的抗日信心，为以后开展冀热辽游击战争，创建冀热辽抗日根据地撒下了革命的火种。冀东人民在敌人的残酷镇压之下的这种顽强斗争，在中华民族解放运动史上，将永远是光辉的一页。

---

　　① 《六年华北华中工作经验的报告》(1943年3月),《刘少奇选集》(上卷)，人民出版社1981年版，第254—255页。

第三节　创建抗日根据地

一、"三位一体"战略

> 北渡拒马河，百花山在望。
>
> 建立挺进军，深入敌心脏。
>
> 放眼冀热察，前途不可量。
>
> 军民同协力，胜过诸葛亮。
>
> 抗战虽持久，笑我力正壮。

这首诗是时任八路军冀热察挺进军（简称"挺进军"）司令员萧克在挺进平西途中写成的。

成立挺进军，是中国共产党独立自主开展游击战争的需要。1938年9月29日至11月6日，中共中央召开六届六中全会。全会提出中国共产党要在民族战争中处于领导地位，批判王明在统一战线问题上只讲联合不讲斗争的右倾投降主义思想，强调必须坚持统一战线中的独立自主原则。毛泽东在全会上做《统一战线中的独立自主问题》报告时，全面论述了在统一战线中保持共产党独立性的问题，其主要内容包括：在军事上，坚持共产党对人民军队的绝对领导，冲破国民党的限制和阻挠，独立自主地开展抗日游击战争，发展人民军队，建立敌后民主政权；在政治上，坚持抗日救国十大纲领，实行全面抗战路线；在组织上，要把共产党的组织发展到全国；在思想上，坚持共产主义旗帜。

会后不久，中共中央为加强对晋察冀地区抗日斗争的领导和党的组织建设，于11月9日决定组成中共中央晋察冀分局，以聂荣臻、彭真、关向应、程子华为委员，彭真为书记。11月25日，中央在致晋察冀军区和第4纵队的电报中，在对第4纵队挺进冀东所取得胜利给予肯定的同时，提出冀热察地区有许多有利条件，可以坚持游击战争，创造游击根据地，因此决定"成立第八路军冀热察挺进军，派萧克同志前往工作，并成立军政委员会，统一领导军队及地方党、政权工作"。[①] 在前往平西的路上，萧克即兴赋诗，将战胜日本侵略者的乐观精神，体现得淋漓尽致。

冀热察挺进军司令员萧克

1939年1月，根据中共中央和北方局的决定，中共河北省委撤销，成立中共冀热察区委员会（简称"冀热察区委"），原河北省委书记马辉之任书记。中共冀热察区委受中共中央晋察冀分局领导，负责领导平西、平北、冀东地区工作。2月7日，八路军冀热察挺进军在平西正式成立，萧克任司令员兼政委，在晋察冀军区领导下，统一指挥平西、平北、冀东地区的抗日武装部队。同时，萧克、马辉之、伍晋南、宋时轮、邓华组成冀热察军政委员会，萧克任书记。挺进军、区党委和军政委员会的使命是领导平西、平北、冀东3个地区党政军工作，中心任务是巩固平西抗日根据地，坚持冀东和开辟平北的游击战争，创建冀热察抗日根据地。

为宣传挺进军的使命和任务，挺进军宣传部政治部部长罗立斌特意编写了军歌——《挺进军之歌》：

挺进、挺进！在卢沟桥畔，在永定河边，在敌人远后方，在祖国的最前线。巩固平西抗日根据地，配合义勇军的胜利，坚持冀东游击战争，创建冀热察新的根据地。我们的旗帜飘扬在长城外，我们的胜利震动了全世界。挺进！要驱

---

① 《毛泽东等关于冀热察区工作的意见给朱德等的电报》（1938年11月25日），《建党以来重要文献选编》（第15册），中央文献出版社2011年版，第791页。

逐日寇，直到鸭绿江边。①

萧克也写了一首共有150句的六字韵文布告，通俗易懂，深入人心：

> 朱彭总副司令，下了一个命令。
> 成立一路精兵，军名叫做挺进。
> ……
> 可恨日本鬼子，对我久有野心。
> 强迫打我中华，烧杀掠抢奸淫。
> ……
> 坚定胜利信心，中国绝不会亡。
> 大家起来救国，个个拼命来干。
> ……
> 本军出师华北，转战冀热察晋。
> 忠愤耿耿在心，杀敌决不后人。②

冀热察区委和挺进军依据当时平西、平北、冀东武装抗日斗争形势，以及党中央对开展华北敌后抗日斗争的总要求，明确提出把"巩固平西、坚持冀东、开辟平北"作为挺进军的战略任务，并把它概括为"三位一体"。

萧克在《挺进军的三位一体任务》的报告中，对"三位一体"做了全面论述。"三位一体"任务的3个组成部分是相互关联、不可分离的，挺进军的发展和一切工作必须紧紧地联系到这三大基本任务，才能在华北抗战中起到更大的更多的作用。平西是华北抗战的中心堡垒之一，地处华北的最前线，是向热河、察哈尔、冀东展开时的

---

① 张启林：《平西抗战中的诗歌和音乐》，《永定河》2018年第3期。
② 《关于"冀热察挺进军"——萧克同志访谈录》，《党的文献》2005年第5期，第24—26页。

前进阵地，是冀东游击战争的直接支援者。冀东是华北敌人的心腹区域，是敌人的远后方，是关内与关外的咽喉，是伪满的主要屏障，有大规模的产业区域，有丰富的宝藏、大量的人力物力，对平西的巩固有不小的帮助。平北位于平绥与通古路之间，与西南面的平西根据地夹着平绥路，与东南面的冀东根据地夹着通古路，平北开展起来，就能成为平西与冀东的交通支点，也能成为冀东与平西连成一片的接合部。萧克指出，一个孤单的根据地，没有其他根据地从外线相配合，便要困难得多，军队的回旋也常常受到地区上的限制。开展平北、坚持冀东，对平西的巩固是有极大意义的。开展平北，亦须平西的巩固和冀东的坚持，因为平西巩固了，便给平北地区的开展以许多便利条件；冀东坚持了，便分散了敌人的兵力，可以配合平北的发展。同样，坚持冀东游击战争，必须开展平北、巩固平西。这3个基本任务无论在军事上、政治上都是互相关联、互相依存的，虽则它们相互依存关系有程度之不同。[①]

　　"三位一体"任务确立后，挺进军进行了整编。根据八路军总部的指示，挺进军取消了支队的建制。第11支队和房涞涿游击支队改编为第6、7两个团；第12支队及平西游击队一部分改编为第9团；白乙化领导的抗日先锋队和冀东抗日联军及平西游击队一部分改编为第10团；冀东过来的800多人改编为第12团；仍在冀东的包森支队改编为第13团。整编后，第6团去雁北，第10团去平北，第12、13团去冀东，第7、9两个主力团留在平西。

　　"三位一体"战略方针的提出，从政治上和军事战略上统一了冀热察地区广大军民的思想，对于创建冀热察根据地、坚持敌后游击战争具有重要意义。

---

　　① 萧克：《挺进军的三位一体任务》（1940年初），中共北京市委党史研究室编：《北京地区抗日运动史料汇编》（第六辑），北京燕山出版社2001年版，第28—37页。

二、巩固平西

平西位于平绥路南、平汉路西北，是晋察冀边区的东北屏障。在平西建立抗日根据地，将直接威胁日本在华北的统治中心——北平，威胁平绥、平汉两条主要铁路，牵制敌人的兵力，直接配合边区粉碎敌人的进攻，巩固和扩大华北敌后抗日根据地。因此，冀热察区委和挺进军把巩固平西作为巩固和发展平郊抗日根据地的首要任务，在党的建设、武装建设、政权建设、经济建设等方面采取一系列举措，平西抗日根据地逐步得到巩固。

一是大力发展党员，纯洁党的组织。针对党员干部缺乏的现状，冀热察区委首先举办党校短训班（时间为1个至3个月），之后平西地委及各县县委也都举办定期或不定期的训练班，培训党员干部和平西新成立的县、区、村政权和群众组织的非党新干部。在培训时，从非党新干部中发现较好的积极分子，指定专人进行培养，待回到原单位后，由县、区工作队进一步考察和培养，够条件的就发展为党员。这样，通过对敌斗争和参加其他抗日工作的考验以及办训练班的方式，迅速发展一批党员。仅仅3个月，党员数量就发展到500人左右。同时，在70户以上的大村中，大都建立党支部，并逐步建立县、区党委。在此基础上，1939年5月前后，成立平西地委，统一领导平西各级党、政府和群众组织。

在党组织大力发展的情况下，不可避免地出现一些思想上和组织上不纯的现象，一些投机分子、流氓分子及其他不良分子混入党内，自私自利、自由主义等非无产阶级思想也被带到党内来。根据中共中央《关于巩固党的决定》和晋察冀分区的统一部署，从1939年11月到1940年2月，冀热察区委开展了巩固党组织的工作。在组织上，对党员普遍进行登记和审查，清除异己分子，除名不起作用的党员，重新改选各支部，提拔优秀党员进各级领导班子，加强领导力量。经过普遍的登记和审查，平西共清洗150余人，其中包括4位区级干部。在思想上，通过建立学习制度、组织学习《党员须知》、办支部小报等方式，进行系统的党的知识教育，提高党员觉悟。通过整顿，纯洁了党的组织，增强了党的战斗力，进一步从组织上、思想上巩固了党。在此基础上，党组织又有新的发展，到1941年底，平西5个县共有党员3900多人，建立27个区委，仅涞水、蔚县、房涞涿3个县就有194个支部。

二是突击扩军，壮大地方武装。一方面，强化正规军建设。挺进军成立后，立即执行为期4个月的突击扩军计划，扩大主力部队3000人，并发展游击队员3000多人，成立平西各县游击大队及房涞涿游击支队，边沿区还建立游击小组，一年半后共发展到2万余人。如前文所述，"三位一体"任务确立后，挺进军进行整编。整编之后，部队一边战斗，一边进行三四个月的政治教育和军事训练，普遍召开政治工作会议，建立各种制度，加强了党的工作，从而提高了部队的军事素质、政治素质和组织纪律性，增强了战斗力。

另一方面，抓地方武装建设。县、区建立游击队，村设游击组。游击队的任务是侦察敌情，打击汉奸、特务，掩护县、区、村干部开展游击区工作，战时还要配合主力部队破坏日伪交通，袭扰日伪军，必要时还直接抽调骨干补充主力部队。除游击队外，各县、区、村还普遍建立了民兵组织，有的叫民兵自卫队、模范自卫队，有的叫青抗先。民兵的主要任务在平时是站岗放哨，检查行人，防止敌特活动，送信，为烈、军属代耕，等；在战时要带领群众坚壁清野、掩护群众转移、配合主力行动、抬担架、搞运输、埋地雷、侦察敌情、袭扰敌人。他们平时受各级政府武装委员会领导，战时则受主力部队统一指挥。

三是建立各级抗日民主政权。按照抗日民族统一战线政策，建立民主政权——平西专员公署及各级政府。平西专员公署和县政府设立民政、财政、粮秣、教育、司法、公安等部门。

抗日民主政府在贯彻党的方针政策，组织根据地人民的生产，实行减租减息、合理负担、改善群众生活，保护群众利益，进行政治、文化教育，动员人力、物力支援抗日游击战争，镇压敌特、汉奸活动，维护社会秩序等方面，发挥了重要作用，深得各阶层人民的拥护和爱戴。

在农村，村政权为行政委员会，参加人员有村长、管粮秣的办事员，以及群众组织武委会、农会、妇救会、青救会的主任。村政权主要工作是动员青年参军，筹集粮款、组织站岗放哨、送信、转运物资、拥军优属以及侦察汉奸活动等。

四是减租减息，发展经济。平西人口最多时约30万，根据地内共有大小乡村1100多个，由我方控制的约有800个。平西地区的物产以玉米为主，小米、麦子只有很少一部分，只能负担脱离生产人员6000人之所需，而当时实际脱离生产的有1.1万人。

为减轻人民负担，抗日民主政府宣传和贯彻晋察冀中央分局颁布的"双十纲领"，发动群众实行减租减息，推进合理负担；实行统筹统支；精简节约，减少脱产人员，减轻抗战勤务；整顿乡村财务；调剂贸易等。民主政府还积极争取和团结日伪统治区、游击区的商人、小贩，保护他们的合法利益，通过他们运出根据地的土特产，换回根据地军需民用的布匹、食盐等急需物资。这些措施，对改善根据地人民的生活和支援游击战争都发挥了重要作用。

经过全体军民3年多的艰苦奋斗，平西根据地逐步得到巩固。1939年2月至6月，日伪军连续进行3次"扫荡"，均被根据地军民击退。1940年3月，日伪军从察南、平郊各据点调集9000多人，再次向平西根据地发动大规模"扫荡"，根据地军民内线作战和外线作战相配合，共毙伤日伪军800多人，击落敌机一架，迫其退却。

1942年7月，中共中央晋察冀分局指出："三年来平西根据地在区党委领导下在巩固与创造上，得到了相当的成绩，基本上完成了党给予的巩固平西，并以平西作为开展冀热察游击战争前进阵地的任务。"①

---

① 《分局关于三年来平西工作总结的决定》（1942年7月15日），中共北京市委党史研究室编：《北京地区抗日运动史料汇编》（第六辑），北京燕山出版社2001年版，第333页。

三、坚持冀东

1938年10月，第4纵队和冀东起义部队向平西转移后，在冀东留下陈群支队、包森支队、单德贵①支队。这3个支队活动在密（云）平（谷）蓟（县）、兴（隆）遵（化）、遵（化）迁（安）3个地区，继续开展游击战争。1939年4月，包森支队在遵化地区的战斗中，曾一举俘获日本天皇的表弟赤本三尼②大佐及其随从，给日伪军以很大的震动。他们的战斗，对冀东军民坚持抗日游击战争以极大的鼓舞。在向平西转移过程中受阻而返回冀东的李运昌、李楚离领导的两支抗日联军，也在进行着艰苦的游击战争。

挺进军指挥机关及冀热察区委成立后，首先将冀东的干部分批抽送到晋察冀中央分局、区党委、抗大分校轮训，然后再派回冀东开展工作。同时，将撤到平西的冀东起义部队进行整训后又派回冀东。如此一来，冀东的领导力量得到加强，武装力量进一步壮大，县、区、村的政权和党群组织都有不同程度的恢复和发展。

为进一步加强对冀东游击战争的领导，冀热察区委和挺进军根据晋察冀分局和军区的指示精神，结合冀东的实际情况，于1939年5月发出坚持冀东的指示，明确了坚持冀东的有利条件和应当贯彻执行的一些具体方针政策。指示还强调，要扩大游击区，建立游击根据地，不断发展和壮大自己。指示要求，要克服部分同志对坚持冀东信心不足，主张依靠主力部队第二次开赴冀东，进行一次大的战役来打开局面的思想。随后，冀东军分区和冀热察区委冀东分委成立，由李运昌

---

① 1944年5月3日，单德贵叛变，投靠驻扎在三河县的日伪军队。

② 1939年4月26日，贾振远、年焕兴、马兰田、王志民（真名夏永江）等人组成的游击小队，奉包森命令，在遵化县城北孟子院村张家坟活捉日军驻唐山的特务机关长、宪兵司令、天皇裕仁表弟赤本三尼。1941年2月9日，《新华日报》发表记者袁勃撰写的通讯《日本天皇表弟赤本大佐被俘记》。关于赤本三尼是日本天皇裕仁表弟一说，是当时被活捉的翻译官对马兰田等人讲的，后汇报给上级。1946年，叶剑英曾提过此事，但一直未见文字记载。近期有旅日华人学者查阅日方档案，未见赤本三尼的有关记载。另一说赤本三尼本名赤本信次郎。

和李楚离分别担任分区司令员和分委书记，军分区和分委分别受挺进军和区党委领导。之后，又成立冀东抗日政权办事处，负责领导冀东抗日民主政权工作。同时，将冀东的游击武装整编为挺进军第13支队，李运昌任司令员，李楚离任政治委员，包森任副司令员。

整编后的冀东游击武装开到北宁路南部的昌黎、滦县、乐亭地区，积极开展游击活动，在冀东逐步建立多块游击根据地。到1939年9月，冀东部队发展到4000多人，挺进军和区党委决定将其整编为八路军的28、29、30团。1939年10月，冀东第一个抗日民主县政权——丰（润）滦（县）迁（安）联合县政府成立。1940年元旦前后，冀东部队又分为9个游击总队，分散活动。一部到丰润、玉田、遵化地区，以鲁家峪为中心向平原发展；一部以盘山为中心，开辟蓟县、平谷、三河地区；一部巩固和发展丰滦迁游击根据地。1940年春，以盘山、鲁家峪、潘家峪3小块根据地为基础，建立蓟平密、丰（润）玉（田）遵（化）、迁遵兴等县政府。

冀东抗日根据地的发展壮大，引起日本侵略者的恐惧，日伪军的"扫荡"和"清剿"日益频繁。1941年1月，日伪军千余人包围丰润县潘家峪村，将男女老少1230人集中起来，强迫他们供出谁是共产党员、干部和游击队员，群众都坚贞不屈，无一人吐露实情。最后，敌人将所有群众赶进一个院内，四周堆放柴草，架起机枪，点起柴草，把群众全部枪杀、烧死在里面，制造了震惊全国的潘家峪惨案。

冀东军民在日伪野蛮的镇压下，不但没有丝毫动摇，反而越战越强，斗争艺术也越来越巧妙。游击队在敌人"扫荡"时化整为零，神出鬼没，机动灵活地打击敌人。他们处处得到广大群众的掩护和支持，日伪军来了，群众就把游击队员认作自己的亲人，年轻妇女甚至把游击队员认作自己的丈夫，军民之间建立了亲密无间的鱼水情谊。日伪军根本分不出哪些是老百姓，哪些是八路军，只能陷入被动挨打的局面。

由于冀东根据地坚决贯彻党的正确路线和各项方针政策，主力部队和游击队得到发展壮大，根据地不断巩固。到1940年底，游击武装的活动范围已经扩大到南起乐亭、宁河，北至兴隆、青龙，东至迁安，西至平谷、密云、蓟县的广大地区。在180万人口的区域中，建立抗日政权。1941年6月19日，晋察冀中央分局向中共中央和北方局报告："冀东目前已是大块游击根据地，各方面工作都已树立了初步坚持冀东工作的基础。"①

到1944年末，冀东根据地已有10万名党员，3万人的正规部队，20万人的民兵队伍，25个县支队，根据地有560万人口，建立25个联合县，并成立冀热辽军区、区党委和行政公署，为以后收复热河、解放东北，准备了力量和前进基地。

四、开辟平北

平北地区是指北平以北、平承路以西、平张路以北、长城内外的一片地区，是伪满、伪华北和伪蒙疆3个伪政权的接合部。这里的部分地区早在七七事变之前就落入日伪之手，日伪在这里建立严密的统治秩序。在张家口，除设有伪蒙疆自治政府外，还有日军所设蒙疆派遣军司令部，在蒙疆广大地区建立战略基地。日本帝国主义发动全面侵华战争后，把这里作为战略后方，派有重兵驻守。在平绥路南段和平古路沿线，分别驻有日军独立第2旅团和第15旅团的大部，还有许多伪满、伪蒙的军队。开辟平北抗日根据地，可以将平西和冀东联合起来，使3个地区的游击战争互相配合，成为坚持长期斗争和将来反攻的坚强阵地。

开辟平北的游击战争，早在1938年6月就开始了。八路军第4纵队挺进冀东，途经平北时留下政治部主任伍晋南率领第36大队在昌平、延庆、密云、怀柔、滦平一带开展活动。在3个月的时间里，这

---

① 马辉之：《回忆冀热察抗日根据地建立的前后》，中共北京市委党史研究室编：《北京地区抗日运动史料汇编》（第六辑），北京燕山出版社2001年版，第497页。

支武装对日伪统治下的平北的军事、政治、经济、文化、民情、地理等情况做了调查和了解，一度成立昌（平）滦（平）密（云）联合县政府，建立各种抗日组织，但因敌我力量悬殊，被迫撤回平西。1939年春，挺进军第34大队进入十三陵地区，坚持一个月后又撤回平西。这两次开辟平北的尝试，虽没有成功，但在群众中撒下了革命的种子，为以后的开辟工作创造了有利条件。

1939年秋末，冀热察区委和挺进军提出创建冀热察抗日根据地的"三位一体"任务，确定了平北在冀热察的战略地位，指明了开辟平北的重要性以及开辟平北的困难和克服办法。一方面，伪满洲国、伪蒙疆政府在平北地区统治较久，又紧靠伪华北政府统治中心北平和日军的重要战略基地张家口、承德，这是开辟平北的不利条件。另一方面，这里地处伪满、伪蒙疆、伪华北3个伪政权的接合部，有隙可乘；日伪在这里的残酷掠夺和奴役，激起了广大民众对敌人的仇恨和抗日要求，还有冀东和平西人民的斗争相呼应，这些又是开辟工作的有利条件。

针对平北的实际情况，冀热察区委和挺进军决定在战略上采取"波浪式的发展，在发展中求巩固"的方针；在战术上以小部队多点渗透，发动和依靠群众，隐蔽开辟，站稳一点再找一个新点，逐次展开，先开辟几个小块根据地，随着根据地力量的壮大和发展巩固，逐步连成大块根据地。

1939年底，中共平北工作委员会（简称"平北工委"）在平西成立，由20多人组成，王伍为主任。1940年1月，平北工委开赴平北地区。同时抽调挺进军第9团第8连为骨干，组成平北游击大队，由钟辉琨任大队长，刘汉才任政委，掩护平北工委挺进平北。

平北工委和平北游击大队进到昌平、延庆之间的山区"后七村"（铁炉、沙塘沟、慈母川、董家沟、霹破石、景而沟、里长沟）一带，同原有的一支小游击队会合，很快建立了包括5个区的昌（平）延（庆）联合县委和县政府。随后，以"后七村"为依托，继续向怀柔、延庆川、赤城、龙关之间的广大区域发展。平北工委和平北游击大队采取的政策是"利用上层统一战线、发动群众建立根据地"，提出"有力的出力，有钱的出钱，有枪的出枪"，在党的领导下团结抗日。部队所到之处，宣传党的抗日政策，开展统一战线工作，打击汉奸，争取一般伪组织人员，积极宣传、发动和武装群众。比如，在儿童中开展"五不运动"："不上鬼子当，不念鬼子书，不告诉鬼子一句实话，不替鬼子办事，不当鬼子的亡国奴。"平北工委不断派出干部深入各地，广泛开展工作，发展党员，建立一批基层党组织。龙关、昌平、怀柔等地区的群众相继建立了游击队，多则100多人，少则几十人。

平北工委和平北游击大队在平北站稳了脚，显示出发展游击战争的大好前途。于是，冀热察区委和挺进军决定采用"逐次增兵"的办法，向平北增派力量。4月底，挺进军第10团第3营和团部部分工作人员经昌平北部山区，插入密云北部地区，开展游击活动。四五月间，苏梅、段苏权先后率小部队和一些干部分别进入平北地区，苏梅接任平北工委主任，段苏权统一指挥平北的部队。5月20日，第10团团长白乙化率主力挺进平北与先期到达的第3营会合。会合后，连续进行战斗，对来犯的伪满洲军进行猛烈反击，毙伤敌营长以下40余人；在向密云县挺进时，又于南天门全歼伪满洲军一个排，攻克琉璃庙子据点，俘获伪警察40余人。随后，在密云境内稳住脚跟，并向周围地区发展，开辟了丰（宁）滦（平）密（云）抗日根据地。6月，晋察冀军区组建平北军分区，程世才任司令员，段苏权任政治委员。7月，平北工委改为平北地委，苏梅任书记。8月，程世才奉命调回晋察冀军区，覃国翰任平北军分区司令员。

1940年底至1941年初，平北根据地处于稳定发展时期。平北地区游击战争的发展，给侵占北平的日军造成直接威胁，动摇了敌人的统治秩序，引起日本侵略者的惶恐，惊呼"延安触角伸向满洲"，遂开始进行"戡乱"和报复。伪满成立"西南防卫司令部"。伪蒙疆也配合伪华北的"治安强化"运动，大挖封锁沟，制造"无人区""绝缘体"，仅在古魏长城以东的黑河川，就设置7个"人圈"。日伪企图通过这些举措，拔掉平北这颗"钉子"，但未能得逞。在党的领导下，平北军民坚持反"扫荡"斗争，粉碎了敌人的一次次进攻。以1941年为例，这一年平北八路军对敌作战414次，攻克大小据点13处，毙伤日伪军2454名，俘日伪军71名，伪军投诚298名，缴获各种炮8门及许多枪支和其他军用物资，并一度攻克平绥路上的新保安车站。

至1941年底，平北抗日根据地的地域进一步扩大，所辖区域不仅包括平北，而且延伸到了冀热察3省边界的广大区域，人口超过50万人，主力部队已有第10团和第40团两个团，共计2000多人。相继成立昌延、龙（关）崇（礼）赤（城）、龙（关）延（庆）怀（来）、丰滦密等联合县政府和滦（平）昌（平）怀（柔）办事处。在240个村中，发展2250名党员，建立民兵、工农、青妇等群众组织，同时地方武装也在不断加强，开辟平北抗日根据地的战略意图得以实现，正如歌曲《平北抗日根据地》所唱的：

平北抗日根据地部分领导人在海陀山上

平北抗日根据地，本是八路军开辟，解放无数父老兄弟，不给鬼子当奴隶，当奴隶。

勇敢男儿上战场，武装起来保家乡，军民团结一条心，携手协力打东洋，打东洋。

1942年1月31日，中共中央北方分局在关于平北两年来工作的指示中指出："平北在两年来的艰苦斗争过程中，已经初步的形成了根据地。"①

冀热察区委和挺进军在晋察冀中央分局和军区的领导下，经过广大军民的共同努力，基本上贯彻执行党中央和八路军总部的指示，完成巩固平西、坚持冀东、开辟平北，建立冀热察抗日根据地的光荣而艰巨的任务。1941年6月，中共中央晋察冀分局在《关于冀热察形势及今后任务向北方局、中央的报告》中，对冀热察抗日根据地在这一时期的工作给予充分肯定："以冀热察边区为中心，创造大块游击根据地的任务，目前基本上已经实现。因此，冀热察党目前工作中心，应放在巩固现有阵地，在巩固中向前发展。"②

---

① 《中共中央北方分局关于平北两年来工作的指示》（1942年1月31日），中共北京市委党史研究室编：《北京地区抗日运动史料汇编》（第四辑），中国文史出版社2000年版，第38页。

② 马辉之：《回忆冀热察抗日根据地建立的前后》，中共北京市委党史研究室编：《北京地区抗日运动史料汇编》（第六辑），北京燕山出版社2001年版，第501页。

第四章

坚忍不拔：度过最艰苦的岁月

北平沦陷后，日本侵略者通过建立伪政权，强行建立殖民统治体系，进行残酷军事镇压，疯狂实施经济掠夺，推行奴化教育，建立细菌部队，在华北开展五次"治安强化"运动，制造"无人区"。日伪的残暴统治，并未泯灭北平人民抗日斗争的意志。在中国共产党的领导下，八路军"到敌后之敌后去"，建立"三三制"政权；抗日民主政府精兵简政、减租减息，开展整风和大生产运动，发展文化教育事业，抗日根据地日益巩固。北平人民以坚忍不拔的意志度过了抗日战争最为艰苦的岁月。

第一节　粉碎日伪"治安强化"

一、日伪的残暴统治

1937年7月29日，北平沦陷的当天早上6点半，日本驻北平使馆陆军武官辅佐官今井武夫，即召集北平"名流"、清朝遗老江朝宗[①]和另外几个人，要求立即成立治安维持会。当天下午，江朝宗在其住宅召集10余人具体谋划此事。8月1日，由日本侵略者一手操办的汉奸组织——北平市地方维持会正式成立。8月9日，江朝宗正式就任会长，并于次日宣布就任伪北平市市长，市政府与维持会合为一体。维持会的一切事务均受控于日本顾问。

北平市地方维持会成立后，在日本侵略者的支持下，处处给张自忠的冀察政务委员会制造矛盾，日军也屡屡对张自忠施加压力。在处境日益艰难的情况下，张自忠辞去代理冀察政务委员会委员长职务。不久，他躲过日军和汉奸耳目，悄然离开北平。

8月底，日军在北平设立华北方面军司令部，并增设特务部。特务部的重要任务是逐步准备"在华北建立政权"。9月28日，日军特务部拟订《树立华北政权的研究》方案，提出建立伪华北政权，"取代南京政府"。12月14日，由日军特务部一手导演，日本顾问操纵大权，王克敏[②]等汉奸、卖国贼在前台表演的伪政权——"中华民国临时政府"粉墨登场。12月20日，国民党政府发表宣言，否认北平伪政权。1940年3月，汪精卫伪中央政府在南京成立后，北平伪政权被取消，以原班人马组成伪华北政务委员会。这一伪政权形式，一直持

---

① 江朝宗（1861—1943），安徽旌德人，中华民国时期著名政客，北洋军阀中的重要人物，北洋政府时期曾任国务院代总理。

② 王克敏（1873—1945），生于广东，祖籍浙江杭州。曾任伪华北临时政府行政委员会委员长、伪华北政务委员会第一任及第四任委员长。抗战胜利后被南京国民政府以汉奸罪逮捕，1945年12月在狱中自杀身亡。

续到日本投降。

伪政权建立后，即以军事暴力镇压的手段，强行建立殖民统治体系，残酷迫害抗日志士和爱国民众，妄图泯灭中国人民的抗日意志。

一是残酷的军事镇压。北平作为日伪首脑机关所在地，是日军"确保治安"的中心地带。为巩固对北平的殖民统治，强化其华北战略基地指挥中心的作用，日本侵略者对北平人民的反抗斗争实行极其残酷的军事镇压。

对平郊抗日根据地和游击区多次发动"扫荡"，所到之处，烧杀抢掠，奸淫妇女，无恶不作。日军每占一村，都会枪毙壮丁，年老者则被逼着背负重物，不得休息，每因体力不支而停息下来的时候，必遭毒打，所以背负重物的老者常常是鲜血淋漓至死为止。农村妇女则被押往日军炮楼，供其奸淫。在城区，则随时采用突击戒严、搜查行人等手段，制造恐怖气氛。路上的行人，要随时接受检查，身上所带的钱，多者数十数百，少者一毛两毛都被抢去。对搜捕到的共产党人和抗日志士，日军宪特施尽酷刑。许多人最后被枪杀、刀砍、肢解、剖腹、火烧、水淹、活埋、狼狗咬，甚至成了日军新兵练刺杀的"活靶子"。

二是建立细菌部队。日军在北平也曾建立过类似731的细菌部队，即日军华北1855部队。该部队对外称第151兵站医院，又称西村部队、北支那防疫给水部，直属于日本陆军参谋本部第九技术研究所（登户研究所）领导，同时受华北日军司令部领导。其本部设在北平先农坛。下设卫生检验（第一课）、细菌生产（第二课）、细菌武器研究（第三课）3个部门。第一课初建时设在先农坛成宫大殿后面的工字厅里，后迁至协和工学院；第二课设在天坛西门南侧墙外；第三课原设在天坛和先农坛，后迁至北海前门西侧的原静生生物与社会调查所。

该部队研究和生产鼠疫菌、伤寒菌等各种病菌以及各种窒息性瓦斯，培育了大量带菌的苍蝇、跳蚤、老鼠等。然后，日军把这些细菌散播到根据地去残害中国人民。许多中国人被抓来进行人体实验，并被折磨致死。清华大学北院12号曾是日军"手术室"，被抓到这里的中国人，需要血液时便被抽血，需要人皮时便被剥皮，需要内脏时便被开膛。被切割后的尸体在图书馆后专设的火炉中火化。日本投降时，该部队以最快的速度毁灭罪证，后被立即解散。

三是疯狂实施经济掠夺。1937年12月24日，日本政府内阁会议决定的"事变处理大纲"关于华北处理的方针中，明确提出"经济上以建立日满华不可分离的关系为目标"。为实现这一目标，日本侵略者侵占北平后，在经济上或者野蛮地直接抢掠，或者进行掠夺性的强制开发，计有以下3种方式：

"军管理"。日军每占一地，便立即实行直接的经济掠夺，美其名曰"军管理"。1938年4月，日本华北方面军司令官寺内寿一与王克敏签署协议，规定"因军事上的需要，得由日军华北最高指挥官，对于交通、通讯及航运等加以管理"。而实际上日军实行"军管理"的范围要大得多，北平的工商企业，不论官方企业或民资企业，只要日军认为必要，就以军管方式霸占，对该企业的财产享有绝对支配权。在北平被日军强行霸占的企业有华商电灯公司、石景山炼铁厂、长辛店机车修理厂、清河制呢厂等。北平至华北各地的铁路运输系统，全部成为日军的"战利品"，包括铁路工厂10个、机车300余台、客货车4600余辆。

"统制事业"。1938年4月，日本在北平成立华北开发株式会社。在华北开发株式会社的名义下，被统制的事业都成为其子公司，包括交通、发电、矿业、盐业、化工和其他工业及农业。子公司下面又有子公司，全部由日本人垄断。从生产到消费，各个环节均被统制。通过这种方式，日本侵略者控制了北平和华北各个地区的经济命脉。华北开发株式会社霸占中国企业的方式有3种：一是把原来"军管理"的企业统制起来，如石景山炼铁厂，被统制后改为石景山制铁矿业所；二是把一切未经"军管理"而欲垄断的企业统制起来；三是以"合办"名义统制中国企业。所谓"合办"，多数属于日本人不出分文或出少量的钱"收买"企业的部分股份，然后操纵企业的经营，攫取企业利润。

"自由事业"。这是指华北开发株式会社之类垄断机构统制之外的事业，可由日本人私人经营。在北平，日本财阀、投机商、高利贷者、贩毒浪人、妓院老板、各色人等蜂拥而入，趁机谋求发迹。截至1941年6月，日本私方在北平开设企业达2182家。北平锻造株式会社、琉璃河水泥厂、北京酸素株式会社、厚生橡胶厂等，就是日本人以武力为后盾，强占场地、资源，在北平新开设的。

抗战时期，石景山制铁矿业所工人在日本人和把头监视下干活的情景（新华社　提供）

日本侵略者在金融方面的掠夺也极为野蛮。由其操纵的北平伪政权，于1938年2月12日宣告成立伪中国联合准备银行（简称"伪中联行"）。3月10日，伪中联行正式开业，立即发行毫无储备的不兑现纸币"联银券"，并强行规定其为唯一通货，禁止其他货币的流通，使"联银券"成为掠夺民间财富、支撑日伪统治和进行侵略战争的财政工具。到1939年底，发行"联银券"4.56亿元，以后两年内发行额连翻三番。"联银券"的迅猛发行，引发了严重的通货膨胀，几年间玉米面的价格上涨竟达一万倍，老百姓苦不堪言。

四是强制推行奴化教育。在军事占领的同时，日本侵略者利用一切宣传组织和宣传工具，加强对占领区人民的思想渗透，实行文化侵略。

1937年12月24日，在日本华北方面军特务部部长喜多诚一的操纵下，在北平成立了具有明确政治纲领的汉奸组织——中华民国新民会（简称"新民会"）。新民会的章程宣称："本会以奉行新民主义为与政府一体之民众团体，而显现中日满之共荣，以彻底剿共灭党贡献世界和平为目的。""剿共灭党"的提法表明，新民会是与共产党、国民党为敌的。这是因为合作抗日的国共两党在政治上都是日本侵华的敌人，国共两党倡导的三民主义和共产主义都是日本侵略者奴化中国人民的障碍。由此，新民会要以所谓的新民主义取代三民主义和共产主义，对中国人民进行"教化"，其险恶用心在于把中国人民"教化"成为俯首顺从日本侵略者的"新民"。

王克敏兼任新民会会长，但一些重要岗位却由日本人担任的各级新民会"顾问""参事"幕后把持，有些日本人甚至直接出任掌握实权的事务部长、处长、课长。新民会实行的是"政会合一"的体制，建立庞杂的组织系统，规定各级伪政权的首脑是该级新民会的当然会长。1938年3月，新民会首都揭检部成立，城郊各区设办事处，并相继成立各种职业分会，把触角延伸到基层的各个角落。

新民会的主要活动是"宣传教化"，即日本侵略军所说的"思想战"。在推行奴化教育过程中，北平新民会广泛宣传"建设新东亚""中日满提携""新民主义是救中国的唯一原理"等论调。其主要宣传方式有这样几种：一是结合兴办实业或公益事业进行宣传；二是以电影、广播、报刊进行宣传；三是通过举办"剿共灭党运动周""反共救国周""建设东亚新秩序运动周"进行宣传；四是伪政权、新民会的头面人物利用各种场合现身说法，为其主子的奴化教育效劳；五是在"治安强化"运动、"新国民运动"、"兴亚献机运动"、"慰劳皇军"等重大活动中，予以紧密配合，进行大力宣传。

为控制学校教员和学生的思想，对青少年推行奴化教育，新民会专门成立新民青年实施委员会，负责审定学校的教科书，组织以"新民主义""中日亲善"为题目的作文比赛。为加强对青少年的亲日反共教育，1938年4月，新民会开办"师资讲肆馆"，训练中小学校长，经考核合格后才能执教。

此外，日本侵略者在北平反复进行图书检查，凡是宣传民族意识、爱国思想的书籍，或有反日内容的书籍，一概没收。加强对学校师生的监督，对各公立、私立学校的校长和教员，经常考察其日常言论和教学内容，发现反日倾向立即清除。对于所有学校和学生，日本侵略者都有随时来查问的权力。当他们训话时必首先问学生："日本人来管理你们好不好？"学生必须问答："好！"接着还要问："为什么好？"学生必须回答："中国政府不好，因为它不能使人民生活安定，日本人能使我们生活安定。"为了削弱学生的民族意识，规定日语为学校必修课，而且还要学唱亲日歌曲，必须学会日本国歌且每日必唱。通过这些手段，从精神上奴役青少年，妄图达到彻底征服中国人民的目的。

二、五次"治安强化"运动

1941年初，日本华北方面军制定了企图"剿灭"抗日游击队的新政策，即利用傀儡政权伪华北政务委员会发动"治安强化"运动，运用军事、政治、经济、文化等手段进行"总力战"，以达到"摧毁敌占区和亲敌地区人民的斗志，促进亲敌的第三国的反省"[①]之目的。在这个反动政策指导下，从1941年3月至1942年12月，日伪连续发动五次"治安强化"运动。在北平，呼啸疾驰的警车、深更半夜急促的敲门声、捕人杀人的场面，常使人毛骨悚然、不寒而栗。

---

① 《华北方面军参谋部第四课治安强化运动实施计划》（1941年2月15日），中共北京市委党史研究室编：《北京地区抗日运动史料汇编》（第三辑），中国文史出版社1996年版，第353页。

第一次，从1941年3月30日至4月3日。这次运动的内容包括：（1）扩大、加强和训练自治自卫组织（剔抉、破坏共产党组织；训练行政机关职员；扩大实行保甲制的地区；统一实行户口调查；扩充及训练自卫团；进行警备演习；传达情报；修筑道路、城墙、电线杆、壕沟、桥梁等）。（2）扩大、加强民众组织（合作社的扩充和加强，扩充训练青、少年团，妇女会，劳工协会等）。（3）治安军、警备队等协助上述工作，单独或与日军协同进行讨伐及示威行军等。（4）普及宣传东亚新秩序的观念及日、满、华条约内容（通过演讲、电影、图片、宣传画、广播、演剧及小册子等方式）。[①]这次运动，通过实行搜索式户口调查，强迫居民签领居住证，企图缩小和堵死共产党及抗日民众的活动余地。广大市民不满这种强制措施，进行了消极抵制。

第二次，从1941年7月7日至9月8日。这次运动的唯一目的在于"剿共"：宣布将全华北确立为反共思想区；军、政、会及民众融合为一体，从而发挥其统合的威力；特别扩充乡村之防共自卫力。[②]冈村宁次就任华北方面军司令官后，即制定了大规模"扫荡"方案。10余万日伪军采用分进合击、"铁壁合围"战术，兵分13路进犯晋察冀抗日根据地。平郊的良乡、房山、昌平、密云、平谷、怀柔等地，都遭到残酷"扫荡"。9月4日以后，日军作战重点转为加强对抗日根据地的封锁、掠夺和破坏，合并村庄，强迁居民，实行灭绝人性的"杀光、烧光、抢光"的"三光"政策，制造"无人区"。在北平城内，伪警察局通告于8月15日前必须申领居住证，要求一律随身携带，并定于8月16日开始实行大检查，如有未申领者，予以严惩。这名义上是为了确保居民安全，实质上是为了更有利于打击和取缔抗日

---

① 《华北方面军参谋部第四课治安强化运动实施计划》（1941年2月15日），中共北京市委党史研究室编：《北京地区抗日运动史料汇编》（第三辑），中国文史出版社1996年版，第353页。

② 《华北政委会第二次治安强化运动实施及宣传计划》，中共北京市委党史研究室编：《北京地区抗日运动史料汇编》（第三辑），中国文史出版社1996年版，第358页。

活动。北平城乡一片白色恐怖。

第三次，从1941年11月1日至12月25日。这次运动"侧重经济，以谋经济彻底封锁"①，妄图摧毁抗日根据地军民的"抗战意识"。为此，日军特务机关颁布《流动物资取缔要纲》，严格控制重要物资的买卖、运输，甚至连酒精、红药水等普通药品，非经批准，药店也不得出售。日伪军警在北平城门内外加岗加哨，严密盘查，没有伪警察机关的许可证，任何物资不得流出城外。日伪军警还在平郊的大兴、宛平、通县、昌平、怀柔、密云、平谷、房山等8个县设立检查所74个，建封锁线23条。企图通过这些举措，从经济上困死抗日根据地。

第四次，从1942年3月30日至6月15日。这次运动的所谓三大目标是"解放东亚""剿共自卫""勤俭增产"。②在未治安地区（抗日根据地），"专以解放东亚为主"；在准治安地区（抗日游击区），"须以解放东亚及剿共自卫并重"；在治安地区（沦陷区），"则宜以解放东亚、剿共自卫、勤俭增产三者相兼而实施之"。③1941年12月太平洋战争爆发后，日军为使华北变为"大东亚战争"的兵站基地，想尽快解决这一地区的"治安"和掠夺更多的人力、物资。为此，在这次运动中，对抗日根据地和游击区的经济封锁与"扫荡"都进一步加强。

第五次，从1942年10月8日至12月10日。前四次运动未能取得日本侵略者预料的效果，占领区并未得到巩固。抗日根据地渡过暂时的困难以后，又进入恢复和发展阶段。日本侵略者越发感到抗日根据地和游击区是他们巩固华北"治安"的唯一障碍。为此，第五次"治安强化"运动继续贯彻前四次运动的"剿共"反动政策和措施，

① 《华北政委会令发第三次治安强化运动实施要领》（1941年10月23日），中共北京市委党史研究室编：《北京地区抗日运动史料汇编》（第三辑），中国文史出版社1996年版，第362页。

② 《华北政委会令第四次强化治安运动补充实施要领》，中共北京市委党史研究室编：《北京地区抗日运动史料汇编》（第三辑），中国文史出版社1996年版，第365页。

③ 《华北政委会令第四次强化治安运动补充实施要领》，中共北京市委党史研究室编：《北京地区抗日运动史料汇编》（第三辑），中国文史出版社1996年版，第366页。

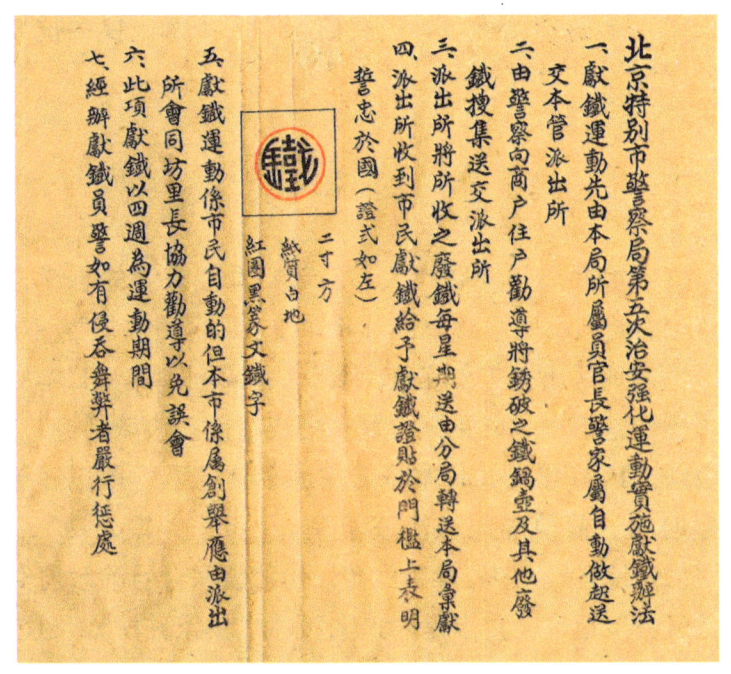

北平第五次"治安强化运动实施献铁办法"

突出所谓"肃正思想""革新生活"的内容，强调"彻底破坏共匪之下层组织"，开展新国民运动。[1]这次运动中，日伪军征用大批民夫，在抗日根据地和游击区周围挖壕沟、筑炮楼，隔绝根据地与沦陷区的联系。伪市警察局查处福祥纸庄、中裕银号、四箴药房、义盛成百货店等店铺、银号，使这些中国商家蒙受了巨大损失。

五次"治安强化"运动，给平郊抗日根据地带来极大的摧残和破坏。以平北抗日根据地为例，日伪把制造"无人区"作为"肃正"的中心，并把长城沿线作为重点区域之一。继大规模"扫荡"之后，日军从1942年4月起强征青壮农民5000多人，在昌平至潮河一线总长近百公里的地段，挖掘治安封锁沟，至10月底建成。封锁沟以北、长城以内地区，严禁居住耕作，成为"无人区"。尽管如此，日本侵

---

[1] 《华北治强运动总本部第五次治安强化运动实施办法》（1942年8月），中共北京市委党史研究室编：《北京地区抗日运动史料汇编》（第三辑），中国文史出版社1996年版，第370—371页。

略者"灭共"的企图始终没有得逞。相反，中国人民的抗日力量却越来越壮大。

三、"无人区"的斗争

平北抗日根据地的发展壮大，引起日本侵略者的恐慌，叫嚣要封死中共对伪满洲国的进攻。1941年9月，日本关东军西南防卫司令部制定《西南地区肃正工作实施纲要》，伪满洲国热河日本宪兵本部也制定"国境地带无人区化"方案，形成在伪满边境制造"无人区"的全面规划。1941年夏，日本华北方面军制定了"肃正三年计划"，企图限定时间，修筑隔离壕沟或堡垒，"阻止共军入侵"，以"扩大、巩固治安地区"。1942年1月初，伪蒙疆联合自治政府实行第三次"施政跃进"运动，重点是强迫老百姓"集家并村"，制造"无人区"。这3个伪政权都在执行着同一个罪恶计划，妄图以制造"无人区"，实现其摧毁平北抗日根据地、确保伪满的阴谋得逞。这一罪恶计划，由日本关东军西南防卫司令部统一指挥。

所谓集家并村，就是把可能成为八路军游击队活动地区的居民集结到日伪据点及其附近地区，使这些活动地区成为"无人区"，妄图把老百姓与八路军游击队完全隔绝，从而断绝八路军游击队的人力物力资源，置其于"自行歼灭之境"。制造"无人区"的具体做法是：首先，集中日伪兵力对抗日根据地进行残酷的"扫荡"，造成人们恐慌的心理状态；其次，军、政、警、宪全力以赴，强迫老百姓拆毁原来的住房，老百姓不愿拆，他们就放火烧毁，驱赶老百姓到他们指定的村庄居住；最后，摊派大量民夫在村庄周围修筑围墙。

整个"无人区"东起山海关的九门口，沿长城内外，西抵赤城的独石口，长约750公里；北至宁城、围场，南达遵化，宽约250公里。平北抗日根据地东部是伪满洲国"西南国境线"的边缘，滦平、丰宁和延庆东部及密云、怀柔北部山区，都是日本侵略者制造"无人区"

的重点地区。

1941年下半年，关东军首先在滦平搞"集家并村"试验，接着在长城沿线大肆推行起来。日军胁迫群众到指定的村庄居住，四周修筑起一丈多高的围墙，只留前后两个门供人出入。门上建岗楼，围墙四角建炮楼，驻有军警特务。这种用炮楼和高墙围起来的村庄被称为"部落"。当地群众进入"部落"之后，就失去了生产、生活、言论、行动的一切自由。这里的居住条件极差，全家七八口人挤在十几平方米的草棚里。草棚四处透风，冬天简直无法安身，晚上还不准关门，谁家关门就被诬陷为"私通八路"。草棚外面到处是粪便垃圾，夏日臭气熏天，瘟疫疾病流行。不少人因染上传染病致死或被冻死，群众愤怒地称之为"人圈"。每个"部落"外5公里范围内为"无住地带"，不许居住，耕作时间在上午10时到下午4时之间进行。5公里范围外为"无住禁作地带"，不许居住也不许耕作，这些地区统称为"无人区"。当时的"无人区"可以用一首诗来表达其惨状：

黑夜千山火，白昼有枪声。
村村起狼烟，户户有白骨。

在丰滦密联合县境内，有着东自半城子、西至渤海所，南从白道峪、北到于营子，东西、南北各长约60公里的山地"无人区"。

在昌延联合县境内，日伪方面为巩固伪满洲国的边界占领地，进一步控制昌延中心区，于1941年开始，在千家店、花盆村、沙梁子、红旗甸乡强迫群众修建"部落"、炮楼；1942年初先后划定13个"人圈"，强迫附近45个村庄的群众搬进13个"部落"，并拆毁附近的村庄。

在龙（关）赤（城）联合县，1942年，日伪方面在毗邻长城的青羊沟和区政府所在地的千松台一带，首先搞起"集家并村"，用刺刀和棍棒强迫群众搬进"部落"。1943年初，整个黑河川全部施行"集家并村"。日伪军强令群众搬入"人圈"，强迫附近60多座村庄的群众搬入7个"人圈"。长城沿线"人圈"外的"国界"处被划为"无住地带",插上木橛,不准逾越,发现有人通过,即开枪射杀。

被圈进"人圈"的百姓,生活处境极其悲惨,长年不许出"人圈"门,每天都要被强迫服役干活,还经常遭受凌辱。日军、汉奸经常随意闯入民宅奸污妇女,有些妇女实在不堪受辱,服毒上吊,含冤而死。"人圈"内实行所谓"米谷统治,碾磨封锁",一切粮食果品统归大仓,严禁百姓私留和买卖,否则即以"经济犯""国事犯"等罪名严加处罚。

日军制造"无人区"的目的,就是要彻底破坏共产党和人民群众的"鱼水关系",从而达到"竭泽而渔"的目的。针对敌人的阴谋,中共平北地委、平北军分区和丰滦密、昌延、龙赤等县委领导"无人区"抗日军民展开了艰苦卓绝的斗争。

平北军民在反"无人区"斗争初期,主要是稳定局势,加强领导,严密组织;在敌人开始"集家并村"、胁迫群众迁往"部落"时,当地党组织就提出"誓死不离山""坚持下来就是胜利""变无人区为有人区,变少人区为多人区"的号召。各级干部组织群众不下山,房子烧了就搭窝棚、挖山洞,坚壁清野,同日伪军在山头"打游击"。日伪军白天抓民夫修"集体部落",八路军夜间动员群众拆。有的地方日伪军派兵在夜间看守正在施工的"人圈",八路军则在夜间打击日伪军。修了拆,拆了修,反复多次,大大拖延了日军实现"集家并村"的时间。有的群众誓死不进"人圈",不外迁,日伪军来了就藏到深山密林中,家园财产被毁就住山洞吃野菜,宁愿冻死、饿死也不屈服。

据当年在"无人区"生活的陈平回忆:

> 对敌人无比疯狂的"扫荡"、进攻,山区根据地的人民更加紧密地团结到党的周围,同敌人殊死决斗,誓死不下山,誓死不进"人圈",与根据地共存亡。雾灵山、狗背岭、四座楼、五凤楼、五指山、獐帽山、六里坪以及东部都山等几座大山之上,约有200个自然村,3万多群众,始终顽强

坚持在高山绝顶之上。3万多群众中，就有一万多人参加了民兵组织，真正达到了全民皆兵的程度。大批青年妇女，也拿起武器，同敌人战斗。广大民兵对敌人展开了广泛的"麻雀战"、地雷战，给敌人以极大打击，涌现了大量可歌可泣的英雄事迹。为了掩护机关和同志们，为了保存大家，不少民兵和战士像狼牙山五壮士那样，战斗到最后，跳下山崖，壮烈牺牲。母亲总是疼爱孩子的，可是，在敌人"扫荡"搜山中，为了不让孩子啼哭暴露目标，母亲忍心地把孩子堵死在自己的怀抱里；有的既舍不得孩子，又不愿连累大家，万般无奈，就抱着孩子跳下山涧，母子同归于尽。在蓟遵兴六区，就发生过十一起这种悲惨的事件。人们称誉古老的万里长城是中华民族的脊梁，那么，"无人区"山区根据地的人民就是用血肉筑成的新的长城，他们就是民族脊梁上的钢筋铁骨。①

1943年，"集家并村"全面实行后，平郊党组织和八路军及时转变斗争方式。由原来的拆"部落"、抗"集家并村"等方式，转变为瓦解驻守"部落"的日伪人员，在"部落"内部开展群众斗争。1943年10月，平北地委发出《关于反并村斗争的指示》，冀东党组织对反并村工作也做了周密安排：在"部落"内，隐蔽发展力量，采取地下工作方式，将"合法斗争"与"非法斗争"相结合，争取由日伪绝对控制转变为两面政权；更广泛地执行统一战线政策和更为宽大的锄奸政策，对伪职人员及上层人物，要耐心争取教育，体谅他们的处境，不要求过高，只要求他们尽可能保护群众，同根据地建立联系，严禁乱杀乱捕；通过各种途径切实关心群众疾苦，千方百计救济"部落"内的群众。

① 陈平：《一个特殊的战略地带——"无人区"》，中共北京市委党史研究室编：《北京地区抗日运动史料汇编》（第五辑），中国文史出版社1992年版，第542—543页。

平北铁炉村积极为八路军做军鞋的妇女

经过一段时间的艰苦工作，丰滦密等许多地区的"部落"同抗日政权建立了联系。在一些"部落"内还建立了地下党组织，成为领导群众斗争的核心。许多伪甲长、"部落长"、"自卫团长"，名为日伪干事，实为抗日工作。有些抗日村长打入伪组织，当上"部落长"。丰滦密的四合堂建立"部落"后，抗日村长王正亭奉命进入"部落"向敌人"自首"，骗取敌人信任当上了"部落长"。他利用这一"合法身份"领导部落群众进行"合法"斗争，并多次从敌人手里解救出被捕群众和工作人员。

经过逐步渗透，根据地和"部落"里面的群众互相配合，共同开展斗争。根据地需要军鞋，"部落"内的妇女们就偷偷做好，夜间从水沟眼塞出，然后由白天外出干活的人取走后送交八路军。八路军缺乏子弹，"部落"内群众就千方百计将日伪军的子弹送出。仅1943年的4个月内，丰滦密白庙子群众就送出子弹2000多发。根据地军民对"部落"内群众的疾苦也尽力救助。"部落"内的群众无粮吃、无衣穿，根据地军民就把搞到的粮食、布匹想办法秘密送进"部落"。当地八路军领导机关还专门作出规定：不论是干部、战士，凡是到"无人区"执行任务的，都必须带上粮食、布匹、食盐等物品去救济群众。

到1943年下半年，多数"部落"已有名无实。"无人区"不仅有人坚持斗争，连日伪统治的"部落"也变成了抗日斗争的阵地。经过艰苦顽强的斗争，日军分割封锁根据地的行动被挫败。

四、"到敌后之敌后去"

1942年9月，中共中央晋察冀分局和军区在河北省平山县寨北村召开党政军高级干部会议。这次会议根据当时敌我双方的斗争形势，针对日伪军在兵力配备上"前紧后松、前强后弱"的弱点，正式提出"到敌后之敌后去"的口号，并以此作为当时展开全面对敌斗争的方针。

这次会议指出，"到敌后之敌后去"，斗争的形式应该是广泛的分散的群众性的游击战争，多打小仗，积小胜为大胜。会议决定，地方军的全部、主力军的三分之一或二分之一，要经常深入到日伪军的侧后方去开展游击战争，把敌人从面的占领压回据点去，还要在敌占区，特别是在封锁沟外地区建立许多小块的游击根据地，使敌后活动与正面斗争、平地与山地、地方军与主力军相配合，形成一个有机的整体，阻止敌人继续进行面的占领。八路军和抗日根据地本来就处于敌后，"到敌后之敌后去"，是指到根据地周围敌人统治下的地区去活动，就是敌进我进，你朝我这里来，我就到你那里去，钻到你后方活动，搞得你不得安宁。这样，把反"围剿"、反封锁、反"蚕食"的文章做活，彻底变被动为主动。

平郊抗日根据地的党组织和八路军认真贯彻会议精神，组成若干精干的武工队和小部队，深入敌后与当地干部群众相配合，展开恢复和发展游击根据地的工作，形成"敌进我进"的新局面。武工队是军队、政府和人民相结合的精干战斗组织，成员包括军队干部战士、根据地政府工作人员及对敌工作干部等。每个队员既能打仗，又能独立进行各项宣传和动员群众工作。他们深入到敌占区和接敌区，以军事斗争与政治斗争相结合，公开斗争与隐蔽斗争相结合，广泛宣传群众，揭露敌人，搜集情报，锄奸反特，破坏日伪统治秩序，争取和瓦解伪军、伪政权组织，发展秘密武装，直至建立两面政权。

在平西，第7团派出武工队后，主力部队当好后盾，配合作战。武工队以小五台山为依托，深入蔚县东北部桃花川，迅速打开斗争局面。桃花川原是抗日根据地，日伪军推行"治安强化"运动后被占领。日军利用当地的地主恶霸、地痞土匪建立了大大小小的联庄会及伪政权，残酷盘剥欺压人民。武工队进入后，白天隐蔽，夜间秘密进村联络群众，宣传群众，争取伪政权人员，使其成为两面政权。为支援武工队的工作，打击敌人气焰，鼓舞群众的抗日信心，第7团主力部队经常翻越小五台山，活动于南山坡一带，进入桃花川，寻机打击敌人。在主力部队的支援下，武工队积极开展斗争，开辟东西长三四十公里，南北宽二三十公里，包括100多个村庄的游击根据地。房涞涿地区的武工队于1942年11月越过封锁沟和拒马河，到被日伪军"蚕食"的平原地区开展工作，至1943年夏，短短几个月时间，便恢复三、四、五、六等4个区的建制。

在这些地区，有50%的村庄成为抗日两面政权，30%的村庄成为中间两面政权，20%的村庄属亲日两面政权。通过武工队在新老敌占区的积极斗争，斩断敌人伸向抗日根据地"蚕食"的魔爪，粉碎强化敌占区的阴谋。八路军不但恢复了一些根据地，而且还在敌人的巢穴里建立了许多隐蔽的小块抗日基地，使敌人的"治安区"成为被逐块分割的游击区。

在平北，武工队到敌后的沙城、新保安等地开辟工作，与一些村的甲长建立了联系，使他们成为抗日的两面甲长，然后发动群众，开展斗争，很快打开局面。在昌延地区，八路军小分队深入敌占区，发动群众，连续拆除了5个"人圈"，使日伪军不敢出来骚扰，并使许多被"蚕食"的村子逐步脱离日伪统治。1943年春开始，日伪军为进一步"蚕食"平北根据地，不断出动小股武装力量进行"讨伐"，抢夺粮食，破坏春耕，其矛头主要指向平北的西部地区。针对这种情况，八路军采取"巩固西部，坚持东部"的方针，以巩固西部龙赤、龙延怀、昌延各联合县的山地为主，坚持东部丰滦密，逐步恢复滦昌怀联合县的工作。主力部队以一半兵力分散活动，广泛开展游击战争。4月初，日伪再次纠集兵力先向昌延地区，接着向龙赤、前后孤山地区，展开了为期40天的分区"扫荡"。敌人步步压缩，建立新据点，扩展交通线，企图进一步分割平北地区，并极力唆使叛徒、内奸进行诱降活动。

平北八路军在加强主力和地方武装分散活动，打击进犯、建点之敌的同时，还组织精悍的武工队迂回敌后或侧翼，相继攻克大地、石塘路、岗窑子、浩门岭、岭头上、北辛堡等据点，并恢复与开辟了新的根据地。活动在张北外线的平北骑兵大队也积极配合，于1943年5月拔除土围子、古嘴窑子、枣子沟、石庄湾4个据点，摧毁敌人碉堡10多处，毙伤日伪军200多人，并缴获大批武器弹药，游击战争得到蓬勃发展。

在冀东，1942年9月，日本侵略者调集5万余兵力，对根据地大举"扫荡"，妄图消灭冀东抗日力量。为避免与日军决战，冀东主力部队到敌侧后热南、滦东等地，打击与牵制日军，开辟新区。到1943年春天，热南、滦东和北宁路南等被日伪占领的地区都被开辟为游击区，游击区由原来的300多个村庄发展到700多个村庄。除据点周围敌人控制较严的村庄以外，大部分村庄的伪政权已变成两面政权。沿海一些敌人不易控制的村庄，开始同敌人断绝关系，建立公开的抗日政权。

1943年1月，中共冀东地委决定利用冬季河流封冻和敌人活动较少的时机，集中主力部队，以秘密迅速之行动，突破长城封锁线，发动恢复基本区战役。2月初，冀东主力部队以三分之一的兵力留在热南、滦东等地继续做巩固和开辟工作，另以三分之二的兵力，发动恢复基本区战役。这次战役，共毙伤日伪军700多人，打击了伪军、伪组织以及汉奸、特务的嚣张气焰。由于受到日伪军重兵围堵，主力部队未能在基本区站住脚，但随主力部队进去的地方干部都留了下来，为恢复基本区的工作创造了条件。

6月下旬，冀东军分区再次发动恢复基本区战役。这次战役分东、西、中3路。东路以第12团为主，会同第7、8区队等地方武装继续开辟、巩固滦河以东地区的工作，先后攻克了口外的二拨子和口内的姜各庄据点、安山车站、柳江煤矿，使滦东局面得到巩固和开展。中路第11团的两个连和军分区侦察连，在喜峰口以南集结后，渡过滦河，经迁安西部到达丰润西南，同一直在这里坚持的第4区队会合，负责恢复丰润、玉田、宁河、遵化之间的基本区。西路第13团大部和第2区队，由将军关以西进入长城口内，采取大迂回动作，沿着平谷、密云边境向南直插，开辟通县、顺义地区。

此役历时3个月，共作战80多次，攻克敌据点40处，歼日伪军2300多人，俘日伪军1400余人，缴获迫击炮两门、轻重机枪24挺、步枪1600多支。八路军乘胜推进，积极开展政治攻势，发动群众，平沟毁碉，摧毁日伪政权。基本区除蓟县外，被"蚕食"的地区大体恢复了原状，又成为巩固的抗日根据地。

执行"到敌后之敌后去"的方针，在敌占区和接敌区形成了"隐蔽根据地"，把敌人统治的心脏地区变成打击敌人的前沿阵地，使日伪军的占领区变成八路军的游击区，日军的"治安区"变为非"治安区"，对打破敌人封锁、"蚕食"，变被动为主动，恢复根据地，起了决定性作用，得到党中央和毛泽东的赞同。到1943年6月，平郊根据地军民经过艰苦卓绝的斗争，使根据地不仅得到恢复，而且有了逐步发展和扩大。在平西，抗日游击活动已深入到敌占区；在平北，抗日武装斗争已掌握了主动权；在冀东，建立起19个县级抗日政权，拥有抗日武装1万多人，对平、津、唐等地日军的中枢和要塞形成威逼态势。日军对平郊抗日根据地的"总力战"彻底破产。

"坚决保卫平西抗日根据地"石刻

第二节　建设巩固抗日根据地

一、"三三制"政权

为巩固抗日根据地，必须进一步巩固和扩大抗日民族统一战线，加强抗日民主政权的建设。中共中央要求各地贯彻执行"三三制"①原则，坚决纠正一部分共产党员的关门主义和宗派主义倾向，克服不善于同党外人士合作共事的缺点，从政治上团结各抗日阶级、阶层。中共中央强调：我们所要的是活泼的、有组织有能力的、适应战争环境的、受群众拥护的政权机关。任何一个大党，不应以绝对多数去压倒人家，而要容纳多方。在政府中，共产党员只要占三分之一，并在质量上具有优越的条件，就可以保证党的领导权。党的领导地位和优势，是靠真理，靠政策的正确性，靠组织的有力量、党员的模范工作以及人民的拥护来实现的。

1941年8月17日，中共中央晋察冀分局书记彭真发出《对冀东、平北工作的意见》。其中，关于政权问题，意见指出：

> 一、某些县议会已吸收了大批有声望的绅吏、联庄首领参加，在敌我接连区应选开明士绅为村长，这有很大的成效。各县应普遍运用此经验。只有这样，才能争取多数，孤立敌人。
>
> 二、村政权改造运动中，应去掉少数最坏的不可挽救的分子，一般士绅仍应吸收其参加村务会或代表会。清算村账应只限于本届，牵涉的人系越少越好，牵涉的年月系越短越好，切勿追究老年陈账，致激起豪绅团结，甚至勾结敌人反我。

---

① "三三制"是中国共产党在抗日战争时期的统一战线的政权政策。根据这一政策，抗日民主政权中人员的分配，共产党员大体占三分之一，左派进步分子大体占三分之一，中间分子和其他分子大体占三分之一。

三、目前最大多数区域的政权，仍应适当的采取两面政策来应付敌人（在群众内部仍应同时进行反支应敌人的教育，或力求少支应）。这不仅为了避免群众受不必要的摧残，而且为了减少频繁的报复"扫荡"，便于工作开展。[①]

平郊各抗日根据地按照中共中央关于实行"三三制"，健全民主制度，从政治上团结各抗日阶级、阶层的抗日民族统一战线政策和中共中央晋察冀分局的指示精神，组建各级抗日民主政府，不断加强政权建设。

在平西，以昌宛县为例。1939年夏，昌宛县村政权进行了部分选举，由村民大会选举村民代表会，选举村长、副村长。1940年4月，对区、县政权进行改革：县政会议由原来的军政民联席会议议事机关转变为由各界代表组成的权力机关的性质，区政会议由原来议事机关转变为带有权力机关的性质，村代表会也开始建立；区政会议中的代表，由各机关团体委派改为由村民大会选举产生；从县政府到村公所，各级政权的机构逐渐健全起来，都建立了民政、财政、教育、实业和司法等5个工作部门。7月，全县民主选举区长和区代表。在选举之前，县和区都成立了选举委员会，广泛深入地宣传动员和组织选举。县、区两级都普遍采取办训练班、召开群众大会、选民大测验等形式，对群众进行民主选举的意义和政策教育。区代表以村为单位选举，200个村民以下的村每村选举一名代表，200个村民以上的村，每多300人增选一名代表。县政会议也由军政民联席会议改为民选，由各界代表组成。全县以区为单位，共选出县议员40多人。在8月底召开的县议会上，选举史梦兰为议长，民主人士黄国珠为副议长，政权机构中的人员构成，初步贯彻了"三三制"精神。10月，全县各村实行普选，大批抗日积极分子进入村政权，封建势力基本被打压下去。

---

① 《对冀东、平北工作的意见》（1941年8月17日），中共北京市委党史研究室编：《北京地区抗日运动史料汇编》（第四辑），中国文史出版社2000年版，第30页。

1942年春，昌宛县各村的选举运动再次举行，村政权各方面建制、功能得到健全，村政权的政治参与度不仅提高，妇女参政现象也势头喜人，平均参选率高达40％。随着斗争形势的变化，1943年初，昌宛县将县议会改为县参政会，清洗不称职的和投敌叛变的分子，重新聘请一些赞成抗日的开明绅士，扩大与巩固了抗日民族统一战线。

　　在平北，以丰滦密联合县为例。该县于1941年成立县议会，议员中开明绅士和国民党员占相当比重。为充分调动伪政权人员的抗日积极性，丰滦密联合县在抗日力量和日伪两方面都建立村政权的地区实行村政联席会议，抗日村干部和伪保甲长通过联席会议形式共商村政。在村政权选举中，按"三三制"原则选举一些开明绅士参加政权，以使农村中要求抗日的各阶级、阶层感到抗日政权也有他们一份。这样一来，越来越多的中间分子和开明绅士站到抗日方面，为抗日政权筹措粮款，购买物资，提供情报，掩护抗日干部和伤员。比如，黄石塘村上层统战对象邱瑞明的家成为抗日军政干部的经常住所。金匣罗村地主张毅民和溪翁庄村地主王仲三大力支持儿子、女儿、侄子参加抗日工作，鼓励他们为抗战做贡献。

　　在平北儿童团流传着一首《选村长》的歌谣，生动反映了当时选举村长的实际情况：

杨柳叶儿青，

杨柳叶儿长。

人人怀揣一杆秤，

称称谁能当村长。

要选忠实能带头，

要选抗日意志强。

千万莫选滑头鬼，

警惕白脸黑心狼，黑心狼。

　　在冀东，以平（谷）三（河）蓟（县）联合县为例。该县西部和南部村庄，绝大部分是抗战后期新开辟的游击区，一直采取利用保甲长的办法。1944年3月，平三蓟联合县决定，在可能成立抗日政权的村庄一律实行民选建立村政权。经过选举新建立的村政委员会，设村长、副村长、民政委员、财粮委员、调解委员，以后又增设了教育、经济、武装、敌工等委员。选举之后，平三蓟联合县有村干部近2000名。

平郊抗日根据地的基层政权是直接选举产生的。由于一些选民不识字，为保证他们能够行使民主权利，用"掷豆子"等方法进行选举。通过选举，在基层政权的干部成分中，雇农、贫农和中农占绝对优势。以平北为例，在龙延怀联合县，雇农占1.28%，贫农占32.15%，中农占29.47%；在昌延联合县，雇农占7.4%，贫农占36.8%，中农占42.1%；在滦昌怀联合县，雇农占4.76%，贫农占33.33%，中农占42.62%。[①]这就使得基层政权具有了广泛的群众基础。

二、精兵简政、减租减息

1941年12月1日，中共中央采纳陕北开明绅士李鼎铭建议，发出《关于加强统一领导与精兵简政工作的指示》。在精兵方面，要求缩编主力部队及其指挥机关，充实连队，加强地方武装和发展民兵，加强整训，提高战斗力。在简政方面，要求切实整顿各级政权组织，紧缩机构和人员编制，加强基层，提高效能，节约人力物力，反对官僚主义。指示还具体规定各根据地脱离生产的人员只能占总人口的3%，其中军队系统人员占2%，党政民系统人员占1%。

1942年8月23日，延安《解放日报》发表社论《精兵简政——当前工作的中心环节》，指出："精兵简政实为目前各根据地整个工作

[①] 《平北地分委一九四三年工作检查与总结（节录）》（1944年4月1日），中共北京市委党史研究室编：《北京地区抗日运动史料汇编》（第四辑），中国文史出版社2000年版，第316页。

的中心一环，必须把这一任务的实现，贯彻到各方面的工作中去。举凡政权工作、军事工作、财政经济工作等等的进行，都应当在这一政策之下，加以新的考虑，贯彻这一政策。"9月7日，《解放日报》又发表毛泽东起草的社论《一个极其重要的政策》，指出："我们缩小自己的机构，使兵精政简，我们的战争机构虽然小了，但仍然是有力量的；而因克服了鱼大水小的矛盾，使我们的战争的机构适合战争的情况，我们就将显得越发有力量，我们就不会被敌人战胜，而要最后地战胜敌人。"

经过3年的艰苦斗争和发展，冀热察挺进军当初确定的"三位一体"的任务已经完成，平西、平北、冀东3个地区的主力部队、地方武装和民兵组织都已各自形成体系，党、政、群众组织已逐步建立与健全，都具备作为一个独立的战略地区的基本条件。

1942年2月，根据中央精兵简政的决定和军委、八路军总部的指示，中共中央晋察冀分局和军区宣布撤销八路军冀热察挺进军的番号，萧克调任晋察冀军区副司令员。同时将平西划为第十一军分区，平北为第十二军分区，冀东为第十三军分区，统归晋察冀军区直接指挥。中共冀热察区委也随之撤销，将平西和平北两个地委划归北岳区党委领导，在冀东则设置冀热边特委，由中共中央晋察冀分局直接领导。将平北的丰滦密联合县委划归冀热边特委领导。冀中地委仍归冀中区党委领导。随后，又撤销北岳和冀中两个区党委，冀中区成立工作委员会，中共中央晋察冀分局直接领导北岳区的各地委、冀热边特委和冀中工委；平北地委和第十二军分区撤销，改组成平北分委和平北支队，归平西地委和第十一军分区领导。

根据中共中央、中央军委规定的主力部队整编原则，平西第7、9两个团均由辖3个营的大团缩编为5个至6个连的小团，而连队则由小连编成大连。这样，机关得以精简，连队也得以充实。机关精简后，干部和战士除老弱残疾者外，一部分派去充实地方区小队和游击队，另一部分以领导干部和机关骨干为主，从第9团分立出第8团去平北，分立出第11团支援冀东。随后，又由各团组织和派出一些武工队、小分队，到敌后之敌后去开辟工作。挺进军的领导机关，除作为第十一军分区的基础外，也大量分配到第十二、十三军分区去。冀东主力部队第12、13两个团则根据斗争需要，保留了大团编制。整编后的编外人员，自觉听从组织安排，走上了新的工作岗位。

实行精兵简政，减轻了人民的负担，解决了机构庞大和受到战争破坏的社会经济缺乏足够承受力之间的矛盾，缓解了根据地财政经济的严重困难。同时，以精简下来的干部加强基层力量，进一步密切了党同人民群众的联系，并为培训干部、积蓄力量提供了条件。

减租减息是中国共产党在抗战时期处理土地问题的基本政策。1942年1月28日和2月6日，中共中央先后发布《关于抗日根据地土地政策的决定》和《关于如何执行土地政策决定的指示》，对减租减息政策及执行办法做了明确规定。主要内容包括：减租减息政策的目的是扶助农民，减轻地主的封建剥削，保证农民的政治经济权利，借以改善农民的生活，提高农民抗日和生产的积极性；现阶段土地政策是减轻封建剥削，而不是消灭封建剥削，因此实行减租减息后，又须实行交租交息，保障地主的地权、财权和人权，以联合地主阶级一致抗日；承认资本主义生产方式是中国现时比较进步的生产方式，对于富农则削弱其封建部分，鼓励其资本主义部分的发展。平郊抗日根据地贯彻中共中央的指示，在各级党组织和抗日民主政权的领导下，认真实行减租减息。

在平西，宛平地区早在1938年就曾积极宣传减租减息

抗战时期，在减租减息工作中，农民同地主算账（新华社　提供）

政策，1939年至1940年发动群众进行减租减息。但是，由于群众发动不充分，加之在残酷的对敌斗争中一些人心有疑虑，因而一些村庄出现明减暗不减，甚至发生夺佃现象。1943年11月，平西地委发出彻底实行减租减息政策的指示信后，中共昌宛房县委首先进行减租、退租和增资试点，而后在全县全面铺开。县委规定，在1941年减租减息中明减暗不减或没有达到二五减租标准的，一律实行退租。退租后，农民从地主手中获得大批粮食。同时，随着减租减息，劳资问题也得到了解决。据一、二、三、六区统计，865户地主退租粮食993.612石，约合25吨；230个佃户、243个工人共增资4746元，增粮2499.7石，约合64吨。广大群众从减租减息中得到经济利益，生活有所改善，看到组织起来的力量，冬学、支前、拥军以及冬季生产的积极性大大提高。

在平北，减租前的地租率平均高达40％，有的高达70％至80％。当地流传着一首民谣："穷人身上两把刀，租子重、利钱高；穷人面前三条道，逃荒、要饭、坐监牢。"1943年5月，平北地委作出《关于进一步贯彻执行减租减息和劳动政策的决定》，要求坚决执行"地租不得超过总产量的37.5％，债息不得超过一分五厘"的原则。随后，大规模的减租减息运动开始了。到1944年，平北根据地普遍推行减租减息。昌延县有80多个村实行减租减息。在增资斗争中，昌延县岔石口的工人经过斗争，雇主给工人每人布3尺，棉花3斤，粮食800多斤。密云县的长工经过斗争，除原工资外，每人增加小米300斤至500斤。龙赤县8个区共有工人692名，合计增资24435.5元，平均增加率为25％至40％。在减租减息中获得利益的佃农和工人，抗日情绪十分高涨。

在冀东，中共冀热边特委于1944年9月决定在全区范围内开展减租减息和雇工增资运动。具体政策包括：对出租、出佃之土地，出租出佃人应一律按原租额减收25％，并不得超过正产耕作物收获量的37.5％；放债利息，年利率一分；增资以一个雇工所得工资能养活一个至一个半人为标准。以平三蓟联合县为例，减租后，由原租额减到占出租土地正产耕作物收获总额的30％到37.5％的，有14289亩；占20％到30％的，有12635亩；占10％到20％的，有5823亩；不满10％的，有91亩；只有少数出租土地没有减租。应退租土地共24899亩，地主退出租粮64059斤；无力退租将土地改为典当以抵顶应退租额的，计有368亩。雇工增加工资方面，全县共有雇佣工人5872名，都增加了工资。广大农民和雇工改善了生活，党和抗日政府威望大大提高，广大群众更加信赖、拥护党和抗日民主政府。

减租减息政策的贯彻执行，有利于团结大多数地主抗日，改善农民的政治地位和生活状况，把发展统一战线和解决农民问题很好地结合起来，对于抗日民族统一战线的巩固和抗日民主根据地的发展，有着极为重要的作用。

三、整风和大生产运动

遵义会议以后，党从军事上、政治上纠正了以教条主义为特征的王明"左"倾错误，然而，还没有来得及从思想上系统地、彻底地清算这种错误，党的干部对这种错误的思想根源还缺乏深刻认识。与此同时，党在全国抗战初期的大发展中增加70余万新党员。这些新党员革命积极性很高，但他们绝大多数出身于农民和小资产阶级。紧张残酷的战争环境，使党不可能对他们进行比较系统的马克思列宁主义教育。由于他们的阶级出身和认识水平的局限，很容易受到一些错误思想和作风的影响。在这种情况下，加强党的建设，解决党内的思想矛盾，提高全党特别是党的高级干部运用马克思主义的水平，已经势在必行。

1941年5月，毛泽东在延安高级干部会议上做《改造我们的学习》的报告。随后，中共中央作出《关于增强党性的决定》和《关于调查研究的决定》，号召全体党员和干部开展调查研究，坚持实事求是的原则，遵守党的纪律，加强党的团结，从思想上、政治上、组织上克服各种不良倾向和作风。9月10日至10月22日，中共中央召开政治局扩大会议（九月会议），毛泽东在会上做了反对主观主义和宗派主义问题的主题报告，会议决定在高级干部中开展整风。

全党普遍整风是从1942年春开始的。2月上旬，毛泽东做《整顿党的作风》和《反对党八股》的报告，全面阐明整风的任务和方针。全党普遍整风运动的任务是反对主观主义、宗派主义、党八股，以树立马克思主义的作风；方针是"惩前毖后"和"治病救人"。6月8日，中央宣传部发出《关于在全党进行整顿三风学习运动指示》。延安的中央机关和陕甘宁边区政府等单位首先开始整风学习，各抗日根据地的党组织也先后开始进行整风学习。

1942年7月1日，聂荣臻在《晋察冀日报》上发表题为《全面开展整顿三风的学习与检查》的文章，指出："目前在晋察冀边区，必须全面开展整顿三风的学习与检查。这是我们纪念党的二十一周年的大的献礼。"从此，晋察冀边区的整风运动就有领导有计划地开展起来。

平郊根据地的党政军领导机关因领导反"扫荡"、反"蚕食"、反封锁的任务繁重，直到1943年初至1944年春，根据地得到恢复和巩固后，才逐步开展整风运动。1944年初，中共中央晋察冀分局作出《关于加强整风运动的决定》，要求县以上党委都要成立整风委员会，造成普遍深入整风的热潮。按照这一决定，平郊根据地部队团以上干部和地方县以上干部都参加了分局和军区举办的学习班，学习中共中央规定的文件，在提高认识的基础上，针对存在的对敌斗争的右倾情绪以及官僚主义、军阀主义、自由主义等，开展批评与自我批评，自觉检查思想，坦白错误，讲清历史。

在平西，1943年初，中共平西地委针对根据地、游击区、敌占区的不同情况，确定不同的整党方针和任务：根据地主要检查贯彻党的方针、政策；游击区主要检查对敌斗争工作；敌占区认真审查、整理、恢复日伪军严密控制区域外的党组织，配合锄奸反特及统一战线等工作进行。三类地区整党建党工作紧密配合，将党员的政治思想教育贯彻始终。

以昌宛房县为例。在整风运动中，该县首先进行试点。县委组织召开几个区干部参加的整风会议，取得经验，用以指导全县的整风运动。1944年7月1日，县委召开县、区两级干部大会。会上，县委领导以身作则，针对自身存在的不正确的思想作风进行深刻检查。在他们的带动下，与会干部纷纷上台进行坦白。随后，整风运动在全县党组织中掀起高潮。县委将普遍号召与深入细致的思想工作相结合，每个干部都写了自传和反省笔记。一些干部坦白交代政治动摇、不服从调动、闹宗派、不愿脱产、好面子喜奉承、闹地位、经济手续不清等问题。县委充分运用批评与自我批评的武器，严格遵循惩前毖后、治病救人的方针，对于干部中存在的一般性缺点错误，只要主动坦白，提高认识后，一律不予追究；对不处理不足以严肃党纪的个别人也进行了处理。

在平北，1943年5月，中共平北地委召开县、团领导干部联席会议，进行整风学习。会议肯定平北的绝大部分干部和党员的无产阶级立场是坚定的，对革命是忠诚的，在残酷斗争中经受了考验，成绩是主要的；对平北党内存在的某些错误思想也提出了批评，清理不正确的思想作风，明确党的组织的工作方向并制定具体措施。会后，中共平北地委改为地分委，受平西地委领导。

以昌延县为例。县委贯彻落实地分委加强党的思想建设的指示，举办党员、干部流动轮训班，轮训班随县委机关随时转移。经过轮训教育，绝大部分党员干部在激烈复杂的对敌斗争中发挥了先锋模范作用。

在冀东，这一时期的斗争十分艰苦，环境比较动荡，缺乏集中时间、集中人员进行整风的条件，除抽调少数干部到中共中央晋察冀分局参加整风训练班学习外，多数人员是根据分散流动的特点，边战斗，边工作，边学习文件，边检查反省思想。

在整风运动中，平郊各抗日根据地都十分重视党的组织建设和思想建设工作。经过整风学习，广大党员和干部受到了革命思想的洗礼，提高了马克思主义理论水平和阶级觉悟，增强了党政之间、党群之间、军民之间、官兵之间的团结，提高了党组织的战斗力，保证了党对根据地各项工作的领导。

加强抗日根据地的经济建设，是中国共产党领导抗日军民独立坚持长期敌后抗战的重要一环。没有根据地的经济建设，要支援抗日战争、改善人民生活和巩固抗日民主政权，都是不可能的。

1939年2月2日，中共中央在延安召开生产动员大会，毛泽东在会上发出"自己动手"的号召。1941年，为克服经济上的严重困难，中共中央再次强调走生产自救的道路。各抗日根据地的党政军学人员和人民群众响应号召，掀起大规模的生产运动。1943年10月1日，毛泽东在《开展根据地的减租、生产和拥政爱民运动》的党内指示中指出：党委、政府和军队，必须于今年秋冬准备好明年在全根据地内实行自己动手、克服困难的大规模生产运动。平郊抗日根据地党政军民响应中共中央的号召，开展大生产运动。

在平西，昌宛房县在县、区、村都成立生产委员会。县、区委及村支部委员都参加生产委员会，一些劳动英雄和具有丰富农业生产经验的人也加入生产委员会，形成党政共抓大生产的局面。为不违农时，各级生产委员会对春耕春播工作做了充分准备，解决种子、农具等各方面的困难。春播任务圆满完成后，又形成开荒、修滩、修渠热潮。针对敌情仍较严重的形势，民兵加强警戒和侦察工作，防止日伪军破坏扰乱，紧急情况下带上武器下地赶种、抢种。1944年，该县大生产取得可喜成绩，全县垦生荒5000余亩，可产粮4000余石，烧炭、拉煤、割荆条、编篓、刨药材、纺织等各类副业生产，也都创造了可观的收入。上半年，4个区的117座炭窑共出炭近10万斤，收入3.5万余元；齐家庄40天割荆条1500斤，收入5400元。

在平北，滦昌怀顺联合县县委提出"不荒一寸地""每人开荒一亩""每户养一猪""每人养一鸡"等口号。县政府机关人员1943年开荒种地，当年收谷子2000余斤。1944年全县继续开展大生产运动。两年大生产的成果，改善了军民的生活，促进了各项工作，增强了根据地对敌斗争的物质力量。

在冀东，平三蓟联合县县政府增设实业科，区政府增设实业助理。广大军民响应党和政府的号召，纷纷行动起来，投入大生产运动。在山区，军民们一手拿枪，一手拿镐，垦熟荒，开生荒；在平原，军民们平沟造田，修理滩地，同时还恢复发展了棉花种植和手工纺织业。

刘力生创作的诗歌《学习南泥湾》生动反映了平郊大生产的场景：

南沟大生产，开荒扎营盘。
谷深踏积雪，风高耐春寒。
鸡鸣三遍起，笑语山坡喧。
新月照东岭，收工人影繁。
镰下荆榛拔，锹挥土石翻。
薯豆冒雨秋，蒿草当午芟。
人人手重茧，天天汗渍衫。
不觉劳动苦，豪语伴笑颜。
今日荒野坡，明朝米粮山。
饭后炕头会，话题南泥湾。

通过大生产运动，不仅改善了平郊根据地军民的物质生活条件，减轻了人民负担，使干部战士的体力得到恢复，战斗士气更加饱满旺盛，而且增强了党政军民之间的亲密团结，发扬了自力更生、艰苦奋斗的革命传统，为扩大根据地，迎接大反攻，创造了物质条件。

四、发展文化教育事业

为适应抗日战争的迫切需要，中共中央提出要尽力广泛地争取知识分子参加民族解放战争，要求党的各级组织和部队大量吸收知识分子。1939年12月1日，中共中央专门作出《大量吸收知识分子》的决定，指出："在长期的和残酷的民族解放战争中，在建立新中国的伟大斗争中，共产党必须善于吸收知识分子，才能组织伟大的抗战力量，组织千百万农民群众，发展革命的文化运动和发展革命的统一战线。没有知识分子的参加，革命的胜利是不可能的。"①中央批评一些地区和部门在执行知识分子政策工作中的缺点和错误，要求全党同志注意大量吸收知识分子参加党领导的军队、学校和政府的工作，并把具备共产党员条件的人吸收入党。

平郊抗日根据地积极响应党中央号召。一批从平津转移出来的进步学生和从沦陷区流亡来的青年知识分子，为根据地文化教育事业的恢复和发展创造了有利的条件。大批爱国青年和知识分子的到来与他们的努力工作，使平郊抗日根据地的文化教育事业有了很大发展。

1940年8月，由中共中央北方分局书记彭真主持制定的《晋察冀边区施政纲领》中规定，在提高国民文化水准及民族觉悟的目标下，实行普及的免费教育，每个行政村设小学；开展民众识字运动和文化娱乐工作，定期逐步扫除文盲；分配一切抗日知识分子以适当工作，提高小学教员的业务水平和生活待遇等等。

平郊抗日根据地党组织和政府，为贯彻分局要求，在政府建立教育行政系统，县、区、村都有管教育的机构或人员。在平西，昌宛县政府成立教育科，首先恢复停办的学校，并提倡招收女生，实行男女同校制，很快实现村村办小学，学生入学率达80%以上。为提高教育质量，县政府还举办教师培训班，两期培训小学教师150多人。在平西，"三十岁以下的妇女都上识字班，普遍都认识二百左右的字，有些妇女转入高小、青年妇女都会唱几十个歌子、踊跃参加娱乐晚会"。经过两年的发展，"原来平西的青年中90%以上是文盲。两年后的今天，文盲已消除30%了。有九千青年参加夜校，平均每个青年认识三十个字，会唱二十个歌子"。②在平北，密云县河西地区在1940年也普遍开展扫盲运动，办了大批识字班。在冀东，冀热边特委把办

---

① 《建党以来重要文献选编》（第16册），中央文献出版社2011年版，第762页。
② 《平西的民众生活》（1942年2月26日），中共北京市委党史研究室编：《北京地区抗日运动史料汇编》（第六辑），北京燕山出版社2001年版，第411—412页。

好报纸提高到非常重要的地位。报纸对象规定为村级干部及农村知识分子，文字要通俗。而且报纸工作中各级所注意的重点是不相同的：特委及地区委应该着重于报纸的编辑、印刷、发行；县委主要去组织通讯工作，以便将斗争情形活现于报纸上；区与支部主要领导读报工作。

在战斗、生产之余，群众文化活动也逐步开展。抗敌剧团到各处演出，扭秧歌、霸王鞭等群众性歌舞深受欢迎。《救亡进行曲》《义勇军进行曲》《"九一八"小调》《五月的鲜花》等抗日救亡歌曲流传极广。昌宛县委宣传部还组织演出过古装话剧《卧薪尝胆》。多种形式的文化活动，既活跃了群众文化生活，又宣传团结抗日思想，鼓舞了军民斗志。

第三节　情报工作和秘密交通线

一、工作重心由城市转向农村

1937年8月22日至25日，中共中央在陕北洛川召开政治局扩大会议，通过在敌人后方放手发动群众，开展独立自主的游击战争，配合正面战场，开辟敌后战场，建立抗日根据地的行动方针。[1]9月25日，毛泽东电告北方局刘少奇、杨尚昆、朱瑞："整个华北工作，应以游击战争为唯一方向。一切工作，例如民运、统一战线等等，应环绕于游击战争。"[2]随后，中共中央北方局按照党中央的统一部署和北平已处于沦陷区的实际情况，迅速作出安排，明确提出："党在平津的组织转入长期的秘密工作，应利用一切合法的可能保存与积聚力量，以等待和准备将来反攻时期收复平津。目前的主要任务是援助平津附近乡村中的抗日游击战争，城市工作服从乡村工作，干部人员除必须留在平津者外，应退到乡村组织游击队。"[3]这就在思想上、组织上、工作上，实现了工作重心由城市转向农村。

组织大批城市地下党员和党的积极分子转移到农村工作，既有效地保存了革命力量，又为开展抗日游击战争输送了大批骨干。撤离北平的共产党员、民先队员和进步青年一部分转移到北平郊区发动群众，组织群众，武装保卫家乡，抗日救国，大部分或直接撤往太原，或经保定、济南转向太原，由北方局重新分配工作；另有大量南方学生自行南下后，或在本地开展救亡运动，或复校复学；一部分学联骨干、民先队员集中在南京。据不完全统计，从1937年9月到1938年3

---

[1]　中共中央党史研究室：《中国共产党是全民族抗战的中流砥柱》，《人民日报》2014年9月3日第14版。

[2]　《建党以来重要文献选编》（第14册），中央文献出版社2011年版，第538页。

[3]　《建党以来重要文献选编》（第20册），中央文献出版社2011年版，第242—243页。

月，北平地下党组织仅通过民先队介绍到各地参加抗日游击战争的进步青年就达7000余人。

1940年后，随着抗日形势的发展，需要依靠农村打入城市，加强敌占大城市的工作，使城市斗争更好地配合根据地的斗争，为将来反攻做准备。1940年7月底至8月上旬，中共中央政治局召开会议，研究了城市工作。毛泽东在会上做长篇发言，强调中央今后注意力，第一是国民党统治区域，第二是敌后城市，第三是我们的战区。①随后，中共中央发布一系列文件，对加强沦陷区城市工作作出新的部署。

1940年9月18日，中央书记处发出《关于开展敌后大城市工作的通知》，详细阐述开展敌后大城市工作的重要性，具体部署党在沦陷区城市的工作。通知指出："伟大的抗日力量广泛的统一战线的基础，同样是潜伏在敌后各大城市之中。""全党同志应把开展敌后大城市工作，视为党的最重要的任务，认识抗日战争没有长期艰苦的城市工作的配合，最后的胜利是不可能的。""在全国党面前提出消灭共产党与敌后大城市的隔离，特别是与大工业区广大工人群众隔离的现象，各地党特别是临近敌后大城市的党与军队，应彻底纠正忽视与放弃敌后城市的错误，把这一工作视为是自己全部工作不可分离的严重任务。"②中央决定成立由周恩来负总责的敌后工作委员会，领导和推动各个敌后城市工作，要求中央局、中央分局亦应成立城市工作委员会，确定平西作为全国进行大城市工作的14个据点之一。对沦陷区城市工作，中央反复强调要继续贯彻"荫蔽精干、长期埋伏、积蓄力量、以待时机"③的政策。

1941年1月，中共中央晋察冀分局召开常委会议。会议根据中央以各根据地为据点开辟敌后大城市工作的指示，决定设立城市工作委

---

① 《毛泽东年谱（1893—1949）》中卷（修订本），中央文献出版社2013年版，第201页。

② 《建党以来重要文献选编》（第17册），中央文献出版社2011年版，第540页。

③ 《毛泽东选集》（第二卷），人民出版社1991年版，第763页。

员会(简称"城工委", 1944年改称城市工作部, 简称"城工部"),
聂荣臻为书记, 刘慎之为副书记, 刘仁为委员。城工委对外保密, 配
备少数精干人员, 专门从事城市工作。

中共中央晋察冀分局城工委成立后接收平津敌占区地下党组织
关系。1941年4月, 北平地下党组织只有5个支部32个党员, 多半是
1937年以前留下的, 横的关系很多, 而且在领导干部的能力、秘密
工作水平、党员的坚定性方面也都存在一定问题。为此, 城工委决定
一方面对所属组织传达贯彻中央的城市工作方针, 进行组织上的整
顿; 一方面抓干部训练、派遣干部和建立交通等工作。在整顿中, 改
变城内党的组织形式和工作方式, 确定在北平城内不再建立统一的党
的领导机关, 而把领导机关设在根据地, 对城市党的工作实行"异地
领导"; 城内地下党组织则采取"多头单线"的组织形式, 各条线平
行, 一律不发生横的关系, 而直接由分局城工委领导掌握; 各条线所
属基层组织、党员、干部间一律不发生横的关系; 党的情报工作与敌
工、情报等工作严格分开。

经过整顿, 北平城内地下党组织的人数大大减少了, 除一部分撤
回根据地外, 只剩下少数党员坚持工作。但由于消除了危险因素, 党
员质量提高了, 城内地下党组织得到巩固。留在城内的地下党员, 除
个别单线联系的外, 分编成两个支部。北大党支部由宋汝棼任书记,
混合党支部由薛成业任书记。中共中央晋察冀分局城工委派张大中
联系这些党员。正是由于采取了这些措施, 在1942年以后的时间里,
尽管日伪统治越来越残酷, 但北平城内城工委系统的地下组织没有再
受到大的损失。

二、根据地派干部加强城市工作

为加强北平地下党的力量, 从1942年到1943年初, 中共中央晋
察冀分局城工委从根据地抽调干部派入北平。派入的多数是根据地的
区一级干部, 少数是县级干部。派入之前, 都经过严格审查和短期训

练：学习党的城市工作方针、政策；学习秘密工作包括应付敌人的有关知识，特别着重气节教育；学习隐蔽政策，首要一条是要求在敌占城市取得合法身份，站稳脚跟和扎根于群众之中，做团结争取群众的工作。城工委先后派到北平做学校和上层统战工作的有王若君、崔月犁、项子明、曾平等；做铁路系统工作的有郑诚、张在宽、于翔龙等；做工人工作的有吴国栋、纪占标等。他们直接受中共中央晋察冀分局城工委领导。

王若君被派回北平后，首先利用家族关系，逐步扩大接触面。1942年6月间，王若君去看望病重的堂叔王菊如，言语中发现他对时局很关心，但对前途极为悲观。王若君开导堂叔：中国不会就此沦亡，经过持久抗战，时局会向好的方向转化。7月，堂叔临终前对其女儿王岫说："你若君大姐理想很高啊。"王岫当时为生计所迫在日本人开办的神港洋行所属造酒厂门市部当记账员，她随后写信给王若君，要求参加抗日斗争。趁王岫上班时，王若君到她家翻阅了她的日记和书籍，发觉她要求变革现实，向往革命，比较可靠。于是王若君留下一张纸条，约定星期天见面。见面后，王若君由浅入深地向王岫宣传共产党的主张和根据地的情况。王岫当即表示，要去根据地。王若君接着说，沦陷区的工作是配合根据地斗争的，也很重要，并要求王岫注意团结自己周围的进步同学，在本家姐妹中做些工作。由此，工作局面初步打开。

之后，王若君在女师大、北大医学院等大中学校的学生中，以及在燕京造纸厂、景山织袜厂、前门布店等部门的工人、职员中，团结教育数十名进步青年，将其中的11人发展入党，并陆续向根据地输送了60多名大中学校学生。在北平期间，为掩护工作，王若君曾在专为日本人开设的豆酱店当过记账员，在地安门东街小学代过课，在日本人办的中兴煤矿附属小学任过教，从未暴露过身份。

崔月犁被派到北平后，先后发展党员11名，可分为3个方面：一是医务工作者。通过晋察冀边区政府农业局局长陈凤桐之女陈菊仙认识了北池子东华门医院的护士潘焕凤，并最终发展其入党。毕业于南满医科大学的郑剑庵，掩护崔月犁在他负责的骑河楼中西医院工作和居住，1944年崔月犁发展他入党。二是在学生中发展。崔月犁先发展女二中学生郑汝慧入党，又经过郑汝慧认识了她的同学王蕴学、王用琴、徐秀英、于志嘉和王用淑，并先后发展她们入党。此外，1945年夏天还发展北大医学院的王光和入党，并团结辅仁大学的王光美。三是在伪组织中发展。发展伪新民会中的张德吾、伪治安军少校王用孚入党。张德吾、王用孚利用伪职身份，从根据地往北平运送《新民主主义论》《论联合政府》《晋察冀画报》等秘密宣传材料。

1943年秋，中共中央晋察冀分局在华北联合大学成立专门为城市工作培养干部的训练班——"政治班"，对准备派回城市工作的青年进行较长时间的培训，从中发展党员，选拔适合做城市工作的人员派往北平等地。华北联大教务长狄子才领导政治班，俞林、林子明先后任班主任，傅秀、王若君先后任党支部书记。学员总计有100多人。经过训练，1944年中共中央晋察冀分局城工部成立后重新派回北平的有四五十人。这些人长期生活学习在敌占区，对情况比较熟悉，周围有亲戚朋友可以开展工作，便于入学或取得其他职业掩护。除指定的组织关系外，他们彼此之间也不发生横的关系。刘仁对这项工作十分重视，亲自了解每一个人的情况，几乎同每一个人都谈过话。

与此同时，八路军总部，中共中央北方局，冀中、冀察、冀鲁豫等根据地的城工委，也派遣一些同志到北平工作。八路军总部派遣刘新进入北平。刘新在北平发展组织，建立8个支部，分布在北大工学院、北大法学院、北大理学院、中国大学及部分中学，并在商界和敌伪机关中建立商人支部、机关支部。北方局派张文松、黄甘英、张洁珣进入北平，开展上层统战工作，发展党的组织。各系统派入北平的地下工作者，相互之间没有横的组织关系，由各系统领导独立开展工作。这些同志的派入，给北平地下工作的开展增加了骨干力量。

三、设立秘密交通线

从1941年春开始，日军在华北全面推行"治安强化"运动，企图隔绝敌后各抗日根据地之间的联系。为打破敌人的封锁，沟通和保持根据地与沦陷区大中城市和交通要道地区的联系，各抗日根据地加强了秘密交通线工作。中共中央晋察冀分局城工委曾经得出这样的结论："上下级的交通是城市党的血管。"秘密交通线的重要性由此可见一斑。为保持北平城内与平郊抗日根据地之间以及平郊各抗日根据地之间的联系，中共冀热察区委和中共中央晋察冀分局先后选派机智勇敢、政治可靠的干部，组建严密的党内秘密交通网络。地下交通线在护送来往人员、传递指示和情报、运送物资等工作中，作出重要贡献。

早在1939年初，为沟通根据地与平津地下党的联系，冀热察区委就在平西根据地与平津之间设立4条秘密交通线：一条是北平—妙峰山—田家庄；一条是北平—镇边城；一条是天津—北平—松林店—张坊—平西；还有一条是北平—三家店—平西。在妙峰山、田家庄、镇边城、松林店、张坊、三家店等处，都设立秘密交通站或交通点，配备胜任工作的脱产或不脱产的交通员。通过这4条交通线，平西根据地向平津唐派遣一些干部，传递党关于城市工作的指示；平津党组织向根据地输送一批干部和青年学生。平津的一些国际友人和外籍教授也经平西交通线转赴晋察冀根据地。交通线还负责运送平津地下党筹集的电信器材、医药、布匹、食盐等紧缺物资。交通员在护送过程中，依靠当地抗日力量，避开日军盘查，使人员和物资安全抵达目的地。

从事秘密工作，会经常遭遇突发危险，因此对交通员的要求很高。各站的交通员一般都是经过党组织严格挑选的，具有政治可靠、情况熟悉、反应机敏、身体健壮、吃苦耐劳、严守秘密等优秀品质。

围绕秘密交通线工作的大致是三部分人：（1）专职的秘密交通员，他们是不脱产的农民；（2）武装交通员，他们是脱产干部，配备

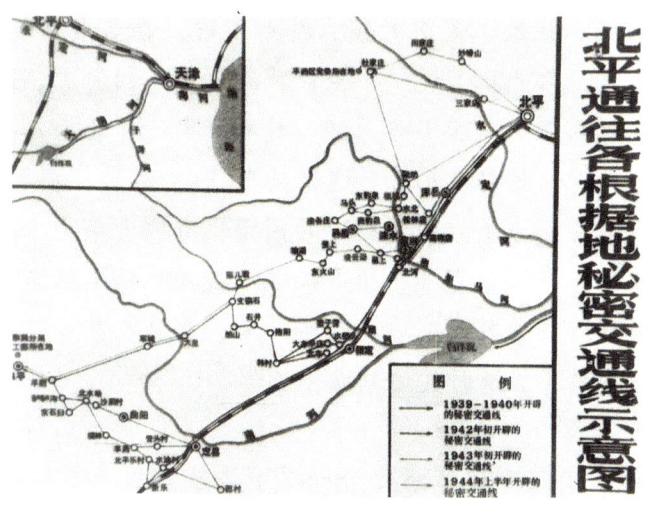

秘密交通线示意图

枪支、手榴弹；（3）农民交通员，他们不脱产也不是专职，只是根据具体情况完成一些具体任务。

这些秘密交通员处于日伪、特务的严密监视下。为了确保秘密交通线的安全，建立一套严格的联络方式，接通上下级之间的联系，许多人甚至为此付出了生命。

据当年参加北平地下党工作的张大中回忆：

当时，从北平通往根据地的秘密交通线主要是经过妙峰山。走这条交通线，从北平出西直门后，要经过青龙桥、西北旺两个敌人的检查岗哨，到前沙涧一带村庄才能和秘密交通员接头。这里是敌占区，交通员是农村的秘密党员和抗日群众。过路的同志白天隐蔽在交通员家里，夜里由交通员带路，穿过妙峰山的封锁线，进入山区，到达交通站。这里仍然是半游击区，敌人经常"扫荡"，从这里还要再穿过大村、永定河、斋堂沟三条封锁线，才能到达比较巩固的平西抗日根据地——房山县和涞水县的西部山区……那时所有公路都有敌人日夜巡逻，严密控制，来往的同志只能在夜里通过封锁线。穿过永定河封锁点特别困难：在春季冰融以后，没有船只，只能拉上绳子，坐笆箩渡过湍急的河流。过了封锁线，也只能走山区小路，翻山越岭。因此，北平与平西根据地之间走一趟要十几天。遇上敌人"扫荡"，还要打游击，时间更没有保障了。由于交通的困难，有些青年去根据地的路上被敌人逮捕；有些在北平被敌人搜捕的同志不能及时转移到根据地去，只能在城内隐藏起来；更使人焦心的是，上级党的指示不能及时传达到北平。①

1941年，中共中央晋察冀分局城工委成立后，单靠平西交通线与平津地下党联系已不能适应工作的需要。这些交通线，距离日伪军在华北的军政中心北平很近，敌人统治严密，使用起来往往容易出事，很危险；从平西到中共中央晋察冀分局驻地，路途遥远，山路崎岖，中途要翻越妙峰山、百花山、丹赤岭、农才岭、紫荆关、道马关，涉过永定河、拒马河、唐河、沙河，行程700余里，中途要通过5条日军封锁线，困难多，危险大；城工委系统与其他系统并用平西交通线，容易发生横的关系，不利于保密。因此，开辟新的秘密城市工作交通线十分必要。从1942年起，中共中央晋察冀分局城工委抽调干部，以平汉路为主干，陆续在河北省的曲阳、满城、定兴、白洋淀等地建立新的秘密交通线。这些交通线，像人体上的大动脉，把平津地下党的工作联系了起来。

一是曲阳交通线。这条交通线是刘仁于1942年初派周铭、崔振华建立起来的，主要负责接送从定县、寨西店和新乐火车站下车的人员。交通站设在曲阳县东臼村。1942年秋日军"扫荡"之后，西迁至辘轳沟接近晋察冀根据地处。

交通站的公开名义是聚瑞恒贸易货栈，以做买卖为掩护。货栈主

---

① 周进、常颖、冯雪利、乔克编著：《地火燃九城——抗战时期中共北平地下斗争》，北京联合出版公司2015年版，第81页。

要经营花椒、黄芩、麻、食盐、布匹、西药等货物。站内设有专门做生意的人员，与曲阳县城、定兴县城、北平、天津都有贸易往来。平津城内通过交通线的人员，常化装成商人模样，公开从定县县城和曲阳县城转至辘轳沟，再到阜平。交通人员的出色工作，保障了过往人员的安全和交通线的畅通。

二是满城交通线。1942年春，中共中央晋察冀分局城工委派张一峰、张大中等开辟平津—保定—阜平秘密交通线。他们两人首先在满城县委驻地东赵庄建立交通站，又在保定近郊的蛮子营村选定秘密交通员，并以交通员的家庭为秘密联络站。其主要线路为保定—蛮子营—西柏山—支锅石—阜平。

这一带虽然是敌占区，碉堡林立，但是靠近晋察冀根据地，游击队可以夜里活动，村公所是两面政权，党的工作基础比较好。这样，从北平抗日根据地来的同志，在保定下火车后，就可以同秘密交通员按照约定的暗号接头，由交通员带路，通过日伪军的一道检查岗哨，到达秘密联络站。夜里，再由八路军或游击队护送，向西行三四十里，穿过一道封锁线，进入巩固的晋察冀抗日根据地。北平地下党派党员安捷为秘密交通员，她"常常来往于北平与保定城西蛮子营村两地之间，把一些革命同志输送到抗日根据地去"。①

1942年底到1943年上半年，先后有20余名北平地下党员通过这条交通线回根据地接受城市工作训练，后又被派回平津唐从事地下工作。这条交通线还在当地八路军的配合下，由武装交通员接送了平津一些上层知名人士到根据地，参加晋察冀边区参议会。当日本侵略者还在鼓吹他们在"华北堡垒已新筑成7700余个，遮断壕也修成11860公里之长"的时候，城工委却突破敌人的封锁，打通了根据地与北平的联系。

三是定兴交通线。1943年初，刘仁派李捷到定兴县、易县、涞

---

① 安捷：《我的秘密交通员工作》，中共北京市委党史研究室编：《北京革命史回忆录》（第三辑），北京出版社1991年版，第132页。

水县地区，开辟定易涞秘密交通线。李捷在当地县委的帮助下，利用工作关系，分头联络，先后在易县的梁各庄，东柳泵村，马头村，东、西豹泉村；定兴县的东栅上村、易上村；涞水县的板城、水北等处建立秘密交通点。

6月间，定易涞交通站在定兴县易上村成立。易上站主要负责接送北平—张坊—板城—马头—梁各庄—易县—易上以及平津—高碑店—定兴—北河火车站—东栅上—易上这条线的过往人员，再由交通员护送进入根据地。定易涞交通站还派出人员，在北平城内的前门东河沿董记梳子铺、新街口煤铺、鼓楼洋车店等处设立秘密交通点或城内交通点，建立联系。

四是白洋淀交通线。1944年上半年，刘仁派周铭在白洋淀建立冀中工作组，兼负向平津派遣干部的任务。周铭等开辟了以大清河为主要干线的北平、天津至白洋淀的水路交通线和陆路交通线。大清河上有根据地地下党组织掌握的船只和船工，为便于运输物资和宣传品，船工将船底改装成夹层，物资就藏在夹层里，敌人不易发现。另外，又在望都县的黑龙口建立了交通点。从北平来的人，在望都车站下车，然后到黑龙口，再由交通员送往白洋淀。

此外，在1945年1月，中共平西地委加强通往北平城的秘密交通线工作，将妙峰山到北平的交通线辟为3条：一条是妙峰山—温泉—颐和园—西直门，一条是妙峰山—陇各庄—三家店—西直门，一条是妙峰山—羊坊—沙河—西直门。交通员根据过往人员的不同身份或装扮安排他们分走不同的路线。青年学生多走温泉线，农民装扮的多走陇各庄线。在这3条交通线上，有9名当地不脱产的交通员。交通站设在妙峰山的灵光殿。

1945年8月15日，日本宣布投降。8月18日，刘仁率中共中央晋察冀分局城工部机关人员从阜平向平西转移，并组成中共北平市委，准备接收北平。至此上述交通站的工作基本结束，各站的交通员陆续集中到平西。活跃在交通线上的交通员，他们大多出身于贫苦的农民家庭，对日本侵略者无比仇恨，对党的事业无限忠诚。他们吃苦耐劳，在护送来往人员的行程中，默默无闻地承担着安排住宿、烧水做饭、警戒放哨、搬扛行李、赶喂牲口等工作；遇到有家眷的人员，还要照顾老人、妇女和儿童。他们个个都具有侦察员、管理员、勤务员、警卫员、通讯员、饲养员、战斗员的本领。

抗日战争时期，由于秘密交通线的开辟和交通员的出色工作，不仅冲破了日伪对根据地的封锁，而且使城市工作更好地以根据地为依托，保证了北平地下工作的顺利开展。

第五章

不畏强暴：挺起不屈的脊梁

日本侵略者肆意杀戮、疯狂掠夺、奴役毒害百姓，给北平这座城市带来了深重的灾难。但北平是一个具有光荣革命和爱国传统的城市，北平人民没有屈服。全民族抗战爆发后，英雄的北平军民同日本侵略者进行了不屈不挠的斗争：有的血染疆场，壮烈牺牲；有的踊跃参军，支援抗战；有的坚守气节，不事敌伪；有的忍辱负重，毙敌无形。白乙化、包森、邓玉芬、陈垣、齐白石、程砚秋、黄浩、王若君、刘新……一个个同日军顽强斗争的英雄人物，挺起了北平抗战不屈的脊梁。

第一节　兵民是胜利之本

一、血沃幽燕

燕赵大地，自古多慷慨悲歌之士。面对日本军国主义的野蛮侵略，这里的人民同仇敌忾、共赴国难，铁骨铮铮、视死如归，奏响了气壮山河的英雄凯歌。白乙化、包森、老帽山六壮士、刘恭、王波、晋耀臣、金崇山、安玉阁、连维江等众多英雄人物，就是中国人民不畏强暴、以身殉国的杰出代表。正所谓"诚既勇兮又以武，终刚强兮不可凌。身既死兮神以灵，魂魄毅兮为鬼雄"。

传奇"小白龙"。 九一八事变爆发后，在北平的中国大学，一个青年学生正拿着一份退学抗战申请向校长申诉。校长透过厚厚的镜片观察着面前这个高大、白净的小伙子，说："你还是学生，手无寸铁，你的主要任务应该是读书。"年轻人非常激动，说："大敌当前，还能有心求学吗？国家兴亡，匹夫有责。吾当先去杀敌，再来求学，如能战死在抗日杀敌的战场上，余愿得偿矣！"这位年轻人就是人称"小白龙"的白乙化。[①]

白乙化

1937年全民族抗战爆发后，白乙化组织垦区暴动，指挥暴动出来的学生武装，渡黄河、穿沙漠、战

---

① 白乙化（1911—1941），字野鹤，满族，辽宁辽阳人。1929年考入中国大学，1930年加入中国共产党。1932年5月在家乡组建平东洋抗日义勇军。1935年参加一二·九运动。1939年任华北抗日联军副司令员，年底任冀热察挺进军第10团团长。1941年2月4日，在指挥密云马营战斗中不幸牺牲。

雁北，东进抗日。他曾对战士说："大家今天要抗日，明天要抗日，抗日终于来到了，我们决不能动摇，决不能迟疑。"他率领抗日先锋队与日军展开激战。1939年，抗日先锋队来到平西，与冀东抗联（冀东大暴动部分人员组编）会合，在萧克亲自指导下合编成华北抗日联军，白乙化任副司令员。当看到生活在侵略者铁蹄下的北平人民的苦难生活，他怒火中烧，热血沸腾，奋笔写下"余愿得偿矣，杀敌在今朝"。随后，他率领队伍在楼儿岭吃掉日军一个大队，打出了中国人的志气和威风。经过两日血战，300多名日军被歼灭，大岛大队长当场丧命，奥村中队长等3名军官逃进一座山神庙，无路可走，集体上吊自杀。

1939年11月，冀热察党委和挺进军政治委员会提出"巩固平西，坚持冀东，开辟平北"的战略方针，华北抗日联军改编为挺进军第10团，白乙化任团长。在这个团里，有70多名大学生干部。因此，萧克曾经把第10团形象地称为"知识分子团"。

1940年春，第10团奔赴平北，开辟丰滦密敌后根据地。第10团战士在白乙化的带领下，在平北取得辉煌战绩。5月，第10团分3路越过居庸关，在攻克琉璃庙据点后，胜利会师于密云赶河厂。6月，第10团以密云西部的水川地区为中心，建立根据地，并在这个日伪所谓模范统治区正式成立丰滦密联合县政府。8月，第10团频繁出击，多次切断平古路，为百团大战的胜利作出重要贡献。9月至11月，日伪军出动4000余人"铁壁合围"，对丰滦密地区进行78天的大"扫荡"，妄图一口吃掉第10团。第10团在人民群众的支持下，机动灵活地开展游击战。经过连续37次战斗，终于彻底粉碎大"扫荡"，并在长城以北开辟新的根据地。12月，第10团乘胜追击，一举歼灭日军的"常胜部队"铃木大队。

丰滦密人民亲眼看到第10团是一支打不垮、赶不走的坚强队伍，抗日信心倍增，更把白乙化看成是传奇式的英雄，他的事迹被编成故事到处流传。1941年1月，白乙化和战友去密云龙泉寺，住持老僧久闻白乙化大名，一直无缘相见。当得知这位战士装束的魁梧军人就是

"小白龙"时，他一定要当年的"白才子"题诗留念。白乙化饱蘸浓墨，笔走龙蛇，赋五律一首：

> 古刹映清流，松涛动夙愁。
> 原无极乐国，今古为诛仇。
> 闲话兴亡事，要得世外游。
> 燕山狂胡虏，壮士志增羞。

诗以明志，白乙化借这首诗表达誓把日本侵略者早日赶出中国的迫切心情。

1941年春节前夕，白乙化在马营会议上提出"把丰滦密根据地进一步向伪满统治区扩展，将武装斗争提高到一个新阶段"，并做了战略部署，要求提高警惕，严防春节期间敌人偷袭。不出所料，2月4日，日伪"讨伐队"前来偷袭，战斗在马营西北的降蓬山上展开。白乙化布下口袋阵，准备全歼敌人。狡猾的敌人从侧面插了过来，与一营迎面相遇，白乙化站在前沿阵地上，手执令旗进行指挥，警卫员害怕发生意外，硬拉他趴了下来。敌人很快被击溃。为消灭躲在长城楼子里负隅顽抗的残敌，白乙化再次跃上大青石，挥动令旗，高声命令一营长："王亢，冲锋！"就在这时，一颗子弹飞来，击中他的头部，白乙化牺牲了，时年仅30岁。

白乙化牺牲后，丰滦密游击大队教导员刘力生挥泪赋诗《哭白团长》：

> 名将星沉冀北踪，降蓬山下夕阳红。
> 兵挥白马身先死，旗指黄龙志未终。
> 血泪家乡十年隔，风云事业一生匆。
> 长河若解英雄恨，滚滚奔涛怒向东！

八路军冀热察挺进军发表《告全军同志书》说："同志们，我们挺进军中有为的、英勇善战的白乙化同志，不幸在二月四日平北马营战斗中，光荣地壮烈地牺牲了。这不但是八路军挺进军的损失，而且是中国共产党和中华民族的一个很大的损失。因为损失了一位有着丰富军事经验的优秀指挥员，损失了一位有着长期斗争历史的坚强的党的干部，损失了一位曾为民族独立而不屈不挠、艰苦奋斗的中华民族的英雄。"1944年5月，丰滦密联合县和冀东第五地区队，为白乙化烈士建立镌刻着"民族英雄"4个大字的纪念碑。1984年，密云县人民政府重建白乙化烈士纪念碑，萧克手书碑文：血沃幽燕，名垂千古。

战友们凭吊白乙化

智勇"包司令"。包森[1]作战勇敢、战功赫赫。原冀东军分区司

---

[1] 包森（1911—1942），原名赵宝森，又名赵寒，陕西蒲城人。1932年2月加入中国共产党。1939年秋，任八路军冀东军分区副司令员兼13团团长。1942年2月17日，在遵化野瓠山牺牲。

令员李运昌说他是"冀东'打天下'的";冀东百姓也亲切地称他为"包队长""包团长""包司令";日伪军惧怕他，常以"出门打仗碰上老包"为咒语，就连时任侵华日军华北方面军司令官冈村宁次也哀叹"到冀东如入苦海"。

包森骑着白草洼战斗中缴获的日军战马留影

1937年3月，包森到延安抗日军政大学学习，全民族抗战爆发后被派往晋察冀抗日根据地独立1师工作，任33大队总支部书记。1938年7月底，八路军第4纵队（由宋时轮支队和邓华支队合编的部队）主力即将入长城，包森奉命率一个连40多人留在兴隆县河川一带活动。仅两个月时间，包森所部就扩大到200多人，开辟兴隆东南、遵化东北游击区。10月，八路军第4纵队撤向平西整训，留下八路军3个支队在冀东坚持活动，包森部为2支队。在一年多艰苦卓绝的斗争中，包森率领2支队英勇作战数十次，共歼日伪军数百人，缴枪数百支，使部队和游击区日益扩大，战绩为全冀东之冠，其中以活捉宪兵队队长赤本最为有名。

1939年秋，包森被任命为晋察冀军区冀东军分区副司令员。1940年2月，他率部到达盘山，全力开辟盘山抗日根据地。6月下旬设伏白草洼，与日军激战14个小时，围歼号称"常胜军"的关东军武岛骑兵队70多人。除了一名日军开战前跑回县城报信逃脱、一名日军受伤装死逃过一劫外，其他全部被消灭。1991年2月，当年白草洼战斗中的"漏网之鱼"冢月正南专程来到盘山烈士纪念馆拜谒包森，敬送花圈并亲手书写了一副挽联：

惊弓之鸟漏网之鱼
不死之人拜谒包森

1941年春，包森率部参加反"治安强化"运动。1941年秋，冀东军分区开展打击伪治安军的作战行动后，包森多谋善断、英勇果敢，指挥部队打了一个又一个漂亮仗。其中以1942年1月燕山口内果河沿一役最为有名，包森以7个连兵力，毙俘敌伪中佐以下官兵近千人，创造以少胜多、以弱胜强的奇迹。此战历时16个小时，全歼伪治安军第4团，毙俘敌军千余人，缴获山炮2门、迫击炮4门、轻重机枪26挺、长短枪700余支、弹药10余万发，以及其他大量军用物资。这个胜利不仅在冀东是空前的，在国内战场上也是少见的。晋察冀军区接到战报，大喜之下唯恐失实，令重查再报。然而经核实再报，战果与原电无误，方确信无疑。日军27师团长官铃木启久少将对此战果都感到奇怪："不知怎么八路军忽然有这样大的力量，把治安军打得溃不成军！"果河沿大捷严重挫败了日伪军"以华治华"的政策。

1942年2月17日，包森率部在遵化野狐山同日伪军相遇。在战斗中，当他上北山用望远镜观察敌情时，被敌人狙击手冷枪射中胸部。包森自知伤重，为稳定军心，他镇定地说："我负伤了，队伍由一营长指挥。"当警卫员背着他行至战场东侧小山时，这位威震敌胆的抗日民族英雄已经停止呼吸，壮烈殉国，年仅31岁。

1942年3月17日，延安《解放日报》头版为包森撰写社论，称赞道："他的赫赫战功与英雄精神将永远留在人民的记忆中！"日伪报刊也以"包森司令长官战死"为题，报道他牺牲的消息，文章中罕见地去掉了污蔑之词。

1982年，在包森殉国40周年时，天津电影制片厂拍摄了故事片《剑吼长城东》，生动反映了传奇英雄包森可歌可泣的壮丽人生。

老帽山六壮士。这是一个同狼牙山五壮士同样悲壮的抗日英雄故事。1943年，日伪军加紧对平西抗日根据地的"扫荡"。一天早晨，日伪马队接近马安村，为了给中共房涞涿联合县县委、县政府和群众的转移赢得更多的时间，八路军某部一个排奉命赶到老帽山下一座临河滩的小山头阻击敌人。

老帽山是北京房山十渡村和马安村之间的一座陡峭的山峰。八路军战士凭险据守，紧扼住河谷中的主要通道，直到预定的阻击任务完成了，才开始撤退。就在这时，背后突然响起激烈的枪声，好几个战士应声倒下。原来，敌人在汉奸的带领下，已从背后包抄上来。三面受敌，战士们无所畏惧，殊死搏斗，子弹打光了就用石头砸，日军的进攻一次次被打退，山坡上留下了一片敌人的尸体。而我们的战士也一个个相继倒下，最后阵地上只剩下6名战士……大批敌人又蜂拥上来，被逼到悬崖边的战士们肩并肩手挽手，像一座威严的群雕，傲然屹立在老帽山顶。就在日军扑上来的一刹那，战士们抱枪纵身跳下悬崖。其中一名战士跳崖后挂在半山腰，他又挣扎着第二次跳了下去。

敌人走后，民兵在山下找到血肉模糊的6位烈士遗体后，将他们就近安葬在老帽山下。没有人知道老帽山六壮士的姓名，但他们有共同的名字，那就是：八路军战士、抗日英雄。

铮铮铁骨数刘恭。刘恭[①]曾担任宛平五区粮秣助理。为不泄露机密，他果断地把携带的筹粮、供粮计划塞进嘴里。被捕后，日军的皮鞭抽、坐电椅、坐老虎凳、烙铁烙、针刺五指、灌辣椒水等酷刑，折磨得他死去活来不知多少次。但只要苏醒过来，他就对敌人大喊："宁可站着死，也不跪着生！"

刘恭主管公粮、公款，但在运粮途中却常常饿着肚子，或用黑豆面和树叶做成的窝窝头充饥。1941年1月的一个深夜，正在开会的刘恭被敌人逮捕，3月5日，刘恭被押赴刑场。日军放出两只狼狗咆哮着向刘恭扑来，刘恭面无惧色，虎眼圆睁，凛然一吼，两只畜生蜷缩着身子悻悻逃回。敌人又放出4只！刘恭一面叫骂，一面用脚猛踢。灭绝人性的日军又让10只狼狗从四面一齐扑向刘恭……

刘恭仍然大骂不绝，并大声高呼："乡亲们，抬起头来，不要伤心，苦日子就要过去，日本鬼子快要完了！乡亲们，拿起枪杆子，参

---

① 刘恭（1911—1941），北京门头沟军响村人。1938年加入中国共产党，担任宛平五区粮秣助理。1941年被日军杀害，年仅30岁。

加抗日，胜利一定是我们的！"铮铮铁骨的共产党员刘恭英勇就义了，年仅30岁。正所谓：铁骨人民颂，刘恭真英雄，浩气破敌胆，青史留芳名。为纪念这位顶天立地的抗日英雄，1946年宛平县人民政府将他的英名刻在"宛平县人民八年抗战为国牺牲烈士纪念碑"上。

八路军中"高尔基"。因长于文学，知识渊博，人送王波①绰号"高尔基"。战士评价他："平时像个文弱书生，打起仗来不输猛龙。"1941年2月4日，当他的亲密战友白乙化牺牲的消息传来，王波在悼文《我们没有眼泪》中写道："为革命，乙化同志流了血，牺牲了自己的生命。我们除了开会来追悼他，纪念他，而要紧的是学习他！尤其是要学习他那种英勇的牺牲精神。没有那种牺牲精神，日本鬼子就无法赶跑，革命也无法胜利！前进，踏着牺牲者的血迹前进！"

王波

王波也正是用这种为革命献身的精神不断激励自己前进的。1943年11月11日，伪满军一个连窜到南香峪抢粮。为了粉碎敌人的抢粮计划，王波率2连赶到南香峪，抢占北山有利地形打击敌人。敌人开炮轰击，一颗炮弹落在山顶上，横飞的弹片划伤王波的头部，他当即昏了过去。王波苏醒后，因伤势严重无法继续战斗，只有怒视着敌人一步步走向自己。敌人逼他投降，王

---

① 王波（1911—1943），原名王慕禹，辽宁沈阳人。1931年九一八事变后，就读于北平中国大学。1937年随白乙化赴绥远垦区，参加抗日先锋队，同年加入中国共产党。1939年6月任华北抗日联军第三大队教导员。1940年1月任八路军晋察冀军区第10团3营教导员。同年4月，率3营先期进入密云开辟丰滦密抗日根据地。1943年5月任丰滦密地区队政委、中共丰滦密县委委员。同年11月11日，在指挥南香峪战斗时不幸受伤被俘，英勇就义。

波坚定不屈，毫不动摇，并怒斥道："我们八路军，生为抗日，死又何惧！你们这帮汉奸走狗，背叛祖国，助纣为虐，帮着日本鬼子屠杀中国人，简直猪狗不如！我今天死得其所，可你们呢，必然死无葬身之地。"敌人恼羞成怒，挥刀将王波杀害。王波牺牲时，年仅32岁。

宁死不屈晋耀臣。晋耀臣[1]组织武工队，发动和组织群众进行抗日斗争。日军对他恨之入骨，在各乡、各村张贴布告悬赏捉拿晋耀臣，布告上写道："谁捉拿到晋耀臣重赏，一两骨头一两金，一两肉一两银，晋耀臣身体有多重，就给多少金和银。"晋耀臣听说后，对敌人这种卑鄙伎俩非常蔑视，他哈哈大笑，说："我还真值钱！"

1944年4月，他到郑家磨村开展工作时，因叛徒告密被逮捕。敌人对他进行百般折磨，他宁死不屈。敌人无计可施，便将血肉模糊的晋耀臣用铁丝穿透锁骨拉到石亭村。一路上，他忍受着剧烈的疼痛，不断高呼革命口号，痛骂敌人。被押到石亭村后，敌人继续折磨他，把他倒挂在墙上用开水浇，他怒目而视，敌人又用刺刀戳瞎他的双眼，之后又连砍数刀，血染全身。灭绝人性的敌人仍不甘心，又放出狼狗扑咬，最后残暴地将晋耀臣推入山坡下的坑中活埋。年仅28岁的晋耀臣壮烈牺牲。

锄奸英雄金崇山。1942年5月29日，金崇山[2]在庄头峪村开会时被日伪军逮捕。8月14日，他被押到后八家庄，敌人已经挖了一个长方形大坑，敌人逼问金崇山降不降，金崇山避开提问，面对周围的群众大声说道："父老乡亲们！我虽然就要被日寇杀害了，但是你们不要害怕，日本帝国主义长不了，最后的胜利是我们的！"金崇山的话使日伪军长官大为恼火，急忙命令日军把金崇山推入大坑，当金崇山

---

① 晋耀臣（1916—1944），名显枢，字耀臣，今北京房山蒲洼村人。1939年加入中国共产党。先后担任房良联合县三区、七区、一区和房涞涿联合县九区、七区书记。1944年4月，在郑家磨村因叛徒告密被捕遇害，年仅28岁。

② 金崇山（1920—1942），号俊川，河北省蓟县（今天津市蓟州区）人。1938年参加冀东大暴动。1940年加入中国共产党。1941年任冀东平（谷）密（云）兴（隆）联合县三区公安助理。1942年受伤被捕，坚贞不屈，英勇就义。

的半个身子被埋在土里时，日军再次逼问金崇山："只要你说出一个'降'字，马上就把你从大坑内拉上来，如果拒不投降就要继续向坑内填土。"

金崇山圆睁怒目，坚定地说："今天你们杀了我，以后会有人跟你们算账的，中国人是杀不绝的！"日军气急败坏，再次向坑内填土。当头部被埋上时，两名日军上前用刺刀往下扎，一个日军连扎两下，不知刺刀扎在什么地方，用尽力气也拔不出来。这时日军吓得面如土色，急忙跪在地下叩头祈祷。后来，另一名日军上去，二人一起拔，才把刺刀拔出。而金崇山就这样惨死在日本侵略者的刺刀下，年仅22岁。

英勇不屈安玉阁。1941年3月，安玉阁①在蔡家岭村被日伪军围困，他立即将身上带的文件点燃，随后拉响了手榴弹，准备与敌人同归于尽。然而，一声巨响过后，安玉阁只是身负重伤，暂时昏死过去。

敌人把安玉阁吊在房梁上，用皮带抽、棍棒打、香火烧、烙铁烙，几经反复，安玉阁却咬紧牙关，一声不吭，敌人企图用严刑拷打获得情报的阴谋破产了。3月中旬的一天，绝望的敌人极其残忍地将安玉阁周身的血液抽干，将尚未断气的躯体扔给狼狗撕扯。就这样，英勇不屈的安玉阁，为了党的事业，献出了自己年轻的生命，年仅28岁。

壮烈殉国连维江。1940年，连维江②加入抗日游击队，先后任三区、一区游击队队长。1941年6月的一天，连维江从田寺村执行任务出来时被埋伏的日伪军逮捕。为了从他口中获取当地抗日武装的情报，日伪军先是对他封官许愿，但却遭到了连维江的严词拒绝："我

---

① 安玉阁（1913—1941），北京门头沟西北山村人。1938年加入中国共产党，担任村党支部书记。1940年任宛平县一区组织委员、区代表会主席。1941年因叛徒出卖被捕遇害。

② 连维江（1914—1941），北京门头沟上清水村人。1939年加入中国共产党。1941年6月，在田寺村因叛徒出卖被捕遇害。

是中国人，死也不当狗汉奸！"鬼子一看，软的不行，就来硬的，将连维江折磨得浑身上下全是伤，血肉和衣服都粘在了一块儿，但他始终视死如归，对党的秘密不吐一字。恼羞成怒的日伪军决定处死连维江。他们把连维江绑到杜家庄鬼子据点炮楼对面的一棵柏树上，将十几门小钢炮对着他，并强迫百姓前来观看行刑。连维江壮烈牺牲，年仅27岁。

二、人民伟力

人民群众是真正的英雄。抗日战争中，无数中华儿女为民族独立和人民解放不惜抛头颅、洒热血，母亲送儿打东洋，妻子送郎上战场，男女老少齐动员，书写了惊天地、泣鬼神的爱国主义篇章。

英雄母亲邓玉芬。抗日战争期间，她把丈夫和5个孩子送上前线，最后全部战死沙场。习近平总书记高度评价她的英勇事迹，她就是被誉为英雄母亲的邓玉芬。[①]

1940年，八路军10团挺进密云，开辟丰滦密抗日根据地。邓玉芬和丈夫商量：别人家出钱出枪，咱没钱没枪，叫儿子打鬼子去吧。于是决定把大儿子任永全、二儿子任永水、三儿子任永兴送到白河游击队。1941年底，日本侵略者实施惨无人道的"烧光、杀光、抢光"的"三光"政策，制造了丰滦密"无人区"。邓玉芬一家响应党的号召，躲进深山誓死不进"人圈"，并叫丈夫把在外扛活的四儿子任永合、五儿

英雄母亲邓玉芬

---

① 邓玉芬（1891—1970），生于密云水泉峪村，后嫁到张家坟村。1970年2月5日病逝，享年79岁。

子任永安找回来，参加了抗日自卫军模范队。

为让参加救国会的丈夫能腾出身子干抗日的事，邓玉芬承担了全部家务活，打柴、挑水、开荒、种地，从早忙到黑，一刻也不闲。同时，她把抗日干部和战士看作自己的亲人。村附近的猪头岭山高路陡，八路军和伤员经常过往休息。每个干部、战士到了这儿，都觉得像到了家。战士进了门，邓玉芬忙前跑后，烧水做饭，嘘寒问暖。见战士的衣服脏了破了，她给洗补。

伤员进了家，她细心照料，端屎端尿，喂饭喂水。出现敌情，她迈着一双小脚，背着伤员爬山上岭，送进隐蔽的山洞躲藏。平日，她和孩子们以粗糠、树叶、野菜搭配着充饥，把自家的粮食尽量省下来给战士吃，就连一把杏仁、一捧倭瓜子也要精心收藏起来，留着款待战士们。暑去寒来，谁也说不清她究竟迎来送走了多少干部战士，照料了多少伤病员。战斗在丰滦密地区的第10团战士们都知道：猪头岭上有个温暖的家，家里有一位时刻惦记着、疼爱着他们的邓妈妈。

1942年3月，邓玉芬和乡亲们响应抗日政府发出的"回山搞春耕"的号召，重返"无人区"。原来的家已被毁掉了，邓玉芬要丈夫先回山里搭窝棚。谁知丈夫走后没几天，竟传来了噩耗：丈夫任宗武和四儿子永合、五儿子永安在百梯子种地时遭日军偷袭，宗武和五儿子同时遇害，四儿子也被抓走了。从这以后，不幸的事情接踵而至：1942年秋，大儿子永全在保卫盘山根据地的一次战斗中英勇牺牲；1943年夏，被抓走的四儿子永合惨死在鞍山监狱中；同年秋，二儿子永水在战斗中负伤回家休养，因伤情恶化无药医治死在家里。

1944年春，日伪军为消灭"无人区"的抗日力量，围住猪头岭一带，一连折腾了七天七夜。邓玉芬背着刚满7岁的小七儿躲进一个隐蔽的山洞里。小七儿由于年幼饥饿，开始发烧。小孩子不懂事，哭闹着要回家吃饭。此时，附近的山洞里藏着区干部和乡亲们。由于小七儿不停哭泣，情急之下，邓玉芬从棉袄里扯下一把棉花套子，一狠心塞进小七儿的嘴里，孩子拼了命地又蹬又踹，可邓玉芬却使尽全身的劲儿，把孩子紧紧地捂在了怀里。

不知过了多久，鬼子走远了，邓玉芬赶紧把棉花套子掏出来，她一下儿惊呆了。这个连大名儿都还没来得及取的孩子，被憋得满脸青紫，没过多久，就连病带饿地在妈妈的怀里永远地闭上了双眼。邓玉芬在抗日救国大义下的悲壮之举，在人民心中树起了英雄母亲的巍峨丰碑。

海陀抗日金花。杨金花[①]是海陀山地区最早的共产党员之一，1940年6月，平北军分区司令部成立后，她加入党组织，并担任南碾沟村妇救会主任，组织妇女群众，为部队做军鞋、军装、军被，担负护理伤员、传递情报、站岗放哨等任务。面对日伪军的围追堵截，为保护党的重要文件，她不惧生死，毫不犹豫，纵身一跃跳下山崖。

1940年秋，八路军冀热察军区平北军分区司令部转战海陀山东麓五里坡、海沟等深山区，司令部就驻扎在南碾沟村，以大海陀山为依托，创建根据地，组织群众开展抗日游击斗争。1943年9月，日伪军对海陀山大举"扫荡"，平北军分区司令部当即决定，主力部队向北转移到外线作战，村民向东沟隐蔽。

转移工作安排就绪后，司令员覃国翰把杨金花叫来，将一批文件和党旗交给她，叮嘱她一定要想办法保存好。杨金花和丈夫老晏将文件放进一个木柜，连夜爬上帽子山，在一个隐蔽的山洞里，挖坑把文件柜埋好，然后向东沟撤离。由于担心文件被日伪军发现，她又决定回村看看，不巧被敌人发

1983年，原平北地委书记、平北军分区政治委员段苏权（左一）到延庆看望杨金花（左二）（杨金花家属　提供）

---

①　杨金花（1909—1992），北京延庆海陀山五里坡村人。11岁被送到5里外的南碾沟村当童养媳。1940年加入中国共产党，任南碾沟村妇救会主任。新中国成立后，担任村妇联主任，曾多次被县、乡评为"模范共产党员"。

现。在日伪军的追赶下，她一口气跑到了"落落山"的山崖边。为避免被敌人活捉，她两眼一闭，纵身跳下悬崖。

没想到的是，杨金花恰好被山崖上的一丛荆棘挂住了，手腕被摔断。日军发现她没死，就把她从树枝上揪了下来，连拉带扯地拖上山顶，用枪托打她。杨金花一声不哼，趁着敌人松懈的空当，咬紧牙关抓住身边的小树站了起来，准备向山崖上跑。还未站稳，一个认出她的叛徒就追了上来，抓住她就往山崖下推，另一个叛徒则冲过来朝她开了两枪。杨金花再次掉下了山崖，浑身上下受了5处重伤。幸运的是杨金花没有死，她被乡亲救了回去。经过精心治疗，又回到了战士和群众身边，继续战斗。

抗日村长马福。"地道好，地道妙，打了敌人钻地道；明里打，暗里挑，消灭敌人最可靠；鬼子气得干瞪眼，抗日军民哈哈笑。"这首《地道歌》形象地反映了焦庄户地道在抗日战争中发挥的重要作用，也被誉为"人民第一堡垒"。挖地道的带头人就是马福。①

和中国北方许多农村一样，焦庄户的老百姓也把白薯当成重要的农作物，为储存白薯，家家都有地窖。有一次，敌人来了，马福来不及向村外撤，就机警地跳进白薯窖，顺手将两捆山柴堵在窖口，竟把敌人糊弄走了。这次偶然的逃生经历启发了马福：把各家的白薯窖连接成暗道，最终实现地下出村。马福找来村里的抗日骨干，一边找人设计方案，一边做发动群众的工作。经过一个冬天的奋战，完成了预想的地道工程。

1944年4月，日伪军又来"扫荡"，民兵利用地道打得敌人大败而逃。之后，三（河）通（县）顺（义）联合县武装部部长杨崇德带人推广冀中地道战的经验，县教育科科长徐进到焦庄户蹲点指导。在徐进的指导下，全村老小齐上阵，改造地道，还掏了瞭望孔、射击孔，建成了"能藏、能走、能防、能打"的"四能"地道，焦庄户的抗

---

① 马福（1895—1979），北京顺义焦庄户村人。1938年参加革命。1939年加入中国共产党，1942年任村党支部书记。1979年去世。

日形势大为扭转。

1944年5月，上级决定端掉龙湾屯的日伪炮楼。马福率领民兵把地道挖到离炮楼四五百米远的地方，打下这个炮楼，俘虏敌人40多人，缴获大枪37支，还有很多军用物资。焦庄户成了冀东抗日根据地安全可靠的堡垒。于是，十四军分区卫生处第二所搬到这里，附近的伤病员也到这里来疗养，村里经常住着几十个伤员。马福带领焦庄户村民，以地道为依托，与八路军并肩战斗，筑成了打击侵略者、粉碎日伪一次次疯狂"扫荡"的铜墙铁壁。

全家抗日的曹进祥。曹进祥[①]的母亲为八路军做军衣、军鞋，护理伤病员，掩护革命干部，作出了突出贡献，当时被称为"革命的好妈妈"。妻子于桂兰任村妇女小组组长、妇女主任等职，与婆母共同护理伤病员，组织带领全村妇女做军衣、军鞋等。他本人参加了抗日救国会，担任武装委员，带领乡亲们支前抗日。他们一家可谓"抗战一家人"。

1938年沙峪战斗之后，部分负伤的战士被送到北沟村。曹进祥全家主动把最大的·间屋子腾出来，接待八路军伤员，受伤的战士满满地躺了一炕。他们不厌其烦地为重伤员喂水喂饭，端屎端尿，日夜操劳，精心照料，直到部队将伤员转移。临别时，伤员被大妈、大嫂无微不至的关怀感动得热泪盈眶。自此以后，曹进祥家就成了八路军伤病员的"休养所"，八路军工作人员的堡垒户。

1940年秋天，一位头部受重伤的小战士被抬进了曹进祥家。当时，卫生员只留下一点药，就匆忙随部队走了。在曹进祥全家的精心照料下，小战士终于康复了。临别时，他流着泪水，深情地说："大妈、大嫂为了救我一个人，在这么长的日子熬夜受累，全家担惊受怕，你们真比我的亲人还亲，这使我永生难忘。"

1942年10月和1943年11月，曹进祥两次被敌人抓捕，并被残酷

---

① 曹进祥（1922—1989），北京怀柔渡河乡北沟村人。1938年投身革命，任抗日救国会武装委员。1940年任抗联会会长。1945年8月成为村里的第一个中共党员，后历任村长、农委会主任、村党支部书记等职。

折磨。但是曹进祥毫不屈服，最终敌人一无所获，他也成功迷惑敌人而脱身。

地雷英雄"隗大胆"。隗合宽[1]用两颗地雷，炸死日伪军多人，灭了日军的威风，当地民兵和群众连连夸他："隗合宽，真勇猛，铁西瓜，显神通。炸跑东洋小日本，抗日斗争立头功。"

早在1939年6月，日军就在房山南窑村建立据点，开设煤矿，架起运煤的空中缆车，并在各炮楼和岗哨之间安装电话，致使八路军多次袭击南窑日军据点都未成功。1942年农历八月的一天，隗合宽带领5个民兵，揣着两枚手榴弹，深入南窑日伪军据点，摘掉敌人的3部电话，打乱了敌人的部署。此后在不到半年的时间内，先后搞掉敌人14部电话，缴获20多枚手榴弹、电线500多公斤，使日军煤炭生产一度处于瘫痪，搅得日伪军终日不得安宁。日伪军听到隗合宽的名字，都吓得胆战心惊。他们到处张贴布告，布告中说："凡活捉隗合宽者，赏银元一千；凡打死隗合宽者，赏银元五百。"

为表彰隗合宽带领队员深入敌穴摘电话机、割电线的英雄事迹，1942年晋察冀北岳军区第十一军分区在史家营地区的莲花庵村召开表彰大会。会上，军分区领导表彰隗合宽的英雄事迹，还奖给他一支枪和10发子弹。同年在晋察冀军区战斗英雄表彰大会上，又授予隗合宽"晋察冀边区民兵英雄"的光荣称号，军区司令员兼政委聂荣臻还亲自奖给他一支左轮手枪。

模范民兵大队长刘文生。1943年2月，冀东第二地区队成立，刘文生[2]任二区民兵大队长。这一年农历九月，在一次执行任务中，刘文生被日军抓获。日军用皮鞭对他猛打，并用刀在他身上乱扎乱戳，一会儿的工夫，他全身便血肉模糊。刘文生昏死过去几次，但始终牙

---

① 隗合宽（1922—2000），北京房山霞云岭乡上石堡村人。1941年加入中国共产党，先后任房涞涿联合县九区游击队队长和抗日联合会队长；1942年，获"晋察冀边区民兵英雄"称号。

② 刘文生（1893—1968），原名刘昆，北京平谷南山村人。1943年2月，任平三密联合县二区民兵大队长。1945年5月，被冀东十四军分区授予"民兵英雄"称号。

关紧咬，不吭一声……后来，在地下党的暗中帮助下，以保外就医为名被营救出去。

白鞋抗日游击队。"冷风啊，吹来呀，阵阵地寒哪呀，姐在房中做针线，两眼泪不干哪……十二月十二日那一天，鬼子来到了王家山，老百姓遭了难哪……妇女们和儿童，烧死了多一半哪哎……烧成了胡焦炭哪。兄弟呀，姐妹呀，莫悲伤哪哎，团结起来抗战，消灭鬼子和汉奸哪……"一曲《王家山惨案小调》唱出了日军制造的惨绝人寰的血案和群众的抗争。

1942年10月至12月，日军在华北地区开展第五次"治安强化"运动，在昌宛地区采取"并村"行动，在抗日根据地边缘地带制造"无人区"，割断民众与八路军的联系。王家山村位于日伪据点斋堂以北的北山上，有40余户。日伪军进入斋堂后，王家山村村民坚持斗争。

1942年12月12日近黎明时分，驻斋堂日军头目赖野及汉奸带领日伪军50余人包围王家山村，村中青壮年退进深山，老弱妇孺陷入包围。日伪军进村后，在四周架起机枪，赖野下令放火烧村。据记载，王家山村惨案遇难者有42人，其中包含了古稀老人2人，中青年妇女12人，怀孕妇女6人，16岁男孩1人，15岁以下的孩子有27人，其中最小的刚刚满月，17户人家从此绝根断代。王家山惨案震惊平西根据地，《晋察冀日报》曾先后3次报道惨案发生的经过和平西人民为死难者复仇的决心。惨案发生后，该村青壮年为报仇雪恨自发组织起来，队员一律穿白鞋，为惨死的老人、妇女和孩子们戴孝作战，以悼念死难的家人。

"战争的伟力之最深厚的根源，存在于民众之中。"平郊抗日根据地的百姓，积极开展拥军活动，支援抗战。1943年，滦昌怀地区群众团体就制定了这样一份《拥军公约》：

一、拥护八路军，坚持平北根据地；

二、好男儿上前线，壮大八路军；

三、公粮要精细，保证没沙子；

四、公鞋要结实，保证有鞋穿；

五、抬担架、送水饭，配合军队作战；

六、帮助军队出侦察、送消息、缝衣服、盖房子；

七、埋地雷、造土炮，开展爆破运动；

八、优待抗属，安置荣军，保证他们有衣食、有工作；

九、照顾伤病号，慰劳八路军；

十、开展贸易合作事业，解决部队物质困难。

平北根据地还流传一首生动的歌谣《做军鞋》：

王大娘，汗直淌，油灯下面做鞋忙。

飞针走线情谊深，做出军鞋一双双。

送给山里八路军，穿在脚上打豺狼。

《拥军公约》《做军鞋》生动反映了人民群众踊跃支援八路军抗战的伟大事迹，可以说，人民群众的支援是抗日战争最深厚的伟力。越是民族危亡之际，中国人民就越能迸发出势不可挡的力量。地不分南北、人不分老幼，共御外侮、共赴国难，有钱出钱、有力出力，万众一心、众志成城，铸就了战胜日本侵略者的铜墙铁壁。

第二节 不屈的北平人

一、书斋讲坛做战场

抗战期间，在北平，有这样一个特殊的群体，他们虽不曾持枪杀敌，但以书斋做战场，以纸笔为武器，以知识分子"辨忠奸，明是非，知去就"的独特个性和"天下兴亡，匹夫有责"的爱国情怀，或殚精竭虑、口诛笔伐，或传道授业、培育后学，写就一曲曲书生报国的壮歌。

保护爱国师生的陈垣。北平沦陷期间，他藏身敌城，身处危境，保持气节，不事敌伪，闭门谢客，潜心著述，提倡经世致用和"有意义之史学"，以古喻今，痛斥日军野蛮侵略和汉奸投降卖国。同时，因在宗教史、元史、中国历史文献学等领域的卓越成就享誉海内外，被学术界称为"近代中国之世界学者""当世史学巨子，近百年来横绝一世者"，毛泽东曾称他为"我们国家的国宝"。他就是著名学者陈垣。[①]

辅仁大学校长陈垣

七七事变后，北平许多高校纷纷南迁。陈垣作为辅仁大学的校长，坚持留在沦陷的北平，保持民族气节，不任伪职。他坚信中国是个大国，历史如此悠久，绝不会亡，一定能恢复。他曾语

---

① 陈垣（1880—1971），字援庵，广东新会人。中国著名的历史学家、教育家，在宗教史、元史、考据学、校勘学等方面，著作等身。曾任北京大学、北平师范大学、辅仁大学的教授。1925年至1952年，任辅仁大学校长。1952年至1971年，任北京师范大学校长。历任第一、二、三届全国人民代表大会常务委员会委员。1971年因病逝世。

重心长地对学生说："从来敌人消灭一个民族，必从消灭它的民族历史文化着手。中华民族的历史文化不被消灭，也是抗敌根本措施之一。"①鉴于他的社会名望，北平的汉奸政府多次拉拢他。日本要他参加东洋史地学会，他知道，这个组织表面是个学术机构，实质上是个汉奸组织，拒不参加。又有一次请他出任东亚文化协会副会长，告知说："会长是日本人，这是大东亚中日满蒙各国最高文化机构，副会长是中国人的最高位置，薪水有几千元。"他不假思索，干脆地回答："不用说几千元，就是几万元我也不干！"后来他得知如果他不干，就要改聘另一位有名望的学者，也是他的朋友。于是他便急急忙忙赶到这位老朋友家去劝阻，知道此人已接受伪聘时，他怒火中烧，拂袖而去，断绝了两个人多年的友谊。

1938年5月，日军攻占徐州得手。日伪当局通知全北平市悬挂五色伪国旗，并上街游行庆贺。但是，辅仁大学及附中公然拒绝挂旗和游行，学校照样上课。日伪当局震怒，下令辅仁大学及附中停课3天，多次找陈垣校长质问、恫吓。陈垣则严词拒绝道："我们国土丧失，只有悲痛；要庆祝，办不到！"一次学校礼堂放电影，在体育新闻片中突然出现中国国旗，在场的师生不约而同热烈鼓掌。事后日本宪兵找陈垣校长让其交出鼓掌的学生，陈垣说："带头鼓掌的是我，要逮捕就把我带走吧！"宪兵纠缠了数日，只好不了了之。

陈垣十分鄙视那些参加日伪政权的人。一次，汉奸头子王克敏打电话给他，说："陈先生，我是你的老朋友王克敏，我有事想去拜访你。"王的话音未落，陈垣就冷冷地说："王克敏，我不认识，以后不要来电话！"随即就挂上了电话。陈垣在日本学术界也很有声望。一次，一个日本帝国大学的讲师声称受学校老博士的委托，不谈政治，一定要见见他，并请他题几个字。陈垣给他题了曹植的一首诗："煮豆燃豆萁，豆在釜中泣。本是同根生，相煎何太急。"那人

---

① 陈智超编：《励耘书屋问学记》（增订本），生活·读书·新知三联书店2006年版，第139页。

拿了立即走了。陈垣事后说："就是要他拿回去，我们对这些人要特别注意，一点不能妥协。"这一行为在当时的环境下还是需要一些勇气的。

陈垣充分利用辅仁大学这个阵地，教育学生要把名节放在第一位。1942年4月在运动会开幕式上，当他看到参会的校友中有战败投敌的，有卖身任伪职的，还有趁战乱发国难财的，就在运动会上讲了一个孔子开运动会的故事。他说，孔子怎么开运动会？《礼记》有一篇讲到孔子主持一次射箭比赛，让子路去把门，宣布三种人不能参加运动会：第一种是败军之将，不能很好地保卫国家的；第二种是为敌人做事的；第三种是认敌作父的。这三种人不能参加运动会。所以孔子宣布第一条有人走掉，第二条又有好多人走掉，第三条又有人灰溜溜走掉了。他加重语气说："孔子开运动会，出席的人是要加以选择的。"言外之意，不言自明。参加运动会的敌伪达官显贵们有的气恼，有的羞愧，个个不敢抬头，有的则悄悄溜走了。

在北平沦陷期间，陈垣无法继续埋头开展纯学术研究。正如1943年他给友人的信中所说："从前专重考证，事变后，颇趋重实用……近又进一步，颇提倡有意义之史学。"他在讲坛上，讲抗清不仕的顾炎武的《日知录》和抗清英雄全祖望的《鲒埼亭集》，激励学生爱国。同时，他对宋、元、明、清之际的动乱历史进行考察，以尚未被世人注意的宗教史为主要研究对象，以史为鉴、影射现实，褒扬忠贞、贬斥奸逆，并以此作为报国之道。8年间，他足不出户，闭门著书，一共写了7部著作，还发表不少文章，是他一生学术著作最丰盛的时期。其中最重要的著作，是他自己称为"宗教三书"的《明季滇黔佛教考》《清初僧诤记》《南宋初河北新道教考》，以及《通鉴胡注表微》。

《明季滇黔佛教考》成书于1940年，主要叙述明末清初云贵两省佛教的发展和知识分子怀念故国、抗节不仕的精神，以此表彰明末遗民的爱国精神、民族气节。1940年5月，辅仁大学文学院院长沈兼士在读了陈垣的《明季滇黔佛教考》后，赠诗一首，准确、深刻地反映了《明季滇黔佛教考》这部著作的影响力。

> 吾党陈夫子，书城隐此身。
> 不知老将至，希古意弥真。
> 傲骨撑天地，奇文泣鬼神。
> 一编庄诵罢，风雨感情亲。

　　陈垣在1957年为此书作"重印后记"中说："此书作于抗日战争时，所言虽系明季滇黔佛教之盛，遗民逃禅之众，及僧徒拓殖本领，其实欲表彰者乃明末遗民之爱国精神、民族气节，不徒佛教史迹而已。"①《清初僧净记》说的是佛教中故国派和新朝派的斗争，也就是抗敌派和投降派的斗争。表面上此书仍然是佛教史，但他在1962年重版这部著作时说："1941年，日军既占平津，汉奸们得意洋洋，有结队渡海朝拜，归以为荣，夸耀于乡党邻里者。时余方阅诸家语录，有感而为是编，非专为木陈诸僧发也。"②显然，他写此书的目的，就是抨击沦陷区的汉奸行为。《南宋初河北新道教考》是《明季滇黔佛教考》的姊妹篇，陈垣在"重印后记"中说，抗战爆发，河北各地相继沦陷，自己也备受迫害，体会到宋金、宋元时期的河北新道教，其实是抗节不仕的遗民所组织，"因发愤为著其书，阐明其隐"。

　　《通鉴胡注表微》是反映陈垣爱国思想最具代表性的一部。《资治通鉴》是宋朝司马光撰写的编年通史。宋亡之后，史学家胡三省隐居山中专心注释《资治通鉴》，用隐喻的笔法表达亡国之痛。因《资治通鉴》字数浩繁，胡注又散在正文下面，胡三省的爱国思想沉睡在书中600余年没有被后人发现。陈垣过去曾多次阅读胡注《资治通鉴》，也没有考虑过这个问题。直到抗战爆发，他身在沦陷区的北平，在日伪统治下，与胡三省有相似的遭遇，并且有共同的爱国情怀，切

---

① 张荣芳：《陈垣》，广东人民出版社2008年版，第73页。
② 陈智超编：《励耘书屋问学记》（增订本），生活·读书·新知三联书店2006年版，第36页。

身体会到胡三省对于元灭南宋、亡国之痛的深切感伤，于是发愤著《通鉴胡注表微》。

对于此段经历，他在1957年的"重印后记"中说得很清楚：

> 胡三省亲眼看到宋朝在蒙古贵族的严重压迫下，政治还是那么腐败，又眼见宋朝覆灭，元朝的残酷统治，精神不断受到剧烈的打击。他要揭露宋朝招致灭亡的原因，斥责那些卖国投降的败类，申诉元朝横暴统治的难以容忍，以及自己深受亡国惨痛的心情。我写《胡注表微》的时候，正当敌人统治着北京。人民在极端黑暗中过活，汉奸更依阿苟容，助纣为虐。同人同学屡次遭受迫害，我自己更是时时受到威胁，精神异常痛苦，阅读胡注，体会了他当日的心情，慨叹彼此的遭遇，忍不住流泪，甚至痛苦。因此决心对胡三省的生平、处境，以及他为什么注《通鉴》和用什么方法表达自己的意志等，作了全面研究。[1]

《通鉴胡注表微》的主要内容就是讲中国不亡，强调热爱祖国，讲民族意识。他在《感慨篇》中有这样一段话："人非甚无良，何至不爱其国？特未经亡国之惨，不知国之可爱耳。"他常说："宁为亡国遗民，不做异国新民。"[2]

白寿彝在谈到陈垣的史学遗产时说："从《表微》书中所加的大量的按语中体味出先生的思想具有强烈的历史感与时代感。治史不再是以书斋为天下，而是以天下为己任，期望着民族的崛起，民族的自强。"[3]陈垣在抗日战争期间坚持民族气节，为中国人民伸张正气，宛

---

① 陈智超编：《励耘书屋问学记》（增订本），生活·读书·新知三联书店2006年版，第40页。

② 陈智超编：《励耘书屋问学记》（增订本），生活·读书·新知三联书店2006年版，第101页。

③ 张荣芳：《陈垣》，广东人民出版社2008年版，第81页。

如寒梅傲雪，贞松挺立，为我们树立了典范。

挨饿不收汉奸粮的蓝公武。抗战期间，蓝公武[1]被人称作"蓝疯子"。这绰号是怎么得来的？七七事变爆发后，当大队日本兵开进北平的时候，蓝公武几乎气得发疯。他手持铁铲冲出家门痛骂日本兵，被日本兵毒打了一顿。邻居跑出来说他是疯子，日本人才没有把他抓走。他痛骂日本兵的事很快传遍北平。有人说日本人打到北平没人敢吭声，只有蓝公武这一骂，给北平人出了气。他被日本兵毒打后还经常精神失常，几次夜间跑到汉奸王克敏和王揖唐门前叫骂。从此他便得了"蓝疯子"的绰号。

蓝公武的这一举动不是偶然的，1931年九一八事变后，他就接受了中国共产党抗日反蒋的政治主张，在课堂上痛斥蒋介石的不抵抗政策。1932年，他的大儿子蓝铁年参加反帝同盟，邀集同学创办"火星读书会"，并出版《时代青年》杂志进行抗日反蒋活动。蓝公武允许他们在自己家里集会，还在"火星读书会"成立会上发表讲话，鼓励他们认真读书，追求救国真理，并将《资本论》和《列宁选集》供他们阅读，还给予辅导。中共地下组织认为蓝公武家是可靠的"堡垒户"，因而时常有地下工作者到他家躲避追捕或暂时住宿。[2]

蓝公武在中国大学讲课期间，给学生讲经济学，按全套《资本论》体系来，对马克思主义也不再遮遮掩掩，人们因此说他是"粉红色的教授"。他还在课堂上公开宣传抗日。向学生宣传日本必败的道理，并启发学生的爱国主义思想。他的课程吸引了很多学生前来听课，学生把教室围得里三层外三层的，真是水泄不通。

有一次，敌伪报纸报道称日本侵略者占领中印半岛——越南、缅

---

[1] 蓝公武（1887—1957），字志先，笔名知非，广东大埔人。早年毕业于日本东京帝国大学哲学系，1913年赴德国留学，后回国任国民公报社社长、晨报社董事等职。1948年，任华北人民政府副主席兼民政部部长。中华人民共和国成立后，任最高人民检察署副检察长兼政务院政治法律委员会委员、第一届全国人大常委会委员。1957年病逝于北京。

[2] 冯晓蔚：《蓝公武的传奇人生》，《文史精华》2013年第3期，第39—44页。

甸、暹罗（今泰国）等地。蓝公武在课堂上对此发表看法："不要看它占领中印半岛各地，现在日本国内缺少大米，而中印半岛盛产大米，它占领中印半岛是为了掠夺中印半岛的大米，以弥补它国内及军事上的需要，日本是必定要败的。"当堂的日伪特务学生站起来质问："蓝教授，您这是宣传抗日思想。"蓝公武不慌不忙地回答："我说的是有根据的，你要听，请坐下来；不听，可以走嘛！"结果第二天蓝公武就进了日军的宪兵队。[①]

蓝公武被日本宪兵队抓走，直接原因是中国大学教导主任方宗鳌和他的日本妻子方正英到日本宪兵队告状。方正英告蓝公武要杀方宗鳌。日本宪兵队审讯蓝公武为什么要杀方宗鳌。蓝公武回答说：方是什么东西值得我杀他。接着审讯蓝公武为什么在课堂上宣传抗日。蓝公武高声回答："你们日本人侵略我的祖国，占领我国土地，欺凌中国人民，我当然反对你们。"日本人又问："你的地下组织在哪里？都有谁？是共产党还是国民党？"蓝公武说："我只是中国人一分子，从来没有参加过共产党或国民党，更没有地下组织。"

日本人开始对蓝公武残酷用刑，除拷打之外，还给他灌凉水，先把肚子灌得很大，然后再用脚踩出来。各种酷刑用尽，蓝公武依然不屈服。一次，日本人又审问他，一个汉奸翻译官感到絮烦了，就把蓝公武的回答故意翻成认罪的话。蓝公武一听就暴跳起来，用日语骂其"混账！"并质问对方："为什么故意歪曲我的意思？"日本宪兵大佐听他说起流利的日语非常吃惊，马上请蓝公武坐下，问他为什么懂日语。蓝公武据实相告，说自己是东京帝大毕业生。这个日本宪兵大佐的老师也是帝大的毕业生，大佐顿时对他客气了许多，但还是将他关押了9个多月。据当时与他一同坐牢的古荫桐回忆，蓝公武经常向他谈起文天祥，说文天祥英勇抗敌，坐狱3年，多次拒绝投降，又作《正气歌》，最后慷慨就义，其正气万古长存。蓝公武还经常念起文天祥那首千古传诵的名诗："辛苦遭逢起一经，干戈寥落四周星。山河

---

① 蓝英年：《蓝公武不讲日本话》，《博览群书》2005年第8期，第27—33页。

破碎风飘絮，身世浮沉雨打萍。惶恐滩头说惶恐，零丁洋里叹零丁。人生自古谁无死，留取丹心照汗青。"①

蓝公武被释放后，不能在中国大学教书，只能靠典当和变卖家什维持生活。一天，突然有人送来了大米、白面，还有白糖，当蓝公武打开送粮食的人带来的书信之后怒不可遏，径直把米面拎到门外倒在街上，并大骂："王揖唐王八蛋，你当汉奸我就和你绝交了，还说什么老朋友。"王揖唐是他曾经的留日同学，蓝公武宁愿全家饿死，也坚决不收汉奸送来的东西。

奔赴边区的进步教授董鲁安。董鲁安②是北平沦陷期间颇为传奇的进步教授。七七事变后，他拥护中国共产党的抗日救国主张，同情和支持革命，与中共地下党员和进步学生来往密切。当时，他家住在未名湖南畔的佟府院内，常常让出家中客厅，以"读书会"名义，为地下党小组在那里开会提供便利。他积极参加抗日募捐，而且还利用自己的私宅存放和保管募捐物品。他爱憎分明，经常热情洋溢地发表抗日言论。

1941年12月太平洋战争爆发，日本军队占领并封闭燕京大学，董鲁安临危不惧，抗议言论非常激烈。此后他宁愿过清贫的生活，也拒不受聘于当时的所谓国立大学，表现了崇高的民族气节。他表面上深居简出，潜心研究佛学，实则韬光养晦，等待时机奔赴抗日根据地。

奔赴抗日根据地的董鲁安

---

① 蓝英年：《蓝公武不讲日本话》，《博览群书》2005年第8期，第27—33页。

② 董鲁安（1896—1953），原名董瑶，字鲁安，又名于力。满族，祖籍河北宛平，生于北京。1925年后在北京女子师范大学、北京师范大学、河北国立天津女子师范学院、燕京大学等地任教。1942年秘赴晋察冀边区抗日根据地。新中国成立后任中央人民政府政务院人民监察委员会委员等职。1953年病逝于北京。

1942年春，晋察冀根据地和董鲁安联系，请他到边区工作，他慨然前往。临行前，他同夫人商量好，故意留下一张字条，上面写着：因看破红尘，决心去五台山出家，家人不必悲伤，亦无须寻找云云。董鲁安离家之后，不少亲友闻讯后纷纷到他家探问。董夫人总是一面啼哭，一面将丈夫留下的字条拿出来给人看。因为董鲁安以往研究佛学，所以一般人也就信以为真了。不久，董鲁安的女儿结婚，在中山公园举行婚礼，并当场宣布董鲁安已遁入空门，当了和尚。这件事一时传为佳话，董鲁安也被认为是继李叔同（弘一法师）之后出家为僧的另一位学者。后来他的好友王西徵、崔毓林去他家看望时，董夫人又是一面啼哭，一面拿出字条。两人见此情景，哈哈大笑说："大嫂不必再做戏了，大哥的事我们都已经知道，我们也准备到那边去啊。"

董鲁安到晋察冀边区后化名于力，担任华北联合大学教育学院院长，参加晋察冀边区参议会的筹备工作。他根据自己的切身体会写的长篇报告文学《人鬼杂居的北平市》发表在《晋察冀日报》上，产生广泛影响。董鲁安以耳闻目睹的大量事实，深刻揭露日伪军和汉奸在北平所犯下的种种罪行，热情地歌颂北平人民爱国主义的英雄行为。这篇报告文学受到当时解放区和国民党统治区广大人民的欢迎，曾荣获晋察冀边区鲁迅文艺报告文学奖金。1943年秋，董鲁安参加对日反"扫荡"斗争。在艰苦作战之余，他作诗200余首，表现出坚定的革命斗争意志和乐观主义精神。

组织爱国学生奔赴解放区的侯仁之。侯仁之[1]在燕京大学工作期间，在校长司徒雷登的安排下，担任学生生活辅导委员会副主席，主要帮助学生解决学习生活上的各种困难。司徒雷登校长提

---

[1] 侯仁之（1911—2013），生于河北枣强，原籍山东恩县。著名的历史地理学家。1932年入燕京大学历史系，1940年获燕京大学硕士学位，毕业后留校任教。1941年太平洋战争爆发后被捕。1946年至1949年赴英留学，回国后任燕京大学兼清华大学教授。1952年院系调整后被聘为北京大学教授，任北京大学副教务长等职。1980年当选为中国科学院学部委员（中国科学院院士）。2013年10月22日在北京逝世。

出，如果有学生要求学校帮助离开沦陷区，投身到抗敌救国的斗争中去，应该给予支持，由辅导委员会负责办理。这项任务落到了侯仁之身上。

在辅导委员会工作期间，送燕大学生进入解放区是由中共地下党员陈杰联系，在北平地下党具体领导下秘密进行的。陈杰是燕大学生，本科毕业后他去了延安，1940年接受中央派遣又返回燕大读研究生。在陈杰和侯仁之的努力下，从1940年冬到1941年夏，进入解放区的燕大学生有3批。最初两批都是从学校步行出发，先到妙峰山萧克司令员的冀热察挺进军司令部所在地，然后进入解放区。第三批是先乘火车到河北磁县，再步行转入太行山，目的地是河南林县的抗日大学。后来在回忆这段历史时，陈杰写道：与侯仁之建立工作关系之后，凡送学生事都由侯仁之出面。遇事向司徒汇报，向司徒领取学生旅费，学生临行由侯仁之出面谈话。所以，侯仁之于此事是有功的。[①]

侯仁之

1941年太平洋战争爆发后，燕京大学被日军占领，洪业、邓之诚、蔡一谔、张东荪等20余名师生先后被捕，侯仁之是教师中最年轻的一位。他们被押往日本宪兵队总部，关押在北大红楼地下室。一天，侯仁之突然接到一张字条，他认出是关在另一牢房的刘子健的字迹："已经过堂，和洪业师同押一室。"过堂时"先侦查思想，后侦查行为，务要避实就虚，避重就轻，学生西游之事，似无所闻"。字条当是洪业口授、子健执笔。最后一句显然是指送学生翻越西山去解放区的事，看来日伪军不知道。

---

① 侯馥兴：《送学生去大后方和解放区——1940年前后父亲侯仁之的亲历》，《中华读书报》2017年11月1日第17版。

洪业是侯仁之的研究生导师，在狱中曾与日伪军巧妙周旋，绝不屈膝事敌。一次日本军官发问："你是不是抗日分子？"洪业回答："我是。"日军再问："你为什么抗日？"洪业回答说："我是研究历史的，我得到了一个结论，就是用武力来占领别的国家，把别国人民当奴隶，镇压别国人民的意志，只能暂时收效，因为一定会有反应的，而最后一定得报应，报应来时，压迫者有时比受害者更惨。"[1]正是在洪业老师的提醒下，侯仁之机智地应付了日伪当局的审讯，最后被定为"以心传心、抗日反日"的"罪名"转送日本军事法庭候审，拖至1942年6月判以徒刑一年，缓刑三年，取保开释，附加条件是"无迁居旅行自由，随传随到"。

侯仁之出狱后寄居在天津的岳父母家，时有汉奸便衣登门盘查、软硬兼施。洪业托了琉璃厂旧书业的可靠朋友郭纪森给侯仁之带来口信：一是北平汉奸政府要赠送被释放的燕大教员度饥荒的粮食，以示"慰问"。洪业自己不要，还代表侯仁之拒绝了。洪业嘱咐侯仁之决不接受敌伪的东西。二是敌伪筹划在中山公园办研究所，以罗致人才为名，企图拖人下水。洪业提醒侯仁之不要上圈套。果然不久有个燕大的败类来天津游说，遭到了侯仁之的断然拒绝。

二、不事敌伪守气节

沦陷后的北平，军警林立，宪特横行，严刑苛政，民不聊生。一位叫罗德俊的北平普通市民，有感于国家民族前途命运未卜，奋笔疾书，写成一份珍贵的148字手书，藏在阜成门内妙应寺白塔之中："今年重修此塔，适值中日战争，六月廿九日，日军即占领北京，从此战争风云弥满全国，飞机大炮到处轰炸，生灵涂炭莫此为甚。枪杀

---

① 侯馥兴：《燕大蒙难，被捕入狱——1941年前后父亲侯仁之的亲历》，《中华读书报》2017年11月15日第17版。

罗德俊手书

奸掠无所不至，兵民死难者不可胜计……"[1]这份手书真实记录了日军侵占北平后民众生活的惨状。

"偌大的古都北平像是一座死城，商店都上着铺面板，大街上空无一人，传到每个藏在家里的人耳朵里来的只是日本占领军的整齐的皮靴声和杂乱的马蹄声。"程砚秋[2]夫人果素瑛的这段回忆，也反映了北平沦陷后的真实状况。

日伪当局的残暴统治，使北平人民饱尝亡国奴的滋味。在北平，还有这样一群人，他们虽不曾握枪杀敌，但是不事日伪，宁折不弯，时时以不同方式表达自己的爱国思想和对日伪统治的不满和反抗，表现了很高的民族气节。程砚秋、齐白石[3]就是杰出的代表。

荷锄务农程砚秋。九一八事变后，程砚秋目睹日军步步进逼华北，南京政府不抵抗，把大好河山拱手相让，遂忧时伤世，义愤填膺，决心利用舞台借古讽今，一抒忧愤，排演了有鲜明讽喻现实倾向的新戏《亡蜀鉴》。

《亡蜀鉴》剧情说的是，三国末年，魏将邓艾袭击蜀国，偷渡阴平后直奔江油关，江油太守马邈意欲投降，其妻李氏晓以大义苦口相劝，马邈佯装同意，而暗地里降魏，李氏得知后愤而自尽。程砚秋编

---

① 1978年，白塔寺白塔因地震出现裂缝。整修中，一名文物工作者在白塔的塔顶夹缝中发现了罗德俊手写的信。

② 程砚秋（1904—1958），北京人，原名承麟，著名京剧大师，四大名旦之一，程派创始人，中共党员。代表剧目有《锁麟囊》《窦娥冤》《荒山泪》《春闺梦》等。

③ 齐白石（1864—1957），祖籍安徽砀山，生于湖南湘潭。原名纯芝，字渭清，号兰亭，后改名璜，字濒生，号白石。新中国成立后曾任中国画院名誉院长、中国美术家协会主席。

演此剧的目的旨在暗讽国民党反动政府的不抵抗政策，借以表达决不卖国求荣、宁死不做亡国奴的思想。此剧一经公演即获得巨大成功，引起观众强烈共鸣。

1937年七七事变后，占领北平的日本人急于装点门面，粉饰太平，以显示其局面之"歌舞升平"，胁迫京剧界名演员唱义务戏，名义是"支援皇军，捐献飞机"。鉴于程砚秋的名望，日本人一定要让程砚秋出台。但程砚秋就是不理这个茬儿，他说："我不能给日本人唱义务戏叫他们买飞机去炸中国人，我一个人不唱难道就有死的罪过？谁愿意唱就去唱我管不了。"梨园同行婉转劝说，为了剧业同人，希望他圆这个场。他愤愤地说："我一人做事一人当，决不能让大家受连累。献机唱义务戏的事，我程某是宁死枪下也决不从命！请转告日本人，甭找梨园同业的麻烦，我自己有什么罪过让他们直接找我说话就是了。"①事后不久，程砚秋在北平前门车站遭到伪警察的殴打，又拒绝日伪索要《春闺梦》剧本，形势越来越恶劣，程砚秋下定决心，罢歌息舞，远离尘嚣，避居青龙桥，归耕务农！

为掩人耳目，他宣称：身体患病不能登台演出了。他还到德国医院托大夫帮忙，请德国医生义克德亲笔签名，开具一纸患病证明：程砚秋经本院内科检查，体胖行动不便，不宜去舞台献艺，应休息。他在赴西郊前夕同夫人果素瑛商量："几年来为了剧团同人的生活到处奔走演出，现时身在沦陷区域，眼见国破民穷，一切都是末路，旧剧更是走上穷途毫无希望。不如从此不演，乡间觅一居处，靠自己种田，年年能有口窝窝头吃已是满足了。这自称'仁义之师'的日本军队和特务的蛮横霸道，老百姓逆来顺受的处境实叫人无法忍受。我们惹不起难道还躲不起吗？从此无声无息，让世人把我忘掉最好、最好。"②

在青龙桥，程砚秋身穿黑色布衣布鞋，腰系搭布，下田锄草耪

---

① 全国政协文史和学习委员会编：《御霜实录——回忆程砚秋》，中国文史出版社2015年版，第27页。

② 全国政协文史和学习委员会编：《御霜实录——回忆程砚秋》，中国文史出版社2015年版，第28页。

地，住瓦屋绳床，吃棒子面窝窝头，过着地地道道庄稼汉的生活。春节，他写了副对联，贴在住屋门上：

荷锄事耕农，杜门写来往
殷勤语行人，早做退步想

程砚秋在西山青龙桥荷锄务农

日本警察局、治安军常常干扰，并称他接济八路军。程砚秋就躲到山里去，有时在山里老乡家住上几天。他在红石山上一块大石头旁，一遍一遍朗诵自己写的一首诗：

凭栏远瞩气萧森，
故国精华何处寻？
桑田沧海惊多变，
指日挥戈望太平。[1]

他宣称实行"三闭主义"（闭口、闭眼、闭心），为的就是避开伪警敌特的骚扰。

劳动之余，他专心攻读《汉书》《大宋宣和遗事》《明史》等书籍，由历史事实联系到民族命运，又想到自己的处境，不胜感慨。他说："前日已读完《汉书》《宣和遗事》，徽钦二帝经过惨状，宫人、公主、王妃均被掳去，青衣行酒真不如平民精神快活。亡国之惨，真令人目不忍睹。私通金邦的大官吏，真不知人间有羞耻事！现在却该轮到我们来作亡国奴了，别无选择似的非要你逆来顺受。所谓闭门

---

[1] 罗群：《程砚秋："我程某人宁死枪下，也决不从命！"》，《中国文化报》2015年7月28日第6版。

家中坐，祸从天上来，煎好的螃蟹拣样挑，肥瘦任便！我没做什么亏心事，不怕！一切听其自便，我就在青龙桥等着了，哪里也不去。他们爱把我怎样就怎样，国破家亡，个人安危又算得什么？让他们来吧！"[1]

1945年8月15日，日本宣布无条件投降。万民欢腾，奔走相告。程砚秋欣喜欲狂，逢人便说："看到打败日本侵略者，真高兴呀！我早就相信中国亡不了！艺术亡不了！"他宣布改"三闭主义"为"三开主义"（开口、开眼、开心）！

程砚秋的民族气节曾得到周恩来的高度评价。1957年11月13日，周恩来在致程砚秋的信中指出："砚秋同志，在旧社会，经过个人的奋斗，在艺术上获得相当高的成就，在政治上坚持民族气节，这都是难能可贵的。"[2]1958年3月9日，程砚秋因心脏病在北京逝世，终年54岁。马少波在为其撰写的碑文中，高度评价了他的民族气节：

> 砚秋出身贫苦家庭，对劳动人民有深厚的感情。为人刚正不阿，疾恶如仇。在北洋军阀和国民党反动统治时期，曾先后编演《春闺梦》《荒山泪》等富有现实主义精神的戏剧二十余出，以反对军阀混战和国民党政府的苛政猛于虎的统治，这表现了他平素所主张的戏剧要对人民负责的精神。抗战爆发后，北平沦陷，他因反对敌伪的压迫，决然脱离舞台生活，下乡务农，坚持不为敌人演出，表现了高尚的民族气节……[3]

爱国老人齐白石。齐白石是近现代中国绘画大师，被誉为"人民艺术家"。抗日战争期间，面对日伪当局威胁利诱，齐白石不事敌伪，

---

① 全国政协文史和学习委员会编：《御霜实录——回忆程砚秋》，中国文史出版社2015年版，第30—31页。

② 程永江整理：《程砚秋日记》，时代文艺出版社2013年版，第521页。

③ 李友唐：《程砚秋的艺术和人格》，《百年潮》2004年第1期，第42—48页。

节操自守，正气凛然，并以纸笔为武器，怒斥日伪当局，保持了崇高的民族气节。

1931年九一八事变后，北平岌岌可危，有人劝他避地南行，图保安全，他回答道："古人常说，吾能往，寇亦能往，大好河山，万方一概，哪里算是乐土呢？七十之年，草间偷活，还有什么可留恋的呢！"眼看东北全境沦陷，他终日长吁短叹，并以"东望炊烟疑战云，西南黯淡欲黄昏。愁人城上余衰草，犹有虫声唧唧闻"的诗句，谴责国民党的不抵抗政策。他还利用宣武门城门被拆的机会，买了许多旧石灰，以备死后装棺材用，寓意死也不忘北平。①

北平沦陷后，面对国土沦丧和受难同胞，他总是默默无言，有时竟至落下泪来。日军为掩饰其侵略者的丑恶嘴脸，企图请出几位社会名流和贤达之士，为其涂脂抹粉，表现其"日中亲善""大东亚共荣"。齐白石就是被看中的一位。

在日伪派人多次登门邀请其出山被拒绝之后，侵华日军的头面人物板垣、土肥原亲自出马，采用拉拢、引诱、威逼的手段，要齐白石出来为他们服务，加入日本国籍、到日本去等等。这些都遭到齐白石的断然拒绝，他斩钉截铁地说："齐璜中国人也，不去日本。你硬要齐璜，可以把齐璜的头拿去。"为表示自己不做奴隶和汉奸的决心，他亲手持刀把自己在院中栽种的花、木、葡萄架等砍的砍、拔的拔，以表示"皮之不存，毛将焉附"的景况和心情。②

他还愤然辞去国立北平艺术学院和私立京华美术专科学校教授的职务，闭门杜客，在寓所的门上贴了门条：

白石老人心病复作，停止见客。若有关作画刻印，请由南纸店接办。

① 张次溪：《齐白石的一生》，人民美术出版社1990年版，第158—159页。
② 吴长江、黎克明：《"看汝横行到几时！"——抗战时期白石老人的画和诗》，《新文化史料》1995年第5期，第11—13页。

为表达自己决不向日伪屈服的立场，1940年正月，他在门条上写道："画不卖与官家，窃恐不详。"并内加小注："中外官长，要买白石之画者，用代表人可矣，不必亲驾到门。从来官不入民家，官入民家，主人不利。谨此告知，恕不接见。"[1]

他用他的画和诗，作为投向敌人的匕首，以笔做刀枪进行斗争。1937年9月，为悼念陈散原，他撰写挽联：

> 为大臣嗣，画家爷，一辈作诗人，消受清闲原有命。
> 由南浦来，西山去，九天入仙境，乍经离乱岂无愁。[2]

1938年，他作《鸬鹚图》并题诗，以表达忧国忧民的爱国情：

> 大好河山破碎时，
> 鸬鹚一饱别无知。
> 渔人不识兴亡事，
> 醉把扁舟系柳枝。

1939年，他画了一幅富有讽刺意味的《猴子偷桃图》。画面上的猴子将偷来的桃子藏于腋下，作怕人看见的回顾状，形象深刻地勾画出日伪官吏既作恶又怕人的心态。齐白石题："既偷人之物，又怕人看见，可耻之极！"他曾在《跋苦禅画食鱼鸟》中写道："此食鱼鸟也，不食五谷鸬鹚之类。有时江涸河干，或者饿死，渔人以饲其饿者，饿者不食。故古有谚言：鸬鹚不食鸬鹚肉。"借以讽刺汉奸的卖国行为。他在答谢亲友问候的诗中云："寿高不死羞为贼，不丑长安作饿饕。"表达自己宁可饿死，也决不做取悦于敌人当汉奸卖国求荣之事的决心。

---

① 张次溪：《齐白石的一生》，人民美术出版社1990年版，第202页。
② 张次溪：《齐白石的一生》，人民美术出版社1990年版，第199—200页。

一次，伪华北临时政府行政委员会委员长王克敏声称，如果齐白石能画一张画给他，他可退回齐白石被扣的全部存款，并馈赠黄鱼（金条）20根。听到此消息，齐白石怒不可遏，抓笔泼墨作画一张，亲自加封，派人送往王宅。恰巧这天是王克敏71岁生日，正在官邸举办寿宴，日本军阀、特务、汉奸均在场。王克敏得知齐白石送画为他祝寿，喜出望外，如获至宝。谁知拆封一看，原来是一张《群鼠图》，题词曰："群鼠群鼠，何多如许？何闹如许？既啮我果，又剥我黍！烛炮灯残天欲曙，寒夜已过五更鼓！"王克敏等人见此，不由得目瞪口呆。

　　为揭穿日本侵略者"日中亲善"的欺骗宣传，他还画一老翁用力向葫芦里观看，上题"里边是什么"5个字，意味着落难的中国人民，要努力看穿日本帝国主义的侵略本质。胡佩衡评价说："这幅画讽刺意味极深，但日本帝国主义不了解其中的奥妙，大量印刷成制品，散发全国各地，反而唤起了我国人民更加深入地认识日本帝国主义本质，成为白石老人反对日本帝国主义者最成功的一张宣传品。"他还以象征、比喻等多种手法，创作了许多揭露敌人丑恶嘴脸的诗画作品。例如，他以螃蟹挥钳舞爪的形象来讽刺、比喻日伪当局在中国的横行霸道、汹汹然不可一世的丑态，并题画云"看汝横行到几时""汝曹何恃尚横行"等。他曾用褐色画了一幅《熟蟹图》，上题"何以不行？"一语双关，切中敌人要害。他还曾用更为直接的诗句斥骂敌人，淋漓尽致：

> 披甲拳丁性气高，
> 草泥乡里见君曹。
> 平生自负横行力，
> 却逊乘潮海外妖。[1]

---

　　[1]　吴长江、黎克明：《"看汝横行到几时！"——抗战时期白石老人的画和诗》，《新文化史料》1995年第5期，第11—13页。

1943年，他画《雁来红》并题词"西风秋景颜色，北雁南飞时节，红似人民眼中血。""西风秋景颜色"表面上指的是花的时节，实际却是影射日本军旗的颜色：日本侵略者看似疯狂，但已是"西风秋景"，日益没落。"北雁南飞"说明在日本侵略者铁蹄下，国土沦陷，但人民的心向往祖国，对于敌人的统治，人民的眼中充满了愤怒的鲜血。这首诗寄寓了他对日伪当局的愤懑和尽早把日本帝国主义赶出中国去的愿望。

1944年6月7日，北平艺专派人送来通知，让他领取配给煤。艺专的行政权操在日本人手里，而他在北平沦陷后多年未与学校发生联系，此时送煤，显然是敌人的阴谋。他复信并连同通知一并转退，回信中说："顷接艺术专科学校通知条，言配给门头沟煤事。白石非贵校之教职员，贵校之通知误矣。先生可查明作罢论为是。"煤在当时的北平很难买到，日伪当局利用这点引诱他，岂知他是正气凛然之人，绝不肯贪这点小便宜。

他还谆谆告诫儿女与学生，要保持中华民族气节，不能有丝毫奴颜媚骨。为此，他这一时期创作留存或拟赠儿女的书画，多亲自封裹，并题上"奉天有事之年作"等字样，以告诫后人不忘亡国之耻、民族之恨。1945年，当日本帝国主义投降的消息传来，他兴奋地作了一首七言律诗：

柴门常闭院生苔，多谢诸君慰此怀。
高士虑危缘学佛，将官识字未为非。
受降旗上日无色，贺劳樽前鼓似雷。
莫道长年亦多难，太平看到眼中来。①

在沦陷区的北平，还有不少文化界人士同日伪当局进行不屈不挠的斗争。国画大师张大千拒绝出任日本艺术画院院长。他说："我是

---

① 张次溪：《齐白石的一生》，人民美术出版社1990年版，第221页。

中国人，不能留下千古骂名，我宁死也不做汉奸！"著名艺术大师和美术教育家黄宾虹拒绝与日本人来往，把自己画室取名"竹北移"，把书画题款"宾虹"改为"予向"，表明自己怀念家乡、卧薪尝胆的决心。黄宾虹八十寿辰时，当时北平艺专的日本主持人以学校师生名义为他举行庆寿会，黄宾虹拒绝到会。为了拉拢他，日伪当局想请他出任伪北京美术馆馆长，但他坚辞不就，并挥笔画梅花一幅，题诗言志：烟云富贵，铁石心肠。耐此岁寒，以扬国光。著名京剧艺术家杨小楼在古都沦陷时，毅然息演，宣泄国仇家恨。他说："如果北平也怎么样的话，我这个岁数了，我就托病不演。"评书艺人连阔如拒绝在广播电台宣传"大东亚共荣圈""中日亲善"，反而在电台说了一段《廉颇蔺相如》寓意人民团结抗战……

当硝烟散尽后，这些中国人的身影，仍然挺立于历史当中，他们用自己的血性和铮铮铁骨，共同铸就了一个不屈的北平！

三、红歌嘹亮振人心

《义勇军进行曲》《寒夜曲》《大刀进行曲》……这些经典的抗战歌曲曾响彻中华大地，激励着千千万万爱国将士和民众奔赴抗日救亡的战场。"一支好的革命歌曲的力量是难以估量的！"著名作家夏衍曾说，无数革命志士，在冲锋陷阵时唱着它，在阴暗潮湿的黑牢里唱着它，在走向敌人的刑场时唱着它……

起来！不愿做奴隶的人们！把我们的血肉筑成我们新的长城！中华民族到了最危险的时候，每个人被迫着发出最后的吼声。起来！起来！起来！我们万众一心，冒着敌人的炮火，前进！冒着敌人的炮火，前进！前进！前进、进！

无论走到哪里，只要听到这熟悉的歌声，每个中国人的心都会激荡澎湃，顿生力量。这就是国歌《义勇军进行曲》。它的谱曲者就是曾在北平剧联参加宣传抗日救亡的聂耳。

聂耳演奏小提琴

《义勇军进行曲》是电影《风云儿女》的主题歌。《风云儿女》是电通影片公司拍摄的影片，主要讲述了知识分子由象牙塔断然走向抗日战场的故事。田汉负责电影剧本的创作。1935年2月，田汉不幸被国民党政府逮捕。电通影片公司为了尽快开拍，决定请人把田汉的文学剧本改写成电影文学剧本。征得田汉同意后，影片定名为《风云儿女》。

电影的主题歌《义勇军进行曲》，田汉就"写在稿纸最后一页"，原来准备把主题歌写得比较长，因为没有时间，写完两节就丢下了，之后他就被捕了。正准备去日本的聂耳，得知《风云儿女》有首主题歌要写，就主动要求把谱曲的任务交给他，表示到日本以后，歌稿尽快寄回，绝不会耽误影片摄制。聂耳很快就从日本寄回《义勇军进行曲》的歌谱，不久就在影片《风云儿女》中使用。

不幸的是，1935年7月17日，聂耳在日本藤泽市鹄沼海滨游泳时溺水身亡。他没有看到电影《风云儿女》，也没有听到合成后的《义勇军进行曲》。随着电影公映，《义勇军进行曲》很快传遍了全球。1936年，被迫流亡国外的刘良模把这首歌带到了美国。著名黑人歌手保罗·罗伯逊最早在美国演唱了这首歌，并灌制了唱片，将它改名为《起来》。从此，《义勇军进行曲》也在国外唱响了。陶行知在埃及金字塔下，听人唱过这支歌；梁思成在美国讲学时，看见一个十来岁的美国孩子，边骑自行车边吹口哨，吹的就是《义勇军进行曲》。

聂耳的生命在23岁就画上了休止符。但是，他的生命又是永恒的，聂耳的生命已经融入《义勇军进行曲》的旋律中。《义勇军进行曲》作为中华民族解放的号角，响彻华夏大地，激励着中国人民战胜日本侵略者，最后迎来了新中国的诞生。[①]

> 雪盖满山岗，西风吹来透骨凉。鬼子烧了住房，数九里露天的寒夜难搪。吃穿用都葬送在火场，肚子饿得难当，扒一把米炭且充饥肠。说什么并乡！中国人的死活，那干鬼子半寸心肠！泪眼望着火场，热泪流到白须上成冰桩。哪里还有家乡？哪里再找住房？今夜，且在这草堆上睡一场，且在这草堆上睡一场。

这就是传唱冀东大地的《寒夜曲》，创作者是冀东抗日名将包森的亲密战友娄平[②]。

1939年，日军在河北兴隆、遵化等地"集家并村"，建立"无人区"，百姓饥寒交迫。一次，娄平在长城边一个被日军烧毁的小村庄露营。看着无家可归的老乡和火烧后的断壁残垣，他有感于国破家亡，就在篝火旁自己作词谱曲，创作了这首《寒夜曲》。这首歌被地方干部教给了农村青年，唱响了冀东大地。后来，他又创作《打倒汉奸汪精卫》，此歌铿锵有力，朗朗上口，很快传遍了冀东抗日根据地。针对日伪当局的"三光"政策，他曾对战士说："我们一定要抗战到底！驱逐日寇出中国，建立新家园。"此后，他和包森一起，在冀东同日伪展开激烈的战斗。

---

① 刘岳：《聂耳：风云儿女多壮志　一曲旋律天下知》，中共北京市委党史研究室、北京青年报社编：《京华英雄》，中央文献出版社2017年版，第1—5页。

② 娄平（1917—2000），原名陶声垂，祖籍浙江绍兴。1936年加入中国共产党，早年投身抗日救亡运动，曾任中共北平城委书记、冀东八路军科长、教导员、团政委等职，后转任冀东十八地委城工部部长、冀东建国学院副院长、唐山市教育局局长。新中国成立后，历任察哈尔省教育厅副厅长，张家口市委副书记，河北省委宣传部、文教部副部长，河北省教育厅厅长，南开大学党委副书记、副校长等职。

没有共产党就没有新中国，没有共产党就没有新中国，共产党辛劳为民族，共产党他一心救中国，他指给了人民解放的道路，他领导中国走向光明，他坚持了抗战八年多，他改善了人民生活，他建设了敌后根据地，他实行了民主好处多……

战争期间曹火星（右一）与战友合奏

提起这首经典红歌，可谓家喻户晓。它的诞生地就是位于今天北京房山区霞云岭乡的堂上村，创作者是被誉为"人民音乐家"的曹火星[①]。

1937年七七事变后，13岁的曹峙从保定中学辍学回乡参加抗日群众组织，起初担任本村的青年救国会主任。1938年春节过后，曹峙到平山县农会工作，后被调到平山县青年救国会的宣传队——铁血剧社。曹火星的名字也是这时候改的。1938年底，铁血剧社兴起了一股改名热，曹峙想，就带个"火"字吧，就叫火星，星星之火可以燎原嘛。于是，他就改名叫曹火星了。随后，党组织派他去华北联合大学文艺学院学习，结业后，他深入群众开展文艺活动，宣传党的抗日主张。

1943年，19岁的曹火星已是晋察冀边区抗日救国联合会群众剧社的音乐组组长。秋天，曹火星来到房山的堂上村。平日一边书写

---

① 曹火星（1924—1999），原名曹峙，河北平山人。1940年进入华北联大学习音乐专业。1943年加入中国共产党。新中国成立后，曾任天津市文化局局长、市文联副主席、市音乐家协会主席等职。

抗日标语，组织村里的文艺宣传队唱歌、排戏，一边搞创作。当时，蒋介石发表《中国革命之命运》，文中称"没有国民党就没有中国"。《解放日报》发表《没有共产党就没有中国》的社论，与蒋介石针锋相对地进行斗争。想到这些，曹火星不禁心潮澎湃，便在纸上写下了一行字"没有共产党就没有中国"——新歌的题目诞生了。很快，他又挥笔写下了歌词："没有共产党就没有中国，……他坚持抗战六年多，他改善了人民的生活。他建设了敌后根据地，他实行了民主好处多……"

后来，随着解放大军南下的步伐，这首歌传遍全国。有一天，毛泽东在中南海听到女儿李讷唱《没有共产党就没有中国》，就告诉女儿"中国已有几千年的历史了，是先有中国，后来才有共产党"，应该在"中国"前面加一个"新"字。后来，这首歌就正式更名为《没有共产党就没有新中国》。

第三节　无名的伪装者

在北平，有这样一个群体，他们虽不曾驰骋疆场、肉搏敌人、壮怀激烈，但他们却在黑暗中坚定地守望心中的太阳，在长夜里默默地催生黎明的曙光，在虎穴中忍辱负重、周旋待机，在搏杀中悄然而起、毙敌无形。他们的名字无人知晓，但功勋永垂不朽，他们就是战斗在隐蔽战线的地下党——无名的伪装者。

一、百花深处

在北平的地下党中，有一支属于社会部系统的情报队伍。1939年2月18日，中共中央书记处作出《关于成立社会部的决定》，建立中共中央社会部。1939年6月成立中共中央北方分局（中共中央晋察冀分局）社会部，加强华北敌后城市的情报工作。在北平，地下党的主要工作对象是日伪机关上层人物和大学的上层人物，专门搜集敌人的军事、政治、经济、社会文化方面的情报。这些人员都是个人单线联系，大部分不是党员，而是在敌人内部的上层统一战线的关系，其中主要的领导人，当然都是党的领导干部，如黄浩、王定南、陈叔亮、李才等。

福音堂的黄长老。 黄浩[①]是新街口福音堂的长老，同时也是八路军冀中军区平津特派人员主任，是一名中国共产党领导下的北平地下抗日情报人员。

1915年，黄浩考入广州光华医学院。同年，因反对袁世凯称帝被投入监狱，后获释。1918年到北京开办诊所，并与夫人王佩芝在德胜门内簸箩仓胡同创办"宠锡挑补绣花工厂"。为解决邻居子弟学

---

① 黄浩（1895—1969），原名黄宠锡，广东揭阳人。新中国成立后曾任北京市房管局副局长等职。

校失学问题，捐款修缮了新街口基督教长老会办的崇慈小学校舍，因乐善好施，在当地享有崇高声望，被选任北平崇慈小学校长和新街口基督教堂长老。这就为他之后从事地下革命工作打下很好的基础。1937年5月，他与清华大学等高校学生奔赴延安，途经陕西省三原县时见到彭德怀，彭德怀为黄浩题写"坚持抗战到底"，赞扬他走抗日救国的道路，并建议他利用在北平的社会条件，从事统战联络工作。黄浩肩负使命返回北平，以教会、中小学校、挑补绣花工厂为媒介，为抗日根据地设立秘密掩护点十几处，接受为根据地运送医药、器械任务。

黄浩地下工作组的主要成员有王佩芝、黄曙鸣、李庆丰、吴又居、舒翼青、张兰芳、刘仁术、费路路、叶绍青、裕婉仪、苏彤、张汉存等。10处秘密掩护点，除簸箩仓、斗鸡坑、象鼻子前坑3个黄浩的住所外，还有新街口百花深处的明华斋古玩铺、泡子河李庆丰家、阜成门达智庙舒翼青家、碾儿胡同吴又居家、锡拉胡同刘仁术家、板厂胡同张兰芳诊所和白塔寺中和医院等。

为抗日根据地购买并运送物资，在当时的北平是极其危险的，更困难的是购买物资需要大量的资金。除贡献自己家庭的收入外，他还远赴上海、潮汕和香港等地，宣传抗日救国，开展抗日募捐，筹集巨额捐款，存入银行，建立严格的收支制度。每次根据地布置购买物资的任务后，都是由根据地的联络站派交通员送到北平，一是以联络商业的名义，到新

从事地下工作时的黄浩（左）（黄鹂　提供）

街口百花深处的明华斋古玩铺交叶绍青，二是以保定公理会教友名义送给北平新街口教堂黄长老。

在黄浩的精心筹划下，为根据地输送大量急需的药品，特别是一些贵重的西药，白求恩热情赞扬"真了不起"。除重点采购医药物资外，只要他们得知有边区急需而又短缺的物资如摄影机、小型纺纱机和机器润滑油等，都尽量设法进行采购。这方面，黄浩工作组中的刘仁术夫妇作出了很大贡献。刘仁术当年系爱国的工商企业家，经营制革、磨粉、机械制造、电镀等工厂。为搞到晋察冀画报社急需的摄影机，他千方百计地接近摄影家张印泉，请他制造一套拍摄、放映电影的机器和各种放大镜头，秘密运往边区；他还在自家院内设立一个秘密实验室，组织一批北大工学院的学生研究用植物油制造润滑油，把研究成果提供给边区有关部门参考试用。

1943年8月7日拂晓，因黄浩被暴露身份，日本宪兵队紧急赶往簸箩仓进行抓捕，他急中生智，登上屋顶，在突降的倾盆大雨中跑出胡同，脱离险境。凶恶的日本宪兵没有抓到黄浩，就狂怒地审讯毒打王佩芝，并对15岁的黄悌施以灌凉水、踩肚子等酷刑。世界上没有比一位母亲目睹亲骨肉被敌人折磨的惨状更为痛心的了，但她咬紧牙关，决不屈服，孩子们也眼瞪敌人，只用一句话回答敌人："昨天爸爸去天津了。"

敌人捉不到黄浩，就派人在他家蹲守。王佩芝强忍悲愤投入新的战斗，她一面应付伪警，一面启发他们的民族自尊心。不久，她发现一位青年警察，出身贫寒，有爱国心，就让黄悌和他交了朋友，没事两人就下棋。王佩芝则乘机把家中有关的材料和物品，以倒垃圾为掩护，转移到对门李家，并布置女儿黄鹂等与有关同志互通消息。

敌人虽然"蹲坑"3个多月，却一无所获。1945年日本投降前，簸箩仓6号全部财物被日本宪兵队劫掠一空。黄浩虽毁家纾难，颠沛流离，但革命意志依然坚定，继续从事秘密工作，为党提供了大量有价值的情报。

国画大师的情报生涯。黄浩地下工作组有一位著名的艺术大师，他就是李苦禅①。他自幼爱好武术和绘画。1919年，只身到北京求学。同学林一庐看他学画艰苦异常，所绘之画亦如"禅宗"画，就给他取了个别号"苦禅"。此后，"苦禅"替代"英杰"。

七七事变后，他辞掉教职，决不给日本人控制的学校做事。他的学生黄骐良与黄浩同乡，经黄骐良介绍，李苦禅成为黄浩情报组的一名成员，参加地下抗日工作。他居住的柳树井2号成为黄浩情报组的联络点。柳树井2号院子很小，小院门朝南开，南屋三间不大，很简陋，其中的一间半是他作画、休息和接待地下同志的地方。交通员、奔赴根据地的青年学生、外国友人等常在这儿藏身、中转，然后转移到根据地，奔赴抗战前线。

1939年5月14日，日本宪兵以私通八路的罪名逮捕李苦禅，将其关押在沙滩北大红楼地下室。日本宪兵用酷刑折磨他，给他灌凉水、压杠子、抽皮鞭，甚至往他的指甲里扎竹签。但他坚贞不屈，什么也不承认，并对日军头目少佐上村喜赖说："你们杀人的法子不是4个吗？一狗吃，二枪毙，三活埋，四砍头。你尽管用吧！我不怕这个！"由于他知名度高、影响大，再加上没有真凭实据，日本宪兵只好把他放了。此后，柳树井2号联络点不能再用了，但他的抗日没有结束，就借书画巧妙地宣传抗战。在讽刺漫画《大官风顺图》戏装丑官上面题道："有乳为母金为爷，奴颜婢腿三世节。励公戏作。"辛辣地讽刺了那帮有奶便是娘的汉奸。他经常在画竹的作品上题字"胸无气节者不可画竹，胸有气节者写竹易成"。他笔下的兰竹，正是他刚毅人格的一种体现。他还经常通过卖画收入捐助抗战。

风声什刹海。1942年冬，受平西情报联络站负责人钟子云的派

① 李苦禅（1899—1983），原名李英杰，山东高唐人，现代书画家、美术教育家。抗战时期，为中共中央晋察冀分局社会部黄浩地工组成员。新中国成立后，任民族美术研究所研究员、中央美术学院教授、中国美术家协会理事、全国政协委员。1983年6月11日因病逝世。

遣，王文①和王凤岐②以及一个陈老太太组成一个家庭，到北平去建立秘密电台。在北平的住址是由黄浩和叶绍青负责安排，电台是平西站装配的，但因周围环境等原因，一直与平西站的电台联系不上。王文决定自己组装一部发报机。当时，日军把无线电器材列为违禁品，买这种东西稍有不慎，就有坐牢掉头的危险。

王文、王凤岐与陈老太太合影

为完成任务，王文采取化整为零，分头购买的办法，经过近两个月的游击采购，终于购齐所需器材，初装成一台6L6真空管输出功率为30瓦左右的发报机，并摸清北平城内敌人侦测电台的情况，与根据地顺利进行情报联络。1943年8月，因设在阜成门翠花横街9号的中央社会部的一部秘密电台被日本宪兵队破获，王文只好秘密撤离北平，王凤岐在北平继续潜伏，直到抗战胜利后才撤回解放区。

开辟自行车"驼峰航线"。为黄浩情报组服务的还有一位著名的法国名医贝熙业③。1913年，41岁的贝熙业抵达天津，开始了在中国

---

① 王文（1917—1992），原名吴启满，安徽金寨人。1931年参加红军，1934年加入中国共产党。长征到达陕北后参加西路军，1938年到莫斯科学习无线通信和情报工作。回国后，在北平、上海等地从事情报工作。新中国成立后，历任天津市公安局副处长、处长、副局长等职。1992年7月因病逝世。

② 王凤岐（1916—2016），原名刘桂芬，河北安新人。1939年加入中国共产党，担任区妇联武装部游击队队长，后在北平从事情报工作。新中国成立后，历任天津市公安局边防检查股股长、侦查股股长、行政处招待所所长等职。

③ 贝熙业（1872—1958），法国博尔都大学医学博士毕业，擅长普通医学及普通外科。1913年来华，曾担任法国驻中国大使馆医官、北堂医院院长、燕京大学校医、震旦大学医学院院长等职。1920年中法大学成立，任该校董事、教授兼校医。1954年离开北京回法国。1958年去世。

长达41年的生活。他医术高明，精益求精，擅长外科，成为当时京城很有名气的医生，其患者包括孙中山、黎元洪、段祺瑞、蔡元培等，被称为"皇帝的医生"。他也坚持为普通百姓治病，费用全免，被老百姓誉为"活菩萨"。

七七事变爆发后，贝熙业第一时间与法国驻中国大使馆武官一起进入宛平城，成为第一批接触并治疗七七事变伤员的大夫之一。他见证了中国被日本侵略的事实，成为一位坚定的抗战人士。他代表外国驻京医官致函中国红十字会，表示愿意为红十字会服务，支援中国人民的反法西斯战争。

在海淀的阳台山东麓，有一座依山而建的贝家花园，是贝熙业的私人住宅，因其靠近平西抗日根据地，又因他法国人的特殊身份，被教友黄浩看中。受黄浩所托，贝熙业凭借外交特权，驾车从位于今天王府井的大甜水井胡同16号住所秘密运送药品到贝家花园，再辗转运到平西抗日根据地。到了抗战后期，由于汽油成为战略物资，无法驾车，年过七旬的贝熙业就蹬着自行车，冒着生命危险运送药品。从大甜水井胡同到贝家花园有40多公里，骑自行车需要大半天，还要驮运药品，这对已年过七旬的贝熙业而言，其困难可想而知了。同时，贝家花园还成为平西与北平城的秘密交通联络站，掩护过不少来往的地下工作人员。很长一段时间，他的事迹不为人所知。

英国人林迈可在他所著《八路军抗日根据地见闻录——一个英国人不平凡经历的记述》一书中，曾经详细讲述了他和贝家花园的一段往事。他说，1941年12月珍珠港事件之后，因同情和帮助八路军遭到日本军警的搜捕，他逃离燕园后就是先到贝家花园，然后与八路军的游击队取得联系，开始他的抗战生涯的。

1954年，贝熙业曾给周恩来致信说："当中国抵抗外国的侵略，我们共同敌人的侵略，这时，我冒着生命危险，穿过日军的检查站，提供药品，治疗共产党战士，给他们做手术，并把他们藏在乡间的房子里。我冒着最大的危险，把城里的情报人员转移出去。我所做的是一位中国爱国者的行为。"

2014年3月27日下午，习近平在法国巴黎举办的中法建交50周年纪念大会上指出："我们不会忘记，无数法国友人为中国各项事业发展作出了重要贡献。他们中有冒着生命危险开辟一条自行车'驼峰航线'、把宝贵的药品运往中国抗日根据地的法国医生贝熙业。"

平津情报联络站。1934年，陈叔亮①从辅仁大学中文系毕业；同年，入日本早稻田大学文学院读研究生，1935年回国。陈叔亮家住北平南长街老爷庙胡同18号，其父是华北盐务局的高级官员，家中有房子二三十间，书房客厅、玻璃走廊、名人字画、古玩陈设、硬木家具、线装古书，样样齐全，家中还有管家、女仆、厨子、车夫等，很有气派，这很有利于社会掩护。他是被中共中央北方分局社会部部长许建国②最早派遣到北平开辟地下情报工作的骨干之一。

1939年9月，他回到北平，以其家庭为掩护，站稳脚跟后，利用社会关系初步打开局面。以后又陆续派出杨宁、何长谦、安仲、张植凡、赵明洲、郑大堃、李振远、周梅影、李才等进入北平，均由陈叔亮联系。1940年12月，成立平津情报联络组，陈叔亮任组长，李振远为副组长。该组的任务是扩大平津据点，建立电台交通网络，开展外部主要城市关系。这个组的成员素质较高，多数是从延安及根据地派遣出来，情报工作很出色。

1942年5月1日，因叛徒出卖，日本宪兵队逮捕陈叔亮。在关押期间，他坚定、沉着，顶住敌人的逼供，没有暴露共产党的组织机密和情报机密，组内所有同志都没有受到牵连。许建国明确指示，要千方百计营救陈叔亮出狱，用钱，用黄金，花多少都在所不惜。因证据

---

① 陈叔亮（1911—1995），北京人。抗战胜利后曾任军调部济南小组中共代表、北平军调部中共代表团秘书处处长。解放战争期间曾任石家庄市公安局局长，天津市公安局秘书长。新中国成立后曾任外交部亚洲司副司长，第二亚洲司司长，驻柬埔寨王国大使，国际问题研究所领导成员，驻罗马尼亚大使等职。

② 许建国（1903—1977），原名杜理卿，湖北黄陂人，是公安保卫和情报工作卓越的领导者之一。1939年2月18日，中共中央书记处作出《关于成立社会部的决定》，同时建立中共中央社会部，许建国任副部长。中共中央北方分局社会成立后，许建国任部长。

不足，关押8个多月后，陈叔亮被释放，后安全撤离北平，回到晋察冀边区根据地。

1942年8月，建立平津情报联络站，李才任站长，主要任务是迅速恢复北平陈叔亮领导的主要成员的联系，加强工作指导；负责联系天津、上海、沈阳方面的情报组织。李才在回忆这段历史时曾说：

> 北平这个华北最大的城市，在抗日战争时期是侵华日军在华北的枢纽，汉奸伪政权"中华民国临时政府"（后改为"华北政务委员会"）的所在地，也是中国共产党进行情报活动的一个重要基地，是隐蔽战线的大战场。在这个战场上，有多少无名英雄怀着对祖国人民的无限热爱，对敌人的无比愤恨，英勇无畏地潜入敌内部掌握机要，有的还慷慨悲歌，从容就义，谱写了人们知道的和至今人们仍不知道的壮烈史诗。①

周时②是平津情报联络站站长李才的爱人。1942年2月，她化装潜入北平的途中，因证件被敌人识破而被捕，后被扣押在北平西郊温泉日本宪兵队。

日军对她进行百般逼供，周时坚决拒供一切。日军用枪毙恐吓她，取出5颗子弹，叫她自己选择死在哪颗子弹上，过了一天，又说要活埋她，把她推入土坑，埋及半身又拉出来，可谓百般恐吓、反复折磨，目的就是要套取情报。周时咬紧牙关，不吐一字，最后以绝食

---

① 张大中、安捷主编：《没有硝烟的战场——中国共产党领导的北平地下抗日斗争纪实》，京华出版社1997年版，第188页。

② 周时（1921—1978），山东济南人，原名周文馥，先后化名周时、李玉琴。1940年，在中共中央晋察冀分局社会部从事党的地下工作。新中国成立后，历任天津市第三医院医师、副院长，中央卫生部监察室副处长，国务院专家局和国务院科技干部局处长等职。1978年12月5日因病逝世，终年57岁。

相抗，5个日夜不吃饭，只饮少量水，身体极度虚弱。敌人想利用周时为其搜集情报，设计一个假逃跑的诡计，在李才的努力下，周时将计就计，乘机脱离虎口。这就使北平城内的情报组织、掩护点都没有受到损失。

周时（张晓翔　提供）

陈卓毅[①]也是平津情报联络站的重要成员。1935年赴日本留学，他与张为先、丁宜发起创建"东京反帝大同盟"，后回国参加抗日地下情报工作。七七事变后，在其日本同学也是日军华北警备司令部副官（翻译）彭某某的推荐下，陈卓毅以留日学生和富家子弟的身份，被聘为石门市（今石家庄市）代理市长兼社会局局长、石门正报社社长。后因身份暴露，于1940年同夫人苏琪返回北平，在西四大红罗厂8号暂住，后迁至景山西街翟家大院，对外掩护身份是"三爷"陈楚才兴办的大华窑业公司、北平大兴三轮车厂和北平华兴制棉厂的经理。

为避免华北日军特高课的怀疑，经许建国同意，"三爷"陈楚才用大兴三轮车厂当年的收入，为侄子陈卓毅买下东城区东板桥西河沿1号的一套大宅院，正式在北平定居。陈卓毅被确定为中共中央晋察冀分局社会部"40"号特工（北平驻在员），对内称"陈卓毅组"。

1942年初，潘汉年情报系统打入日军的内线，紧急报告中央社会部一条绝密情报：华北日军准备对冀中抗日根据地进行军事行动，但日期、规模等不清楚。中共中央社会部紧急命令中共中央晋察冀分局社会部：动用一切情报系统、情报关系，搞清日军行动计划。任务最后落在了陈卓毅身上。他再次利用老同学彭副官的关系，获取重

[①]　陈卓毅（1909—1968），辽宁辽中人。1935年赴日本留学，后回国参加抗日地下情报工作。先后任中共中央晋察冀分局社会部特工、中共中央东北社会部情报组骨干、中共中央东北局锄奸委员会委员。新中国成立后，在煤炭基建领域工作多年。

陈卓毅、苏琪夫妇在北平（陈时宰　提供）

要情报：日军对冀中根据地的行动大约就在1942年5月1日前后。

果然，1942年5月1日，疯狂的"五一大扫荡"开始了。由于中共中央晋察冀分局社会部向中央提供了准确情报，根据地政府机关、电台、医院、学校、幼儿园及兵工厂得到有效保护，损失降到了最低程度。李才在回忆陈卓毅的情报工作时说："他善于交际，为人豪爽，热情好客，他能接触到敌伪很多动态情报，如军事运输、战争物资的储备、伪政权的人事变动及内部矛盾等，都有利于我们开展对敌人的斗争。陈卓毅同志也团结发展了一批革命青年参加我们的工作。有王尹、郑平、冯志诚、刘杰、苏琪、陈立、郭方等。"[1]

书生站长梁波。平西情报联络站对外叫民运组，经常驻扎在妙峰山下的涧沟村，有一部电台，主要负责搜集北平、天津及东北地下交通员送来的情报，然后派发到边区社会部。为了更详尽、更迅速地掌握情报，站长梁波[2]不顾危险，经常深入到敌占区的北安河、鹫峰一带，和从北平城中来的交通员当面交谈。这样交通员当天可以返回北平，比较安全、方便。他也与当地人民结下深厚友谊，经常帮助困难

---

① 张大中、安捷主编：《没有硝烟的战场——中国共产党领导的北平地下抗日斗争纪实》，京华出版社1997年版，第267页。

② 梁波（1909—1947），天津人，原名杨思忠。1930年考入北平师范大学教育系。1937年加入中国共产党。1938年负责平津唐点线工作委员会民先队党的工作，1939年任晋察冀边区党委秘书主任，1940年任中共宛平县委书记。1944年，任驻妙峰山涧沟村平西情报联络站站长。1947年被捕牺牲。

群众，被老人和小孩亲切地称为"老梁"。

梁波所在的平西情报联络站担负联系平津及东北情报组织的重要任务，是根据地通往敌占区大城市的主要红色通道。在战争年代，情报从这里接送，电台、药品、医疗器械、化学物品等重要物资也经这里转运，大批爱国青年、革命志士和国际友人都经由这里往来于根据地和敌占区。"胜似雄兵十万"，国家安全部首任部长凌云的题词，就是对他们出色的情报工作的高度评价。

王定南情报联络组。全民族抗战爆发前，王定南①就在萧明领导下在北平从事情报和上层统战工作。七七事变后，萧明撤回延安，王定南奉命留在北平继续工作。该组主要成员有王定南、王章、张德懋、陈洁。他们分头联系4个小组：王章领导陈涛、关俊彦、李文伯、高伯万等14人，其中高伯万联系10余个工作关系。张德懋联系万复、高炎、汪德宣、张树槐、成屏等24个骨干和工作关系，其中有些为教授、讲师、记者及日伪关系。陈洁领导赵明等数人。王定南直接领导朱旭人、毛俊、唐宏强、王跃庭、李在耘等人。

他们通过联系燕京大学教授张东荪、中国大学图书馆主任许宝骙、宝商银行经理王泽民、中国大学校长何其巩和俄文教授王之相等20多位社会各界人士和一些国际友人，如英国驻华大使卡尔等，为中共开展上层统战工作起了一定作用。抗战期间，王定南情报联络组获取了不少日伪情报，为晋察冀中央分局、军区领导机关领导反"扫荡"、反封锁、反"蚕食"斗争，提供了重要的行动参考资料。1942年5月，王定南情报联络组由于内部人员出卖而遭到严重破坏，王定南等多名党员骨干被捕入狱，工作受到极大损失。

董雄飞情报组。1940年，中共中央北方分局社会部派董雄飞到

---

① 王定南（1910—1990），河南内乡人。曾用名王泽南、王正化、王作宾。1929年4月在北平艺术中学加入中国共产主义青年团。新中国成立后，曾在华北行政委员会民政局和中央内务部任秘书、专员、主任等职。1961年后曾任山西省人民委员会参事室副主任，山西省文史研究馆副馆长、馆长，省政协第四、五届委员会副主席、党组成员，第五、六、七届全国政协委员等职。

平津工作。他利用与伪华北政务委员会王揖唐、齐燮元、门致中是同乡同学的关系，打入东北保安军任团长。董雄飞以此为掩护，活动于平津地区，先后发展铁路职工、社会人士、东北军旧部、伪新民会成员等多人为情报关系，建立起秘密情报小组，主要收集日伪铁路运输、伪新民会等方面的情报，并在北平住处设秘密电台。该情报组一直工作到抗战胜利。

二、古城暗战

1941年1月，中共中央北方分局根据中央指示成立城市工作委员会（简称"城工委"），聂荣臻为书记，刘慎之为副书记，刘仁为委员。城工委设在组织部，对外保守秘密，配备少数精干人员，专门从事城市工作。为加强北平地下党力量，1942年到1943年初，城工委抽调部分干部进入北平。王若君[①]、崔月犁、项子明等都是这期间派入北平的。1944年9月，中共中央晋察冀分局决定以城工委为基础，组建城市工作部，刘仁为部长。社会部与城工委在工作中虽也经常发生交叉，但两个系统是严格分开的。城工委所管的是城市的建党工作，主要做群众工作，如城市中的大专院校、工厂企业、平民等。

中国的"热纳达尔克"。 王若君利用自己在北平城的家族关系，开展地下情报工作。1942年2月，她受刘仁委派返回北平。出发前刘仁曾对她说："我们想派你到北平做地下工作，这可不是社会部许建国那里的工作，是去建党。……去北平你可以上大学，在学生中工作，发展党的组织。北平原来的地下党遭受破坏，你不要和他们联

---

① 王若君，河北易县人。1931年9月考入北平西山的温泉女中。1934年升入中法大学附属高中，参加一二·九运动。1936年参加中华民族解放先锋队。1938年5月加入中国共产党，先后在高阳县妇救会、河间县妇救会、河间县委宣传部和冀中区党委宣传部工作。1940年入华北联合大学学习。1942年2月，受刘仁委派返回北平，开展地下工作。1944年，返回晋察冀根据地。新中国成立后，先后在多个政府部门和企业任职。1978年调任中国有色金属设计研究院任副院长。1983年离休。

系。你是单独工作，受分局组织部直接领导。但战争环境是残酷的，也可能到时候我们都不在了。你出去工作，我们已向中央组织部备案了，会有人领导你的。"[1]

去北平工作，远离根据地，单枪匹马，诸事都要独自处理，不像在根据地时可以随时请示党组织，但对自己也是一个考验，在与爱人分别前她赋诗一首：

我像一把宝剑插到敌人心脏。不是在凯旋门前拥抱我的爱人，就是做中国的热纳达尔克（Janedrk，法国民族女英雄）。

到达北平后，王若君首先利用家族关系，逐步扩大接触面。她在师范大学、女师大、北大医学院、铁路学院、师大男女附中、女三中、女二中、光华中学、山东中学、孔德中学、艺文中学等大中学校的学生中，以及在燕京造纸厂、北平市电话局、前门布店、伪市政府和景山织袜厂的工人、职员中，团结教育了数十名进步青年，将其中的11人发展入党，并陆续向根据地输送60多名大中学校学生。

王若君

为把革命青年顺利送到根据地，她自己开辟了一条秘密交通线路，即从易县下火车，徒步走40里到老家东娄山村，然后再送至北

---

① 中共北京市委党史研究室编：《抗日战争时期中共北平地下党斗争史料》，内部出版，第203—204页。

方分局组织部。她动员母亲高淑英护送同志，并将一些秘密宣传品带到北平，如斯大林1943年在五一国际劳动节上的讲话就是她带回的。为使易县这条交通线更安全，她还把妹妹高志送到易县火车站当警察，真可谓"一人抗日，全家支持"。1944年2月，王若君完成新闻学院的学业，被分配到中华通讯社妇女股当内外勤记者。正当王若君准备大显身手好好干一场的时候，她突然接到在伪新民会工作的本家妹妹王荃的消息："日伪要下手了，他们的名单上有你的名字。"经上级领导批准，王若君撤离北平，结束了两年多的地下工作，回到了晋察冀城工部。

宁为玉碎，不为瓦全。何万生，又名何蔓生，出生于清末，父亲是蒙古旗人，官至道台，母亲是汉族贫苦农民的女儿。1930年，何万生考入北平市政府秘书室统计股当职员。他阅读大量的马克思主义哲学、政治经济学、历史学等方面的著作，信仰马克思主义，拥护中国共产党。1944年，因从事地下工作，被日本宪兵队残忍杀害。

据安捷回忆，何万生很健谈，对共产党人的钦佩更溢于言表。他曾热情地谈到毛泽东、朱德和周恩来，详细描述了李大钊出殡路经宣武门、西单时的情景：许多学生如何不畏军警的殴打、逮捕，勇敢地散发传单，高呼"共产党万岁！""打倒日本帝国主义！"等口号，路边的行人如何被感动得驻足而立泪雨纷纷……

他不顾个人安危，掩护革命同志。1942年7月，艾力农因与交通员失去联系未能到达根据地重返北平，就住在了何万生的家里。在艾力农离开北平再次赴保定的前一天夜晚，何万生同艾力农进行长时间谈话，大意是：要想做终身的革命者，一定要好好学习马克思主义理论，树立革命的世界观、人生观，打下牢固的思想基础，才能革命到底，否则，遇到困难和挫折就会发生动摇，就成了昙花一现的革命人物。

何万生的谆谆教诲，令艾力农永生难忘。直到20世纪末艾力农回忆往事时还说："半个月的相处，何万生先生给我留下了很好的印象。他谈吐不凡，性格深沉坚毅，后来为革命慷慨牺牲决不是偶然的。何老太太守口如瓶，真是可靠的地下工作关系。他们母子是我永生不忘的人。"

当党组织要他做争取团结知识分子工作时，他慨然应承，而且立即同安捷研究如何着手开始工作。从此，他利用在伪市政府供职之便，不遗余力地在亲朋好友中开展抗日宣传。在短短的一年半时间里，为北平地下党完成很多任务：输送革命知识分子去抗日根据地，如王西徵及其一家。他以李谷诒和廉孔彰两家为活动点，团结了李德媛、李志媛、李采、康明（廉骥）、方程（廉骠）等一大批进步青年。

鉴于何万生积极从事抗日工作的出色表现，1944年4月，张大中和安捷曾商议发展何万生入党。不料，5月初，何万生被日本宪兵逮捕。在狱中，他受尽拷打与折磨。但是，无论日本法西斯施以什么样惨无人道的酷刑：过电、灌凉水、坐老虎凳、压杠子、用烧红的烙铁烫他那瘦弱的身躯，都没能动摇他钢铁般坚强的革命意志。他坚守"宁为玉碎，不为瓦全"的革命气节，咬紧牙关，只字不吐，直至最后壮烈牺牲。何万生以他宝贵的生命保护党的机密，谱写了一曲气壮山河的正气歌。他年逾40还未成家，曾毅然表示："不打倒日本帝国主义誓不结婚。"

雕窝青青草。王册原籍河北省昌黎县，1940年考入燕京大学，1942年加入中国共产党，并在北平从事地下工作。她在北平的住所宣武门外永光寺中街15号，成为北平地下党秘密活动的据点之一。

她严格遵守秘密工作纪律，收藏传递一些革命书籍，输送一些革命同志去根据地。在传递书籍时，她总是按约定的时间、地点接头，从未延迟、耽搁或出差错。输送革命同志去根据地，也都是由她买票及做好必要准备。1942年寒假，她去了晋察冀敌后抗日根据地，参加了晋察冀边区中共北岳区党委党校学习，毕业后分配到河北省阜平县一区区委工作。1943年秋，在日军残酷的"扫荡"中，被日军在南雕窝村俘虏。当敌人问她是干什么的，她简短地回答：

"是抗日的。"敌人说："皇军是为了建设大东亚共荣圈。"她怒斥敌人是帝国主义，是侵略者。敌人当场杀害了她。牺牲时她年仅23岁。她的同学戈原在悼念王册烈士的文章中写道：

常忆四三年，深情萦系心；悲壮晋察冀，英烈多完人！
谁说弱女子？发我民族魂！雕窝青青草，光辉照古今！①

鲜为人知的马家堡事件。许言午②是中国共产党北平市铁路工作委员会的一名地下党员，受中共北平地下党"铁委"的领导，秘密从事抗日救国的斗争。

1944年，他担任马家堡火车站站长。7月，许言午利用车站信号灯失灵变色，制造了一起使304次特快军车冲出铁轨的重大事故。7月阴雨连绵，由于车站信号灯线路老化，信号灯会不时地变色。利用这一点，许言午同扳道员申连科制定了颠覆304次特快的周密计划。11日晨，天下小雨，7点钟，304次列车喷着浓烟以每小时75公里的速度向马家堡车站奔来，许言午向申连科示意，申连科立即打出列车从干线通过的信号，同时将铁轨扳到列车会车的安全停靠线上。开车的

1939年许言午与郭蕴结婚照（许铁生　提供）

①　张大中、安捷主编：《没有硝烟的战场——中国共产党领导的北平地下抗日斗争纪实》，京华出版社1997年版，第390页。

②　许言午（1912—2005），辽宁怀仁（今桓仁）人。1936年加入中国共产党。1945年8月至1948年3月，任中共北平铁路工作委员会所属的前门地区铁路工委委员。新中国成立后，曾任成都铁路局副局长等职，1982年离休。2005年8月23日因病逝世，享年93岁。

日本司机看到信号，毫不减速，使列车高速冲向安全线。轰的一声巨响，车头一下子扎进铁轨尽头的沙土里，后面的车厢出轨，一节挨一节地互相撞击。列车上的100多人全部当场毙命。其中有株式会社总裁（中将军衔）和23名校、尉级军官，以及80多名日伪北平政府和铁路方面的官员。事后，许言午到根据地向刘仁做了汇报。

当时，在城工委工作的还有周铭、常明、张鸿舜、李超、崔振华、张一峰、张大中、安捷、佘涤清、杨伯箴、李雪等。城工委的工作范围包括北平、天津、唐山、保定、石家庄、太原、张家口以及晋察冀边区周围邻接的工矿区和铁路。城工委明确北平地下党的工作中心要放在大中学校方面。他们的工作主要包括：整顿党组织，把党建立在巩固可靠的基础上；在积极分子中个别发展党员，建立精干隐蔽的地下党组织；输送革命青年知识分子去根据地，团结上层抗战人士；到一切有群众的地方去，宣传和组织抗日活动；突破敌人的封锁线，建立城工委系统独立的秘密交通线。

三、战斗在敌人心脏

在北平从事情报工作的，还有一支隶属于八路军前方总部的情报队伍。

1941年，中央军委决定在各战略单位建立情报组织，要求八路军前方总部、第115师、第120师、第129师等各司令部成立情报处。1941年底，八路军前方总部情报处正式成立，处长由八路军副总参谋长左权兼任，副处长是项本立。下设4个科：一科为派遣科，科长林一①，科内成员有张箴、刘岱、路展、周光耀；二科为情报科，科长魏国运，科内成员有柴军武、孙明远等；三科为技术侦察科，对外

①　林一（1917—2007），河北武邑人。老一辈无产阶级革命家滕代远的夫人。1936年5月加入中国共产党。曾任八路军前方总部情报处派遣科科长，中央军委铁道部人事局干部处处长、劳动工资处处长，天津铁路管理局北京分局副局长，北京铁路局副局长等职。

称新闻台，科长钱江；四科为爆破科，科长由项本立兼任。1942年5月左权牺牲后，中共中央于8月25日调抗大总校副校长滕代远任八路军前方总部参谋长兼情报处处长。

情报处的主要任务就是：搜集敌伪、国民党的军政情报，调查研究其动向，了解各有关方面的具体情况；组织部队人员，查明敌伪部队番号、兵种、武器、行动企图、作战地域、地形地貌等，作为供给党政军领导人下定决心的根据。从事情报工作的，在政治上必须绝对可靠，在敌占区一般有家庭和社会关系，方便开展工作。这些特工人员打入敌占区，潜入敌伪内部，可谓工作战斗在敌人的心脏。当时，负责派遣工作的是林一。在北平从事地下情报工作的主要有刘新、白羽、王岳石、贾建国、姚继鸣、何中州、梁鸿宽等。

刘新地下情报组。刘新是八路军前方总部情报处在北平的地下情报站负责人。1941年春，刘新进入北平开展工作，先由保卫部部长杨奇清直接领导，1945年转交刘仁领导。在派往北平前，杨奇清亲自向刘新交代了工作任务，就是要在北平找到公开职业，站住脚，扎下根；发展党员，建立地下党组织，逐步壮大队伍，开展对敌斗争；搜集敌伪情报。他强调说："党交给你的是特殊战斗任务，不拿枪的战斗任务，要赤手空拳地战斗在敌人的心脏里。"[①]

刘新利用其北平师范大学同学王栋芩的关系，打入敌伪的要害部门广播电台，公开职业是管演讲节目的审稿。与此同时，他还在北平市立女一中、女二中找到工作，这就为搜集情报和发展党员创造了良好条件。白羽就是北平市立女一中的学生，在丈夫刘新的影响下，于1942年加入中国共产党。白羽在女一中高中毕业后，刘新派她以中国大学学生的公开身份发展地下党员，建立八路军前方总部情报处领导下的中国大学地下党支部。

在刘新的努力下，北平分别建立起北大工学院支部、北大法学院

---

① 中共北京市委党史研究室编：《抗日战争时期中共北平地下党斗争史料》，内部出版，第177页。

支部、中国大学支部、北平市立女二中支部、北平市立男三中支部、北平市立男四中支部、机关支部和商人支部等8个支部，其中每个支部、每个党员又联系着若干进步青年。刘新在回忆这支队伍时说："这是党领导下的为革命不怕苦、不怕死的，精干有力的一支地下军，在抗日战争的岁月里，搞侦察、送情报、运物资、收缴武器、张贴标语、散发传单……每个同志都像埋伏在敌人心脏里的一颗炸弹，忘我地为党的事业而奋斗着。"①

刘新通过在电台的工作，接触很多敌伪中上层官员，了解到敌伪组织和旧军阀、学术界的一些接触活动，探听到敌伪建设总署的很多重要军事情报。他还利用敌伪电台播放一些隐蔽的具有爱国教育内容的节目。在日本投降后，刘新根据刘仁的指示，打入国民党的一支杂牌队伍，与李振中周密策划，将日本在北平的津泽医院整体搬迁到解放区，日本津泽医院从此成为八路军的外科医院，在此后的辽沈战役和平津战役中作出很大贡献。他还根据刘仁的指示，利用关系认识北平伪警察局第5大队队长李文忠，搞到大量的枪支、弹药、医药等物资，并运往解放区。

何中州、梁鸿宽是与刘新联系的两个地下交通员。何中州在为刘新传递情报时，非常机智勇敢，总是把情报记在脑子里，做到一点儿也没有遗漏，讲得清清楚楚。在了解刘新缺少党员学习教材时，他冒着极大的风险，把书拆成单页，揉软絮在棉被里，翻山越岭，闯过敌人的封锁线带到北平。其中，《中国革命与中国共产党》《新民主主义论》《论联合政府》《党章》等成为各支部学习了解党的政策的重要资料。梁鸿宽是武安县南庄村人，任地下锄奸队队长。杨奇清发现梁鸿宽机灵可靠，就让他以商人身份开辟太行山根据地到沦陷区北平的地下交通线。他们多次从太行山总部给刘新带来上级指示，又多次往根据地输送情报和进步青年，执行总部交给的交通任务。

---

① 中共北京市委党史研究室编：《抗日战争时期中共北平地下党斗争史料》，内部出版，第190—191页。

刘新在评价他们的工作时说："在八年抗战血与火的残酷斗争中，我党有一批忠诚、勇敢、机智、为完成党交给的任务置个人生死于不顾的地下交通员。他们来往于根据地与沦陷区之间，把党的各项任务、政策、文件送到地下党手里；又把地下党的干部、青年学生、侦察到的秘密情报和各种物资输送到根据地。这些同志的英勇事迹应该载入史册，流传后代，使年青的一代永远不忘革命胜利来之不易。"①

王岳石情报站。八路军冀中军区政治部敌工科科长王岳石②，家庭有不少东北军的上层关系，本人也有许多日本陆军士官学校的同学，会日语，家在北平。鉴于这些有利条件，林一决定派遣王岳石（化名"王剑平"）到北平开展地下工作，建立情报站。不久，八路军前方总部情报处又将滕代远的警卫秘书史怀善、中共中央晋察冀分局社会部郑平以及冀中军区情报处的宁致远3名潜入北平的同志划归该情报站。他们和王今英（郑平的夫人）、林世大、高致中、赵胜增成为王岳石情报站的骨干。

王岳石利用父亲和亲友的社会关系，进入北平武装警察系统，被任命为警察第7队队长，宁致远被任命为北平市警察局内五分局局长，王岳石的弟弟王瑞担任北平绥靖军兵器厂副厂长，在他们3人的努力下，警察第7队、内五分局、绥靖军兵器厂成为王岳石情报站掌握的三支武装力量，也为搜集军事情报奠定了很好的基础。日军投降后，王岳石被任命为北平地下军总指挥，全力以赴转入直接准备武装起义的工作，后因身份暴露而撤离北平。

王岳石领导的情报站，在长达3年的时间里，依靠上级的坚强领

---

① 张大中、安捷主编：《没有硝烟的战场——中国共产党领导的北平地下抗日斗争纪实》，京华出版社1997年版，第355页。

② 王岳石（1914—1994），原名王金镜，辽宁辽中人。日本士官学校毕业，1930年参加革命工作，1932年2月加入中国共产党。九一八事变后，他参加抗日救亡运动，在东北军从事"兵运"工作。1938年12月加入东北抗联。解放战争中，曾参加辽沈、平津等战役。新中国成立后，曾任旅大警备区炮兵副司令员、旅大警备区司令部副参谋长等职。

导，联系旧东北军上层关系，成功打入敌人内部，获取大量军事情报，发展了一批骨干分子加入党组织。由于贡献突出，成绩显著，受到八路军前方总部领导机关的表彰。

姚继鸣情报站。姚继鸣[①]曾担任抗大六分校教育长，1942年7月潜入北平，建立姚继鸣情报站。1942年，为加强沦陷区的情报工作，林一决定选派姚继鸣潜伏北平敌占区开展情报工作。林一向左权汇报姚继鸣的情况：有丰富的社会经历，曾在北伐战争中担任副师长，西安事变后参加红军，多年在国民党军队里从事统战工作。他的老家在北平城内，有妻儿和住宅，熟悉当地的风俗习惯，亲友中有可利用的社会关系。左权听后立即向彭德怀做了汇报，并得到批准。

这年7月，姚继鸣在林一指导下打扮成商人，办好在敌占区通用的"良民证"，派交通员王顺陪同其离开总部，辗转数日，回到古都北平。他在西四北面的大平仓胡同口开了一家干鲜果品店，取名为"谦祥号"。这间小小的果品店，作为地下联络点，发挥了不小的作用，同时，因生意不错，也为开展地下工作提供了经济来源。

此后，他按林一指示的线索找到东城骑河楼中西医医院的"郑院长"，后者在这所医院里给他安排了一个管理员的职务。这时，姚继鸣通过邻居认识了驻河北省遵化县伪治安军的营长张鸣华，经向林一报告后，她同意把派往青岛尚未站住脚的王文治、王伯彦夫妇安插在张鸣华属下。王文治在伪治安军第6团团部当帖写（文书）。曾在抗大任过军事教员的王文治，利用职务方便，搜集、整理治安军第6团的人员编制、武器装备、驻地分布等情报，派王伯彦送回总部，受到总部首长的表扬。他还找到他的外甥、伪华北政

---

① 姚继鸣（1901—1957），原名姚德亮，北平人。1936年参加红军，1937年3月加入中国共产党。后受党派遣潜回北平从事情报工作。新中国成立后，历任西南军区后勤部第一副部长兼军运部部长、西南建筑工程管理局局长兼党组书记、中央建筑工程部安装工程总局局长等职。

务委员会实业总署矿业局局长李岐山，通过他获知了北平高层大汉奸们争权夺利的情况，以及中国矿产资源被运往日本的登记材料，都转报给八路军总部。

经过艰苦细致的工作，姚继鸣在北平建立稳固的情报站，可靠的骨干有8人，以自己开办的"谦祥号"果品店做掩护，家庭和果品店成了他地下工作的办公场所。同时，他在北平团结、教育、培养一批知识青年，并输送到抗日根据地，为发展进步力量、壮大革命阵营起了重要作用。

贾建国情报站。贾建国[①]时任八路军冀南军区771团团长，1943年5月到八路军前方总部情报处工作后被派往北平，建立贾建国情报站。他通过担任北洋军阀旅长的王家修以及大汉奸、华北绥靖军司令齐燮元的同学成铭斋，做齐燮元的争取工作。在一年多时间里，虽然没有让齐燮元转变立场，但从他那里获得了许多重要情报，如日军、伪军战略变化的信息和各军头目的个人简况，这些都被及时送往八路军总部，发挥了应有的作用。

---

① 贾建国（1912—1988），山东历城人，1931年参加青年学生抗敌义勇队，1937年10月加入中国共产党。1942年任冀南军区司令部情报处副处长。解放战争时期，曾任华北野战军第1兵团14纵队41旅司令部副参谋长等职。新中国成立后，历任军委炮兵司令部高射炮处处长、军委高射炮学校第一副校长、军委炮兵高射炮部副部长、宣化炮兵学院训练部副部长等职。

第六章

血战到底：迎接抗战的胜利

随着华北敌后战场形势的逐渐好转，特别是世界反法西斯战争的形势发生根本性的变化，中国共产党领导敌后军民展开攻势作战，平郊抗日根据地逐渐巩固扩大。同时，中共中央日益重视和加强城市工作，多头派遣大批干部赴北平开展工作。1945年8月15日，日本帝国主义宣布无条件投降。9月2日，在东京湾的美国军舰"密苏里"号上，日本代表在投降书上签字。至此，中国人民抗日战争取得胜利，北平人民8年的沦陷屈辱史也随之结束。

第一节 展开局部反攻

一、华北敌后战场形势好转

1943年春天，第二次世界大战在经历6个年头之后，终于迎来转折。在苏德战场、太平洋战场、北非战场以及中国战场，世界反法西斯阵线的同盟国军队加强对德、日、意侵略军的反攻，促使意大利统治集团分裂，墨索里尼下台。从此，欧洲法西斯阵线瓦解，日本法西斯也面临彻底灭亡的命运。中国抗日战争已胜利在望。毛泽东在《第二次世界大战的转折点》一文中曾精辟地指出："这一形势，将直接影响到远东。明年也将不是日本法西斯的吉利年头。它将一天一天感到头痛，直至向它的墓门跨进。"

1943年2月，在苏德战场，斯大林格勒会战以苏联的胜利而告结束，苏军共歼灭德军150万人，占苏德战场上德军作战总兵力的四分之一。斯大林格勒保卫战的胜利，标志着苏德战争的进程发生根本性的转折，苏德战场的主动权开始转入苏军之手，法西斯德国则开始一步步走向自己的坟墓。正如毛泽东所指出的："只要迫使希特勒转入了战略防御，法西斯的命运就算完结了。因为像希特勒这样法西斯国家的政治生命和军事生命，从它出生的一天起，就是建立在进攻上面的，进攻一完结，它的生命也就完结了。"[1]

在太平洋战场，1942年6月，日军发动中途岛海战，这是日本对美作战的重大步骤，战斗中遭到美军痛击，被迫撤退。中途岛海战的失败，使日军在太平洋战区开始丧失战略主动权。此后，在争夺瓜达尔卡纳尔岛的战争中，日军损失惨重，美国海军力量取得决定性优势。从此，太平洋战场的战略态势出现根本转折，日军由战略进攻转入战略防御，美军由战略防御转为战略进攻。

---

[1] 《毛泽东选集》（第三卷），人民出版社1991年版，第888页。

在北非战场，1942年11月的阿莱曼战役，英军重创德意军队，使北非和整个地中海的形势发生对西方盟国有利的变化，是第二次世界大战中非洲战局的转折点，从此战场的主动权完全转到英军方面。1943年4月，美英联军开始对被驱至北非突尼斯北部境内的德意军队发动猛攻，德意军队25万人全部投降，至此，残存于北非的德意侵略军全部被肃清，这也进一步加深了意大利法西斯政权的军事、政治、经济危机。

1943年7月，意大利法西斯党头目墨索里尼被迫下台。9月，意大利政府向盟军投降。10月，意大利政府宣布退出法西斯轴心，对德国宣战，标志着德意日法西斯轴心实际上的解体，这是国际反法西斯阵线的一大胜利。从此，日本法西斯更加孤立无援了。

为加速德意日法西斯的灭亡，美、英、苏三国首脑认为有必要进一步加强同盟国的合作，协调军事战略。1943年10月19日至30日，三国外长在莫斯科召开会议，经过讨论，三国政府保证在共同作战的一切问题上紧密合作。

1943年11月22日至26日，中、美、英三国首脑在埃及开罗举行会议，讨论对日联合作战计划和战后如何处置日本的问题。经过协商，很快取得一致意见，签订《开罗宣言》，明确规定日本必须无条件投降，主要内容包括：三国宣布，对日作战的目的在于制止及惩罚日本的侵略；剥夺日本自1914年第一次世界大战开始以后在太平洋所得或占领的一切岛屿，把日本侵占中国的东北地区、台湾、澎湖列岛等归还中国；日本将被逐出其以武力所攫取的所有土地；在相当期间内使朝鲜自由独立；坚持战斗到日本无条件投降。宣言的公布，进一步加速了日本军国主义的灭亡。

11月28日至12月1日，在莫斯科外长会议和开罗三国首脑会议的基础上，美国总统罗斯福、英国首相丘吉尔、苏联人民委员会主席斯大林在伊朗首都德黑兰举行会议，讨论和制定对德国联合作战方针和开辟欧洲第二战场的问题。苏联表示，一旦欧洲战争结束，将参加对日作战。

这3个会议的召开，进一步协调了对德国、日本作战的军事战略，世界反法西斯阵线得到进一步巩固和加强。

1944年，盟军的战略进攻规模进一步扩大。在欧洲战场，从1月中旬开始，苏联军队连续实施"十次打击"，歼灭德军约200万人，收复全部国土，并把战争推进到德国及其占领区。6月，美英等国军队在法国北部的诺曼底登陆，开辟欧洲第二战场。在亚洲和太平洋战场，以美军为首的盟军对日军发动了战略进攻。2月至8月，相继攻占马绍尔群岛和马里亚纳群岛，突破日军的内防御圈，逼近日本国土，严重威胁日军的海上运输线，使南洋各地日军陷入失去海上联系的险境。日本帝国主义所处的国际环境日趋不利，在战略上陷入日益被动的境地。

为扭转在亚洲和太平洋战场上的被动局面，摧毁中国南部的中美空军基地，防止日本本土受袭，并准备在海上交通线被切断时能够保持其本土与东南亚的联系，日军决定于1944年4月发动旨在打通中国大陆交通线、接连法属印度支那的"一号作战"。这一作战起始于河南，中经湖南，直至广西广大地区。在经过豫中会战、长（沙）衡（阳）会战和桂（林）柳（州）会战后，日军尽管达成了部分作战目的，但也消耗了大量人力、财力和物力，实际上已成强弩之末。由于日军从华北抽调了大批军力用于华中、华南正面战场作战，从而相对减轻了华北敌后战场的压力。日本华北方面军因兵力日渐不足，不得不收缩战线，实施重点守备，一些次要据点则交给伪军防守。

在这种情况下，华北敌后战场的形势也逐渐好转。1944年，中国共产党领导的敌后军民在华北对日伪军发起局部反攻。这一年，晋察冀根据地军民共作战4400余次，毙伤敌22900余人，俘日伪军及争取伪军投诚、反正22200余人，拔除敌据点、碉堡1600多个，解放人口758万，扩大了北岳区，巩固了平北与平西区，坚持了冀东区，恢复了冀中区。平郊抗日根据地军民转入局部反攻的条件已经成熟。

二、平郊根据地在巩固中扩大

国际形势的好转和日伪的步步退守，为中国共产党领导的人民武装力量展开攻势作战提供了有利条件。巩固根据地、扩大解放区、缩小敌占区成为各根据地的重要任务。1944年3月24日，中共中央晋察冀分局发出《关于北岳各地向外发展问题的指示》，要求平西"应向北、向东北发展，使察南十县全归我有，并和平北完全连结而全面夹击平绥路"。[①]5月12日，中共中央晋察冀分局发出《关于目前边区形势与工作方针的指示》，要求各地区利用敌人向正面战场进攻，敌后情况相对缓和的有利时机，加强对敌斗争，并抓紧空隙整训部队，发展生产。分局在指示中强调要积极向敌后之敌后伸展，并给各区规定任务，要求平北、平西、第十军分区和冀热边要相互配合，向北平近郊进逼，造成紧围北平的态势，扩大共产党和八路军的影响。[②]

1944年6月以后，晋察冀各地区遵照分局5月12日指示规定的方针和任务，结合各种斗争，连续展开攻势。6月4日，平西地委发出指示，确定平西、平北的工作方针是：用大力向敌后之敌后积极伸展。在步调一致、统一意志下南北并进，以求真正走向紧围北平、张家口、宣化的形势。平西根据地军民频频出击，破路、袭击日军碉堡，逼迫日伪军退缩。（大）同塘（沽）路是日军从1941年开始，即沿永定河右岸建立据点，修筑从门头沟到沙城的铁路。这条铁路如修通，不仅使平西与平北两区的联系增加困难，而且对晋察冀全区以至晋绥战略区都很不利。因此，从日军开始修路起，平西军民始终在这一线坚持游击活动，使敌人不能顺利施工。1944年7月，八路军策划日军珠窝据点内的30多名工人暴动，活捉两名日本工头，并争取3名朝鲜籍监工投诚。8月下旬，第十一军分区又以7个连的兵力，在

① 章伯锋、庄建平主编：《抗日战争》第二卷·军事（下），四川大学出版社1997年版，第2227页。

② 北京军区晋察冀战史编写组：《晋察冀军区抗日战争史》，军事科学出版社1986年版，第491—492页。

水关、沿河城、清水涧一线展开破击。9月底，日军被迫炸毁筑路设施，运走机器，放弃修筑这条铁路的计划。

晋察冀根据地军民破袭铁路，切断日军的补给线（新华社　提供）

平北地分委提出1944年的总任务是：大刀阔斧地发动群众，以巩固现有的阵地为主，同时也不放松有利条件下的积极扩大和发展。在围困打击深入游击根据地的日军据点的同时，积极主动向日占区挺进。昌延怀地区敌人最突出的据点东山庙和长安岭，经常处在八路军和民兵围困之中。7月27日至8月10日，平北支队向敌人全面出击，在北平北郊攻克高丽营据点，逼退香堂、八家、半壁店等据点之敌，袭入明十三陵的长陵，烧毁碉堡4座。在宣化以东，攻克警戒龙烟铁矿的红石山据点。在赤城以东，逼退黑河川左岸托拉庙据点的敌人。9月，日军出动3000多人对平北的大海陀地区进行"扫荡"。平北民兵广泛开展地雷战，5天内炸死炸伤日伪军205人。为配合中心地区的反"扫荡"，活动在北平北郊的武工队一直深入到北苑附近，积极开展政治攻势，把晋察冀边区行政委员会号召伪军伪组织人员改过自新的布告贴到安定门和德胜门城关。9月19日，平北第40团为调动敌人，长途奔袭张家口以东的新营子据点，消灭伪蒙疆保安队100多人。至此，平北的反"扫荡"胜利结束。

在冀热边，由于平西、平北的有利配合，打破被日伪军分割的局面，根据地日益恢复、巩固和扩大。5月，集结在长城沿线各要点的伪满军开始进驻长城以内。其中2个旅4个团由马兰峪、界岭口一线推进到遵化、建昌营、罗屯、石门寨、抚宁等点，与当地日伪军联合行动，企图打击第十三军分区主力，并在长城以内制造"无人区"，扩大"绝缘地带"。6月2日，伪满"讨伐队"4个大队和日军两个中队由长城线上的将军关进到平谷县的土门、熊儿寨一带，准备实行"集家并村"。为粉碎敌人这一企图，第13团与第2区队相配合，乘敌立足未稳，连夜强攻土门、熊儿寨。经过11个小时的激烈战斗，毙伤伪满军500多人，打破敌人"集家并村"的计划，对西部地区的巩固和发展起了重要作用。冀热边特委根据形势的发展，以恢复蓟县的工作为重点，并组建几支精悍的武工队，积极开展活动。到8月下旬，担任恢复蓟县西南地区的第11团和特务营，连续攻克和逼退太平庄、六百户、新庄子、三岔口等点碉21处，迅速打开局面，被敌人"蚕食"达两年之久的蓟县地区重新得到恢复，使东起山海关，西至密云、通县的冀热边根据地，又连成一片。活动在长城以外"无人区"的武工队，以都山西南地区，兴隆、承德地区，古北口外和白马关西南地区为重点，展开工作。8月间，在古北口外捣毁花楼沟"人圈"，攻克西湾子据点，将驻守的伪军全部歼灭。伸到通县至三河公路以南和武清、宝坻、宁河三角地区的武工队，广泛地开辟新的游击根据地，并与冀中区进入武清县的武工队胜利会合，一直逼近到天津和北平附近。

第十军分区从1943年夏季起，积极开展恢复和扩大解放区的斗争。到秋季，军分区对1000多个村庄进行恢复和开辟工作，使永定河以西的4个联合县衔接起来。在良乡、大兴、宛平间有数十个村庄恢复了抗日工作，抗日工作人员已深入到平南大红门一带开展工作。

10月，中共大（兴）宛（平）安（次）永（清）固（安）涿（县）良（乡）工委和办事处成立，隶属第十地委、第十专署。1944年3月，工委和办事处改称平南工委和平南办事处，10月，又改称中共平南县委和平南县抗日民主政府。同月，组建平南县大队，年底改编成平南支队。到1945年3月，平南县大部分地区已成为游击区，并建立若干块根据地。为便于领导，撤销平南县，分别建立大兴、涿良宛县委及政府。此时，平南抗日武装已能到长辛店一带日伪力量较强的地区作战。

1944年9月，中共中央鉴于抗日根据地扩大和斗争形势发展的需要，指示中共中央晋察冀分局和军区成立冀晋、冀察、冀中、冀热辽4个区党委、行署和二级军区。冀晋区由第二、三、四、五专区和军分区组成，赵尔陆任军区司令员，王平任政治委员兼区党委书记，杨耕田任行署主任。冀察区由第一、十一、十二、十三专区和军分区组成，郭天民任军区司令员，刘道生任政治委员兼区党委书记，张苏任行署主任。冀中区仍旧包括第六、七、八、九、十专区和军分区，杨成武任军区司令员，林铁任政治委员兼区党委书记，罗玉川任行署主任。冀热辽区由原来的冀热边改组，辖第十四、十五、十六、十七、十八专区和军分区，李运昌任军区司令员兼政治委员和区党委书记，张明远任行署主任。区党委和二级军区成立后，按照中共中央晋察冀分局和军区的统一部署，连续向日伪军展开扩大解放区的攻击，使包括平郊在内的各个晋察冀抗日根据地出现了迅猛扩大的新局面。

1944年12月15日，毛泽东发表《一九四五年的任务》，提出扩大解放区、缩小沦陷区的号召，指出："我们必须把一切守备薄弱在我现有条件下能够攻克的沦陷区，全部化为解放区，迫使敌人处于极端狭窄的城市交通要道之中，被我们包围得紧紧的，等到各方面条件成熟了，就将敌人完全驱逐出去。"12月18日，毛泽东指示晋察冀"努力向雁北、绥东、察哈尔、热河及冀东敌占区发展，扩大解放区，同时努力从事城市工作"。1945年2月，中共中央晋察冀分局和军区召集冀晋、冀察、冀中、冀热辽各区党委和二级军区领导，讨论

1945年的任务，并于会议之后制定1945年扩大解放区方案，明确提出在各地组织扩大解放区战役的任务。

在平郊，1945年3月，冀察军区主力部队向边缘区和残留根据地内的日伪据点展开围攻。第十一军分区于4月解放被日伪占领达4年之久的斋堂川，使解放区向北平方向扩展700余平方公里，直接威胁平西重镇门头沟。第十二军分区部队一部在北平附近的小汤山、沙河镇一带突袭日伪据点，毙、伤、俘日伪军30多人。另一部袭入崇礼城，拔掉高山子、葛峪堡等据点，歼灭日伪军100多人。第十三军分区20团和武工队开辟张家口以南涿鹿、宣化、阳原之间2000多平方公里的地区，收复村庄327个。第一军分区部队袭入徐水北关和保定东关，随后又向涞源城进逼，拔掉了马连岭、清水河据点。4月初收复紫荆关要隘。5月，冀察军区以6个团的兵力和部分县游击支队，在民兵配合下先后攻克怀安、涞源县城，直逼广灵城下，7月初将攻势转向察北、平北和北平外围。第十二军分区部队连续逼退永宁城、四海堡、黄花城、龙门所等16个据点之敌，歼灭企图到龙门所重建据点的伪满军一个营，迫使从独石口到四海一线的伪满军全部退到长城以外，赤城、龙关的日伪军更加孤立。

为配合冀中军区部队在大清河北的攻势作战，大兴支队、涿良宛支队分别向天津、北平近郊积极活动，以钳制迷惑敌人。平西第十一军分区部队向房山、涿县外围据点发起攻击，连续拔掉房山煤矿区花儿沟、红煤厂、半壁店、下庄等十几个据点，并攻进房山县城。涿良宛支队和大型支队活动在北平近郊，攻克长神庙、西红门、马神庙等。

经过两个多月的攻势作战，冀察军区共毙伤日伪军800多人，俘虏日伪军官兵965人，策反伪军128人，缴获火炮2门、轻重机枪21挺、长短枪2089支、战马102匹、电台2部，攻克县城3座，拔除据点117个，扩大解放区面积3400多平方公里，人口约57万。冀中军区在平南大清河以北地区，共毙伤日军1300多人，俘虏伪军2200多人，缴获迫击炮7门、轻重机枪54挺、长短枪2000多支、粮食50万

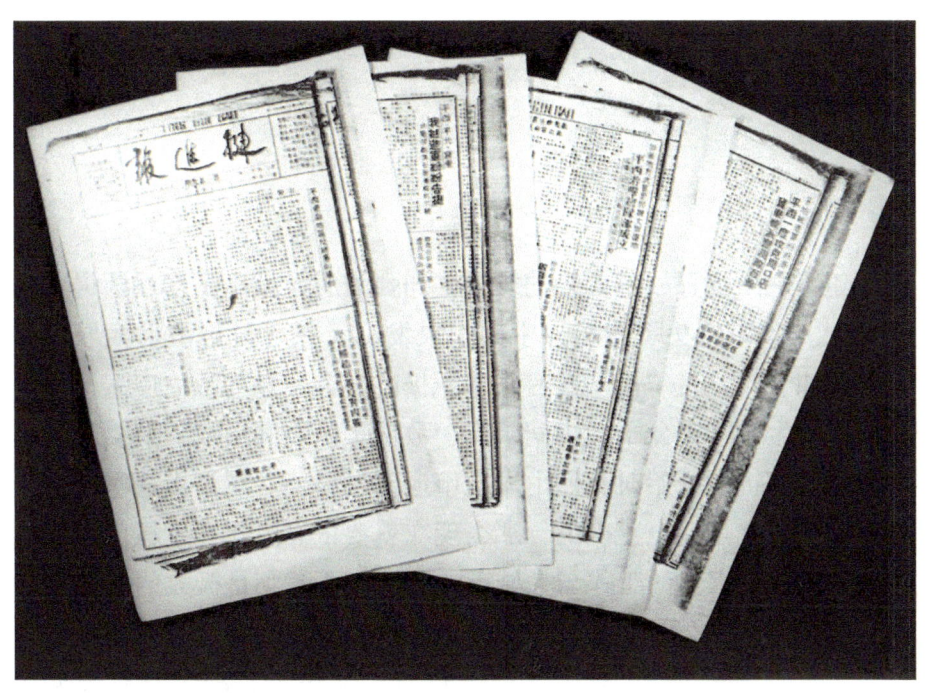

《挺进报》关于八路军作战的报道

斤，收复县城1座，拔除据点70多处，扩大解放区面积1000多平方公里。八路军直逼平津市郊，冀察、冀晋新解放区连成一片。这就为北平地区迎接大反攻创造了空前有利的条件。

第二节　城市工作新局面

一、中共中央城市工作新指示

随着中国抗日战争形势的发展，加强敌后大城市工作逐渐提上议事日程。1940年9月18日，中共中央发出《关于开展敌后大城市工作的通知》，指出："由于没有采取积极的方针，党与敌后广大的工人群众、学生、知识分子、中间阶层、敌伪军队之间形成长期隔离的现象，如果在抗战开始时我们由大城市退到乡村，开展游击战争建立抗日根据地，这是完全正确的，那么现在就要依靠乡村打入城市积极的开展工作，消灭党的工作与大城市的隔离，不然则是极大的错误。"

通知要求全党应该把开展敌后大城市工作，视为党的最重要的任务，认识抗日战争没有长期艰苦的城市工作的配合，最后的胜利是不可能的。为此，中央成立敌后工作委员会，由周恩来负总责，领导与推动整个敌后城市工作。1941年1月，中共中央晋察冀分局根据中央指示成立城市工作委员会，聂荣臻为书记，许建国、刘仁、刘慎之为委员，其中刘仁兼任城工委书记，刘慎之负责日常工作。

1944年，中国的抗日战争由战略相持转入战略进攻阶段，加强城市工作的重要性更加凸显。1944年4月12日，毛泽东在延安党的高级干部会议上指出："现在

抗日战争时期晋察冀边区的八路军司号员
（沙飞　摄，新华社　提供）

的任务是要准备担负比较过去更为重大的责任。我们要准备不论在何种情况下把日寇打出中国去。为使我党能够担负这种责任，就要使我党我军和我们的根据地更加发展和更加巩固起来，就要注意大城市和交通要道的工作，要把城市工作和根据地工作提到同等重要的地位。"他指出："关于大城市和交通要道的工作，我们一向是做得很差的。如果现在我们还不争取在大城市和交通要道中被日本帝国主义压迫的千百万劳动群众和市民群众围绕在我党的周围，并准备群众的武装起义，我们的军队和农村根据地就会得不到城市的配合而遇到种种困难。"他要求："我们要在根据地内学习好如何管理大城市的工商业和交通机关，否则到了那时将无所措手足。准备大城市和交通要道的武装起义，并且学习管理工商业，这是第二个必要的思想准备和物质准备。没有这种准备，我们也就不能把日寇赶出去，也就不能解放全中国。"①

1944年6月5日，中共中央召开六届七中全会，讨论通过由毛泽东起草的《中央关于城市工作的指示》。该文件指出，"不占领大城市和交通要道，不能驱逐日寇出中国"。要求各局各委"必须把城市工作与根据地工作作为自己同等重要的两大任务"，"必须把争取敌占一切大中小城市与交通要道及准备群众武装起义这种工作，提到极重要地位"。为实现这个伟大任务，文件提出必须解决以下具体问题：

> 一是关于思想。要进行教育，使广大干部完全了解由我党领导里应外合占领大城市与交通要道，以便最后驱逐日本侵略者的可能性、必要性与重要性。
>
> 二是关于计划与组织。各局各委应依据自己所属地区内一切大中小城市及铁路公路与伪军伪警的具体情况，拟订一个大体计划，例如如何分工负责，如何组织机关，如何配备干部与训练干部，等。

----

① 《毛泽东选集》（第三卷），人民出版社1991年版，第946—947页。

三是关于工作方向。在城市与交通要道的一切群众中，各界人民中，都要进行广泛而妥善的工作，在伪军伪警中，在工人苦力中，在伪政界、伪经济界、伪文化界中，以及在青年学生、儿童、妇女中，甚至各种秘密结社与流氓组织中都要去进行工作，但应将主要注意力放在争取数十万伪军伪警和争取数百万工人苦力的工作上，因为他们是武装起义的决定力量。

四是关于工作方法。各地应用心研究适合每一个地区，每一种群众，当时环境中合法与非法相配合的斗争形式。

五是关于干部。应放手使用各种各样干部去进行各种各样工作，同时要求各级党政军民的负责干部，切实研究与学习城市工作，研究城市的武装起义及里应外合的斗争艺术，研究建立城市革命秩序，掌管城市及大的工商业，作为将来夺取与管理大城市和交通要道的准备。

六是关于经费。要求在各根据地预算中，应准备一笔充足的城市工作经费。①

这次会议决定成立中央城市工作委员会，彭真为主任。随后，北方局发出执行中央上述指示的意见，要求各分局、区党委有准备地召开一次与城市工作有关的干部扩大会议，下最大决心抽调有能力的干部去开展城市工作。

二、多路分头派遣干部

1944年9月4日，中共中央发出《关于建立城市工作部门的指示》，要求"地委以上各级党部须立即建立城市工作部，在党委与上

---

① 中共北京市委党史研究室编：《抗日战争时期中共北平地下党斗争史料》，内部出版，第41—47页。

级城市工作部领导下，专门负责管理城市及交通要道工作，不兼其他任务"。其负责干部，"要真能负责指导争取城市及交通要道的千百万群众，瓦解伪军伪警，以准备武装起义之艰巨工作"。并要求"凡本地有城市或交通要道工作，或有可能进行其他区域城交工作之县委，应指定专人负责进行工作"。[1]同月，中共中央晋察冀分局决定以原城市工作委员会为基础组建城市工作部，分局委员刘仁任部长。中共中央晋察冀分局城工部成立后，环绕北平的晋察、冀中、冀热辽区党委也成立城工部，加强对北平地下工作的领导。

10月初，分局召开边区扩大的高级干部会议，传达了中央关于加强城市工作的指示，并对加强城市工作做了具体部署，明确根据地内各级党委是根据地的党与敌占区的党的总的领导机关，城工部是党委的执行部门之一，城工部与敌工部工作上应分开，城市中一切群众工作和城市中警察、路警工作一般属城工部管理。

1944年10月10日，中共中央晋察冀分局城工部为分局起草下发《关于城市工作的计划、组织与工作方法的补充指示》，对派遣工作的分工和建立工作机构等问题作出了明确具体的规定。特别提出：应利用一切可能的合法形式来团结群众；组织形式应是多种多样的，不应引起敌人的注意；秘密的抗日群众组织，绝对不能广泛，名称、领导机关不能统一，各组织间不应打通横的关系；在打入伪组织后，应掌握其领导机关，打入的党员发展党的组织须重质不重量，严防特务混入；支部的组织形式应合乎隐蔽精干的原则；等等。

为适应城市工作迅速开展的要求，分局城工部加强了组织机构，设立了组织派遣、教育训练和调查研究3个组。分局先后调徐永春协助佘涤清负责学生方面的派遣工作，调常明、张鸿舜负责工人方面的组织派遣工作，调叶克明负责铁路方面的组织派遣工作，以上人员组成组织派遣组。教育训练组的人员除原负责教育训练工作的杨伯箴

① 中共北京市委党史研究室编：《抗日战争时期中共北平地下党斗争史料》，内部出版，第48页。

外，增调欧阳飞、吴一贯。另调陆禹负责调查研究组的工作。调张淮三任秘书长，顾德任副秘书长。机关后勤部门增设总务科、招待科。分局交通科也全体转到城工部，加强从敌占区接送人员的工作。来往敌占区人员的化装、所用证件，城内外的交通联络、信息传递工作等，也都安排由专人负责。城工部内部机构分工比较明确，工作也规范有序，对城市工作的领导更加有力。

中共中央《关于城市工作的指示》要求，必须有大批干部去开展城市与交通要道的工作。为贯彻中央指示，中共中央晋察冀分局城工部和环绕北平的中共冀晋区党委城工部、中共冀中区党委城工部、中共冀热辽区党委城工部，相继向北平派遣了大批干部。各地向北平派遣地下工作人员大致分两种情况：一种是直接从根据地人员中挑选，选择对象是经过较长时间实际工作的锻炼，具有较强的领导能力，在北平城内有掩护条件；另一种是原在北平工作的地下党员或经过考验的进步群众，到根据地短期学习或训练后再派遣回城。北平地下党向根据地输送了大量青年知识分子，为派遣工作增加了后备力量。到根据地去的都是拥护共产党、八路军的爱国青年，有的还是党的培养对象。

城工部派遣干部的办法主要有两种：一是对于只能短期离开敌占区并具备入党条件的（如周健、沈汛、胡骥等），只在城委内部上短训班，有的吸收入党，就很快派回北平做地下工作；二是从1943年秋，在华北联合大学成立一个专门训练班——政治班，目的是对于可以较长时间离开根据地的青年加以较长时间的培训，从中发展党员，选择适合做地下工作的人员向城市派遣。联大教务长狄子才领导政治班，俞林、林子明先后任班主任，傅秀、王若君先后任党支部书记。抗日战争时期政治班学员有100多人，在政治班学习后派回北平的有卜毅、丁文、侯星等。派遣这些青年的有利条件是，他们都长期在敌占区生活、学习，有家庭掩护，有居住证，便于入学或取得其他职业掩护；情况熟悉，周围有亲戚朋友可以开展工作；等等。刘仁对这项工作十分重视，亲自了解每一个人的情况，几乎同每一个人都亲自谈过话。派入城市的同志由城工委直接领导，长期埋伏，独立开展工作，不与原有的地下党组织发生横的关系。派出的同志按约定的时间回根据地直接向刘仁汇报工作，或者由城工委派秘密交通员同他们联系。

对于北平地下党的工作中心，城工委明确提出要放在大中学校方面。据城工委统计，1942年底，原北平城委系统留在北平和经过培训重新派回北平坚持地下斗争的尚有9名党员，1943年初发展程芳，共10人，建立两个支部。一个支部由北大工学院的宋汝棻任支部书记，党员有北大医院的饶毓菩、戚天庆，北大法学院的徐伟，北大工学院的王文化；另一个支部由艺文中学教师薛成业任支部书记，党员有辅仁大学的李哲生、河北省银行的程芳；独立工作的有北大医学院的徐彦、志成女中的安捷。对于这两个支部和独立工作的两位同志，刘仁派张大中定期去北平联系。党员人数不多了，但经过整顿把党的发展建立在巩固可靠的基础上，以这些党员为骨干使党组织得以不断发展壮大。从1942年到1945年，城工委先后派到北平做学校和上层统战工作的有王若君、崔月犁、曾平等；做铁路系统工作的有郑诚、张在宽、于翔龙等；做工人工作的有吴作栋、纪占标等。

派遣到北平的工作人员按中央关于加强城市工作的指示精神和地下工作的原则积极地开展工作，在发展组织和团结争取群众方面很快打开局面。例如，杜平发展辅仁女中的张文奇、蔡安利和女师大的林岗入党，黎光发展大中中学男女校的石健、杜扬、常兢、樊耕、田稼、黎洪、黎强等入党。丁文介绍他父亲的两位朋友韩省三（曾做过民国赤塔领事）、姬某（原中长路副局长）和陈岚去了晋察冀根据地。陆元炽转到孔德中学后，在该校组织进步群众团体读书会。高深介绍周群（周素娟）去了晋察冀根据地。董华转到北平的中华新闻学院，毕业后在该校任教，从此他先后介绍其兄姚伯强、新闻学院学生陶江（陶铁岩）、中大附中俞雷（俞靖华）、北大法学院的顾肇基（卜超凡）、中国大学的卜信臣（卜宪笃）、北大文学院的刘振泉去了晋察冀根据地。俞雷在城工部入党后派回北平，又介绍曹彤（曹明远）、王黎去了城工部。陶江在昌宛县工作时，被国民党军所俘，光荣牺牲在镇边城村。中国大学教授孟昭威（钟望）、师大教授李鉴波去晋察冀城工部学习回北平后，做了不少工作。李鉴波通过北大理工学院台湾籍教授苏子蘅，介绍从日本潜逃回国的台湾爱国同胞李子秀去了晋察冀根据地。

坚持在城内工作的北大法学院地下党员李树群，利用在伪教育署举办的大学生军事训练中任队长的机会，和军训教官接触较多，发现这些教官都是从前线调回来的，对八路军有所了解。李树群就旁敲侧击，让这些教官讲他们在战场上见到的八路军的作战情况，利用他们的见闻感想，来宣传八路军灵活机动的战略战术和政治攻势的威力，使学生从反面教员的口中了解到八路军的军事力量是强大的，政治工作是成功的，取得出人意料的宣传效果。伪新民总会筹备组织大学生联谊会，打出"和平、奋斗、救中国"的幌子拉拢青年。地下党员徐伟教育同学拒绝参加，使伪新民会拉拢腐蚀青年的阴谋受挫。徐伟等人还利用日伪报纸和农村学生带来的消息，宣传共产党领导的敌后抗日根据地不断发展壮大的情况。通过各种宣传教育和个别思想工作，北大法学院地下党支部团结了一批积极分子和中间分子。

原由中共中央晋察冀分局城工委派到北平工作的曾平，于1944年秋发展贝满女中夏立平入党，并在这所学校团结一批进步学生，组成读书会，联系一些进步教师和校外进步青年。曾平又通过夏立平的父亲团结一批高级知识分子，如桥梁专家陈武仲、黎锦炯，著名律师陈瑾昆教授，著名小儿科专家林葆骆等。这些专家、学者经常在陈瑾昆家聚会，曾平向他们介绍国际国内形势、共产党的方针政策和解放区情况。曾平还把一些进步青年和专家输送到了解放区。

向北平派遣地下党员的各地各系统，除中共中央晋察冀分局城工部外，还有中共中央北方局、中共中央晋察冀分局社会部、中共晋绥分局城工部、中共冀热辽区委城工部、中共冀中区党委及其一、六、九地委，以及中共北岳区三地委、蠡县、唐县、饶阳、完县县委、冀中军区敌工部等。各地各系统的地下工作人员，分别在派出单位的领导下开展工作，一般不发生横的关系。

三、广泛联系准备内应

中共中央在关于城市工作的指示中明确提出，里应外合的思想，是党从大城市驱逐敌人的根本思想。一方面发展与巩固根据地，依据现有基础，建设比现在强大得多的军队与地方工作；一方面，争取城市及交通要道的千百万群众，瓦解与争取伪军伪警，准备武装起义，一俟时机成熟，就可使二者互相结合，里应外合地进攻日伪当局，占领大城市与交通要道。派遣到北平的广大共产党员，在日伪的恐怖统治中，不怕牺牲，各自为战，严守纪律，努力工作，深深扎根于人民群众之中，领导北平各界人民进行反抗日本侵略者的斗争，推动抗战形势进一步好转。

在地委以上各级党委城工部成立后，为加强城市地下党骨干力量，中共中央晋察冀分局城工部以及晋冀区党委城工部、冀中区党委城工部、冀热辽区党委城工部又陆续向北平派遣冀真、祝玉珩、袁晋修、董杰、万一、石梅、王凯、白文、刘屹夫、王继之、常梦龙、张青季等一大批干部。中共平北地委城工部派伊敏任南口地区工委书记，在南口铁路工人中发展党组织。晋察冀一地委城工部派李世英到长辛店，在长辛店机务段、长辛店机车厂发展党组织，建立党支部。各级城工部通过根据地人民和北平人民之间社会的、职业的关系或商业往来广泛开展北平的地下工作。冀热辽区党委城工部曾邀请在北平的冀东同乡去抗日根据地参观、学习。各级党委城工部都加强了对北平地下抗日斗争的领导，大力宣传抗战形势和共产党领导的抗日斗争，团结积极分子，发展党的组织，进一步扩大地下工作领域。地下党不仅继续在广大青年学生中，而且在门头沟煤矿、燕京造纸厂、北支枪厂、军需被服厂、手工作坊、服务行业、商业店员、苦力工人以及伪军伪警中发展党员，或者团结抗日积极分子，壮大了抗日力量。到1945年抗日战争胜利前夕，北平地下共产党员约400人，并在党的周围团结了一大批积极分子。

组织和参加在敌占城市可以合法存在的社团组织，广泛地同群众建立联系，团结抗日积极分子，是北平地下党的一项重要任务。1943年夏，由许植、冷林、王纪刚、沈毅等串联一批中学生，与在黑暗社会里压抑而苦闷的青年商议，如何团结起来、寻求光明、探索真理，决定成立"海燕社"，在河北高中召开了社员大会。他们为避免引起敌人注意，确定"海燕社"的宗旨是"联络感情，增长知识"，实际是阅读进步书刊，学习马克思列宁主义等。"海燕社"发展社员最多时包括河北高中、师大女附中、市立三中等20余所中学的120多人。王若君、甘英发现后同他们建立联系，指导他们的工作，并向中共中央晋察冀分局城工部做了汇报。刘仁了解到他们的活动可能引起敌人的注意，决定派人把"海燕社"社员接到根据地。1944年底至1945年初，晋察冀城工部组织"海燕社"部分成员许植、李孟新、王纪刚、沈毅、冷林、蓝英等参加学习训练。学习结束前，大部分人被吸收入党。学习结束后，大部分人陆续被派回北平做地下工作。

原"海燕社"成员吴维修（冯一）是辅仁大学化学系学生，吉林省水吉县人。他痛恨日本侵略者对东北、华北的殖民统治，积极寻求救国救民之路。加入"海燕社"后，他逐步走上抗日道路。1944年暑假吴维修大学毕业后，即奔赴晋察冀抗日根据地，入华北联大政治班学习。1944年底，吴维修加入中国共产党。1945年1月，中共中央晋察冀分局城工部派他回北平做地下工作，公开职业是育英中学教员。吴维修回北平后，积极工作，宣传抗日，发展抗日力量。不久，他动员组织一批中青年医务工作者，由周希文大夫带领去晋察冀抗日根据地参加革命工作，为根据地输送急需的医务人才。1945年4月1日，吴维修被日本宪兵队逮捕入狱，受尽酷刑，不幸牺牲，年仅23岁。

1945年1月，在根据地接受了秘密工作训练的孙逊（宋黎阳），被晋察冀城工部派到北平工作。孙逊住在求实中学，很快发展求实中学教务主任高光计入党，建立学校地下党组织。地下党员宋匡我、段西侠等，一度与党组织失去联系。孙逊积极与这些人接头，恢复他们与党组织的联系或帮助他们重新入党。段西侠重新入党后，他家就成了地下党的一个交通站。他还利用父亲当过几十年邮差的关系，做邮局进步群众的工作，争取他们加入地下抗日斗争行列，分发秘密文件和宣传品。

刘新在日伪北平广播电台工作期间，于1943年发展好友王栋岑入党。为便于搜集情报，刘新安排王栋岑设法接近伪华北广播协会会长、北平电台台长周大文，当了周大文的私人秘书，又利用周大文的关系认识伪新民会宣传部部长陈宰平。刘新也与陈宰平和新民会另两个部长熟悉起来。他们由此开辟了一条搜集日伪情报的捷径。后来，王栋岑被陈宰平推荐到伪华北政务委员会建设总署督办周迪平处任"委任科员"，并成功地将以日伪军事工程为主的绝密文件《工程日报》交给刘新，转送到八路军总部。

王栋岑在广播电台时，分管《儿童时间》栏目。刘新与他商量，采用讲历史故事、童话故事等形式，排挤和压缩日伪当局毒害儿童心灵、宣传"中日亲善"的节目。王栋岑去找孙敬修，请他在《儿童时间》多讲故事，并给他提供素材"小学生丛书"。孙敬修依此书内容编写了《琳琳环游世界记》，介绍世界各地风光及风土人情，连续播讲几个月。孩子们听得入迷，也让日伪当局找不出任何"毛病"。白羽在电台分管《妇女时间》。刘新与她共同策划，播放"孟母三迁"等我国历代妇女教育子女的故事，还请一些医务人员讲妇女卫生知识，从而也排挤压缩了日伪宣传时间。

在从事电台等工作的同时，刘新、白羽、王栋岑等还广泛开展秘密活动，发展党的地下组织。他们逐步扩大联系面，打开建党工作的局面。到1944年，这个系统的地下党组织发展到8个支部。其中，北大工学院党支部，由李泮林负责；北大法学院党支部，由管思负责；中国大学党支部，由白羽负责；女二中党支部，由何中洲负责；男三中党支部，由常振舆负责；男四中党支部，由王慎青负责；机关党支部，由王栋岑负责；商人党支部，由梁宏宽负责。白羽还负责总的组织、宣传与联络工作。

刘新、王慎青、白羽与晋察冀城工部派到北平的李振中等，在日本投降后不久，将日本津泽医院成功搬到了解放区。同时他们还收缴日军武器，组织地下军，准备配合攻打北平。后来，刘仁又指示李振中配合刘新完成此项任务。为完成这一任务，地下党员郑琳、王栋岑、余琦等分别收集到一部分枪支、手榴弹。李振中又做通一个日本军官的工作，从一座楼房的地下室仓库中，取出一只很大的木箱，装满全新的20响盒子枪、左轮手枪和子弹。刘新又争取到一名伪警察大队长，由他押着汽车，先后3次将收集起来的枪支、弹药、医药、物资等输送出城，运抵解放区。

为准备内应起义，1945年初，刘仁派王甦、孟宪功、魏焉先后进城开展伪军工作。1944年初，薛成业和进步教员孟宪功经请示刘仁、张大中同意后，打入北平伪治安军宣导训练所任教。薛成业经过考察，发展学监（相当于教导主任）王甦和日语教员魏焉入党。孟宪功讲课很受学员欢迎，因此在主持讨论会时，他就借机宣传八路军的政策。王甦在宣导所当学监时，与所长、教官特别是同在那里学习过的学员的关系都不错。刘仁经过全面了解后认为，王甦等很适宜在敌占区开展敌伪军工作，便动员他们回北平工作。

王甦回北平后，先同宣导所同班同学、时任伪治安军清河军官学校少校中队长的袁沐三建立联系，通过袁又同清河军校区队长高真建立联系。高真曾于1944年7月去冀东根据地找到李运昌，定了联络方法和联络人员，回来后同袁沐三等在清河军校分别团结一批进步军官和学员，但后来同冀热辽区断了联系，正在寻找党的地下组织。1945年夏，王甦带高真到阜平城工部见刘仁，由王甦介绍，刘仁批准，高真入党。刘仁对清河军校的情况和工作，做了详细的了解和指示：要求继续团结群众，特别是各级军官，并向治安军各部队扩散；要单线领导，不要建立组织，由王甦负责与他们联系，要建立保密纪律。王甦和高真回到北平，发展少校中队长金大鹏、袁沐三和区队长鲁有章、彭博入党，团结了一些军官和学员，并在伪治安军中发展一些积极分子，建立一些工作关系。这时，北平地下党在清河军校就有了3个党员少校中队长、2个党员区队长，具有了一定的力量。

日本宣布投降后，刘仁、王甦、高真、金大鹏与中共北平市委军事部部长甘春雷共同商定，立即组织力量里应外合袭击清河军校，夺取武器，装备八路军冀察军区第十一军分区新5团。由于计划周密，行动迅速，这次袭击完全按计划顺利地完成任务，缴获长短枪900支，轻机枪11挺，还有大批弹药和军用物资，并带出100余名进步的青年学员和几名军官。同时，刘仁又派左安、赵彦回北平。他们找到伪新民会中央总会人事局参事、日本人林俊夫要武器装备，经周密安排，公开将这批武器运到福寿岭。这批武器有步枪700支、重机枪1挺、轻机枪3挺、子弹30000发、手榴弹1800枚、掷弹筒6具、弹药1部及其他军用物资。

崔月犁则以内蒙古伪蒙军头目投资开办的骑河楼中西医院为掩蔽处，于1944年发展该院主持人郑剑庵入党。中西医院不仅掩护了崔月犁，也掩护了进城开展工作住在这里的王新。日本投降后，郑剑庵把该医院的全部设备送到了中共中央晋察冀分局城工部。

日本宣布投降后，晋察冀城工部派张大中、孙逊带领正在城工部学习的100多名地下共产党员和积极分子赶回北平，通过地下党组织准备发动群众配合迎接北平的解放。

第三节　对日本侵略者的最后一战

一、开始全面大反攻

1945年，世界人民反法西斯战争处在最后胜利的前夜。2月4日至11日，苏、英、美在雅尔塔举行会议，讨论对德作战、苏联对日作战以及战后世界的安排问题。5月2日，苏军攻占柏林；5月8日，德国法西斯签字投降，欧洲战场的反法西斯作战胜利结束。在意大利，共产党人领导北部各城市人民于4月间发动起义，墨索里尼被游击队逮捕并处死。在太平洋战场，4月1日，美军在冲绳岛登陆，6月底攻克全岛，为进攻日本本土创造了条件。在中国战场，随着中国军队尤其是中国共产党领导的敌后抗日根据地军民的局部反攻，日军被迫困守在大中城市、交通要道和沿海地区。彻底打败日本侵略者，夺取世界反法西斯战争的最后胜利，已为期不远。

在这一重大国际形势面前，4月23日至6月11日，中国共产党在延安召开第七次全国代表大会。会上，毛泽东做《论联合政府》的政治报告，朱德做《论解放区战场》的军事报告，刘少奇做《关于修改党的章程》的报告，周恩来做《论统一战线问题》的报告，任弼时做《关于党的历史问题》的报告。毛泽东在《两个中国之命运》的大会开幕词中，明确提出全党的任务是：放手发动群众，壮大人民力量，团结全国一切可能团结的力量，在我们党领导之下，为着打败日本侵略者，建设一个光明的新中国，建设一个独立的、自由的、民主的、统一的、富强的新中国而奋斗。[①]七大提出，今后全国的军事任务是：八路军、新四军与一切抗日友军团结起来，打败日本侵略者。

中共七大后，世界反法西斯战争继续向着胜利的方向发展。7月26日，中、美、英三国政府发表《波茨坦公告》，促令日本政府立即

---

① 《毛泽东选集》（第三卷），人民出版社1991年版，第1026页。

宣布所有日本武装部队无条件投降，决心以绝对优势兵力对日作战，给日本以最后打击，直至停止抵抗为止。日本政府却认为公告无任何重要价值，对此置之不理，并在全国实行第三次总动员，准备实施本土决战。8月6日和9日，美国在日本广岛和长崎先后投下两颗原子弹，两地共死伤24万居民，对日本朝野起到一定的威慑作用。8月8日，苏联对日宣战。9日，苏军陆海空总兵力150余万人，在东北抗日联军的配合下，由西、北、东三面向日本关东军进攻，很快突破日军防线，予以击溃，从而给中国解放区战场的战略反攻创造了有利的条件。

8月9日，毛泽东发表《对日寇的最后一战》的声明，宣告："对日战争已处在最后阶段，最后的战胜日本侵略者及其一切走狗的时间已经到来了。中国人民的一切抗日力量应举行全国规模的反攻，密切而有效力地配合苏联及其他同盟国作战。八路军、新四军及其他人民军队，应在一切可能条件下，对于一切不愿投降的侵略者及其走狗实行广泛的进攻，歼灭这些敌人的力量，夺取其武器和资财，猛烈地扩大解放区，缩小沦陷区。必须放手组织武装工作队，成百队成千队地深入敌后之敌后，组织人民，破击敌人的交通线，配合正规军作战。必须放手发动沦陷区的千百万群众，立即组织地下军，准备武装起义，配合从外部进攻的军队，消灭敌人。"①

8月10日，日本政府向同盟国发出乞降照会，但日军大本营却命令日军坚持继续作战。同日，中共中央发出《关于苏联参战后准备进占城市及交通要道的指示》，要求"各中央局、中央分局及各区党委立即部署动员一切力量投入大反攻，迅速扩大解放区，壮大我军，准备占领所有被我包围和力所能及的大小城市"。

8月10日、11日，朱德总司令连续发布第1至7号作战命令，命令各解放区抗日武装部队，向附近城镇及交通要道之日伪军发出最后通牒，限期向解放军抗日武装投降；如遇日伪军拒绝缴械投降，即应

---

① 《毛泽东选集》（第三卷），人民出版社1991年版，第1119页。

予以坚决消灭；令晋察冀军区、晋绥军区和山东军区等部，各以一部兵力向察哈尔、热河、辽宁、吉林等地进发，配合苏军作战，消灭负隅顽抗的日伪军；令各解放区部队向本区一切敌占交通要道城镇展开进攻，迫使日伪军无条件投降，对收复的城镇实行军事管制，维持秩序，保护人民。

为确保大反攻的胜利，8月11日，中共中央在《关于日本投降后我党任务的决定》中指示各区党委："集中主要力量迫使敌伪向我投降，不投降者，按具体情况发动进攻，逐一消灭之，猛力扩大解放区，占领一切可能与必须占领的大小城市与交通要道，夺取武器与资源，并放手武装基本群众，不应稍有犹豫。为此目的，各地应将我军大部迅速集中，脱离分散游击状态，分甲乙丙三等组成团或旅或师，变成超地方性的正规兵团，集中行动，以便在解决敌伪时保证我军取得胜利。"①

根据中共中央的指示和毛泽东主席、朱德总司令的命令，八路军、新四军和华南人民抗日游击队利用自己处于抗日最前线的有利态势，迅即向盘踞在华北、华中和华南城镇及交通要道的日伪军展开大规模的全面反攻。

面对这样的大好形势和历史重任，正在延安的中共中央晋察冀分局书记、晋察冀军区司令员兼政治委员聂荣臻于8月10日致电分局和军区其他领导人，要求全区部队立即向北平、天津、保定、石家庄、张家口、唐山等城市前进，准备接受日伪军投降。11日，晋察冀军区司令员聂荣臻向日军华北方面军司令官下村定发出最后通牒，饬令在我军区管辖范围内的日伪军交出全部武器、物资，依照所规定的地点分别集中，听候处理。凡投降的，不论官兵都保障其生命安全，得到我军宽待；如果拒绝投降，将遭受武力消灭。中共中央晋察冀分局从党校抽调了大批党政干部随军行动，以便接管城市，建立人民政

---

① 《毛泽东军事文集》（第三卷），军事科学出版社、中央文献出版社1993年版，第1页。

权。边区人民武装委员会动员了大量民兵随同部队出征。担负各种战地勤务，配合部队作战。人民群众修桥补路，给部队运粮送菜，接运辎重，欢迎反攻大军。

日军向八路军投降

8月12日，大反攻作战开始，晋察冀军区所属各部队，迅速逼近指定的进攻目标。进攻北平的部队，由冀察第一军分区、第十一军分区部队加上冀中第十军分区和冀热辽第十四军分区活动在北平近郊的部队组成，由冀察军区司令员郭天民、政治委员刘道生指挥。8月20日，第十四军分区部队一部攻占通县飞机场，另一部攻入顺义县城，经一夜激战，歼灭日伪军500余人，而后又掩护民兵破坏了从古北口至通县的铁路。第一、第十一军分区部队主力从西南面向北平攻击前进，连克清水涧、大台、军庄、门头沟、香山、妙峰山、十字道、清河镇等据点，推进到长辛店、丰台附近。第十军分区一部进至南苑等地。至此，对北平构成包围态势。

二、改变夺取北平的方针

日本投降前夕，中共中央曾经确定组织人民武装起义，里应外合解放敌占城市。中央继1945年8月10日发出《关于苏联参战后准备进占城市和交通要道的指示》后，8月20日，又致电各中央局和中央分局，对发动武装起义作出具体指示，要求中共中央晋察冀分局主要在平津迅速部署城内人民的武装起义，不失时机地配合八路军夺取这些城市。

8月11日，刘仁向中共中央晋察冀分局城工部传达了中共中央8月10日的指示和有关情况。分局决定，城工部全体人员立即出发，准备接收各大城市。各城市分别成立领导机关，原由各级城工部派出和发展的地下党组织关系分别转到新建立的领导机关。当时从北平城内来到城工部的干部，由张大中、孙逊带领赶回北平，通过城内地下党组织发动群众配合行动，迎接北平的解放。张大中在回忆进入北平城时说：同志们看到沿途村庄已经张贴出来的八路军总部朱德总司令发布的向一切敌占交通要道开展积极进攻，迫使敌伪无条件投降的命令，受到极大鼓舞，高唱抗战歌曲，真是一路行军一路歌。①

刘仁还派张鸿舜、叶克明等几名矿工和铁路系统的干部提前出发，要他们途经涞源找冀察区党委城工部部长武光联系，在平西一带设立交通站，与城内组织接通关系，传达指示，布置任务，开展工作。晋察冀军区司令部派杜文敏、韩庄、孙国梁和日本反战同盟的代表到北平，向驻华北日军司令部递交要他们向晋察冀军区司令员聂荣臻投降的命令。随后，中共中央晋察冀分局、晋察冀军区任命刘仁为中共北平市委书记，宋劭文为北平市市长，郭天民为北平警备区司令。

此时在北平城内，地下党员宋汝棻、饶毓菩、李子才等得知日本政府乞降后，召开会议，研究形势。他们估计八路军很快会进城，一方面派人出城联系，一方面安排配合八路军进城的工作。8月12日，他们上街张贴和散发500多份《告北平青年书》，首先把抗战即将胜利的消息告诉北平人民。他们又同在北平的刘新、张文松以及崔月犁取得联系，共同印发关于日本投降的通告，把抗战胜利的喜讯传送给北平人民。

8月21日，张大中带领周大徽、孙振洲、冷林、蓝英、赵地、董华、宋匡我等10余人先行赶到北平，与八路军总部等各方面派入北平的地下党组织建立联系，并立即召开会议传达城工部的指示，会同各地下党组织共同部署准备迎接北平解放的工作，对如何发动群众、

---

① 张大中：《风雨兼程赴北平》，《百年潮》2005年第8期，第35—37页。

控制电台、打入报社、搜集武器及策动伪军警反正做具体安排。

8月下旬，刘仁率中共中央晋察冀分局城工部到达平西，暂住在西北郊环谷园、大觉寺一带。在行军途中，局势发生了变化。蒋介石为独吞抗战胜利果实，于8月10日、11日连续下了三道命令："第18集团军所属部队，应就原地驻防待命，勿再擅自移动"；"各地伪军，应就现驻地点负责维持地方治安"；各战区"以主力挺进解除敌军武装"。①与此同时，蒋介石还电告中国派遣军总司令长官冈村宁次，要他命令在华日军"停止一切军事行动"。8月18日，冈村宁次通令所属各部，只向蒋军投降，不向其他军队缴械。接着，蒋介石又委派了接管北平、上海、南京等城市的官吏。为掩人耳目，他又于8月14日、20日、23日连发三电，邀请毛泽东到重庆谈判。

根据当时的主客观条件，发动城市武装起义并无胜利的把握。8月21日，当城市武装起义即将发动之时，中共中央当机立断，两次急电命令停止敌占大城市的武装起义计划，及时改变战略方针。22日，中共中央和中央军委又发出《关于改变战略方针的指示》，指出："苏联为中、苏条约所限制及为维持远东和平，不可能援助我们。蒋介石利用其合法地位接受敌军投降，敌伪只能将大城市及交通要道交给蒋介石。在此种形势下，我军应改变方针，除个别地点仍可占领外，一般应以相当兵力威胁大城市及要道，使敌伪向大城要道集中，而以必要兵力着重于夺取小城市及广大乡村，扩大并巩固解放区，发动群众斗争，并注意组训军队，准备应付新局面，作持久打算。"指示要求，"对大城市仍应积极派人去发动群众，争取伪军，出版报纸，布置秘密工作，争取我党在城市中的地位"。

8月29日，中共中央再次发出指示："凡我不能切实占领的大城市及交通要道的工作，必须仍作长期打算，蓄积力量，以待将来。趁此敌伪投降，国民党统治尚未建立和稳定的混乱期间，我们在城市与

---

① 军事科学院军事历史研究部编：《中国抗日战争史》（下卷），解放军出版社1994年版，第584页。

交通要道，应尽可能留下不暴露的力量，并须派遣大批干部，潜入国民党重要的军事、政治、经济、文化、党务机关和铁路、工厂、矿山、市政、银行、学校里边建立工作，利用合法团结群众，以便将来更有力的进行民主运动。"在时局转折的关键时刻，中共中央的这一重大正确决策，避免了不必要的损失，使中国共产党在政治上处于有利地位，保存了城市地下党组织和革命力量。

城市武装起义计划停止执行后，北平城内的地下党员一时还不知详情，仍在积极进行起义的各项准备工作。8月31日，地下党组织发动全市的党员和进步群众，将3000多份以宋劭文、郭天民的名义发布的《告市民书》，在全市张贴散发，北平群众惊喜交加，奔走相告。日伪顽固势力一度惊恐不安。

直到8月31日孙逊带了大批人员进城，城内地下党才得知苏军没有越过长城，八路军暂时不能进北平的信息。但他们的思想并没有很快转变，工作上仍然为短期内迎接解放做准备。例如，以学校为单位成立党支部，打通不少横的关系；筹备成立全市性的学生联合会，在学校成立分会；组织人民解放联盟，由各校党支部派党员建立支盟。但是，他们对群众工作却没有抓紧。

刘仁在听取上述情况汇报后，感到问题严重，担心一旦形势恶化，几年来好不容易积聚起来的力量将会被敌人一网打尽。于是他派张大中立即回城，重新整顿组织，继续坚持长期隐蔽的方针，努力做好群众工作和发展党的工作，并决定从根据地抽一批能做领导工作的干部派进城内，以加强对城内工作直接的、及时的领导。

9月30日，经中共晋察冀中央局①批准，中共北平市委正式成立。市委由刘仁、武光、周小舟、甘春雷4人组成。刘仁任书记，武光任副书记兼组织部部长，周小舟任宣传部部长，甘春雷任军事部部长。市委组织部秘书长为彭思明，宣传部秘书长为赵凡。市委设秘书处，

---

① 1945年8月20日，中共中央决定撤销北方局，分别成立晋察冀中央局和晋冀鲁豫中央局，晋察冀分局也随之撤销。

处长顾德；设调查研究室，负责人陆禹。

市委下设几个工作委员会：学生工作委员会，书记佘涤清；工人工作委员会，书记常明；铁路工作委员会，书记叶克明；平民工作委员会，书记苏一夫；另有文化工作委员会和警察工体委员会（1940年11月成立）。铁委下设前门、长辛店、南口、丰廊段4个地区工委，负责人分别为吴一贯、凌必应、邢全理、翟春芳。工人工委下设门头沟、石景山工委，负责人分别为张鸿舜、李炎。

三、古城内外欢庆抗战胜利

在中国解放区军民的全面反攻和苏联军队的沉重打击下，1945年8月9日，日本政府最后决定接受《波茨坦公告》。10日，日本外务省通过中立国瑞士、瑞典政府，将日本接受《波茨坦公告》的照会转交中、美、英、苏四国政府。14日，日本政府正式照会中、美、英、苏四国政府，表示接受《波茨坦公告》。15日中午，日本天皇裕仁以广播《终战诏书》的形式，向世界宣布无条件投降。9月2日，日本签字投降。

中国人民的抗日战争终于胜利了！北平人民历经8年的沦陷屈辱、苦难艰辛，终于在这一天获得了新生！北平市内家家张灯结彩，许多商店门前贴出"庆祝胜利"的标语，天安门前竖起大型标语木牌，上书"还我河山"4个大字。整个北平沉浸在胜利的喜悦之中。著名诗人艾青在《人民的狂欢节》中这样写道：

> 日本无条件投降了！
> 消息像闪电，划过黑夜的天空，
> 人们从各个角落涌出，向街上奔走，向广场奔走……
> 地壳在群众的脚步下震动了！
> 这是伟大的狂欢节！
> 胜利的狂欢节！
> 解放的狂欢节！

8月12日，中共冀热辽区党委发出《关于当前紧急任务的指示（火急）》，要求各地委"在日本已承认无条件投降（尚未签字）"的情况下，"举行大规模的庆祝大会，总的精神在于动员根据地军民向敌伪作总的进攻"，"群众大会、游行示威、早晚鸣钟、民兵大检阅等方式均可采用，迅速把消息传达到每一个角落"。

日本正式投降的消息传来，八路军晋察冀军区命令作战值班员用电话、电台通知各部队，并报告各地委和专署，层层传达，务求人人皆知。村干部爬上房脊，大声叫喊："快起来，鬼子投降了！"老乡们点燃火把、敲锣打鼓，甚至连锅碗瓢盆都敲得叮当响。冀东14个专署甚至下令全区放假3天，以示庆祝。①

平北根据地军民欢庆抗战胜利

10月10日，风和日丽，秋高气爽。这一天是北平200万市民难忘的一天。这一天，北平战区受降仪式在故宫太和殿前广场隆重举

---

① 刘岳、李书文：《北平人民欢庆日本投降》，《北京日报》2018年8月9日。

行。从四面八方涌来的北平市民达20多万人，太和殿前广场上人山人海，天安门、午门、东西华门、南北池子、南北长街，到处都聚满了人。国民党第92军在军长侯镜如率领下，列队于太和殿的广场上。国民党第十一战区司令官孙连仲代表中国政府受降。苏联代表巴斯里克耶夫，美国骆基中将、华顿参谋长，英国代表蓝来纳，法国代表马至礼，荷兰代表高克等盟国代表出席投降仪式。

上午10时整，景山山顶上的巨大汽笛长鸣，太和殿前受降仪式开始。由司仪隋永礼上校传达主官命令，高呼："引导日本投降代表入场！"命令传出后，全场立时肃静，3分钟后，"日本投降代表、平津地区日本官兵善后联络部长（前日华北派遣军司令官）根本博，携同参谋长高桥坦、副参谋长渡过等，及该部高级军官21人，由太和门外下车，步行入场，在礼台前，排列一行，向主官敬礼后，退至右方恭立待命，这时台下民众欢呼鼓掌，高亢沸腾，情绪之热烈，心情之愉快，表现之兴奋，实空前所未曾有"。①

会场上军乐队奏乐，礼炮齐鸣，全体肃立，为在抗日战争中牺牲的将士默哀，日本投降代表团成员个个低头躬身，向中国人民谢罪。"司仪再喊投降代表签字，即由根本博中将急趋案前，向主官行礼后，执笔伏案于投降书上签字，签字后再行礼退回原处。主官孙连仲上将对签书词审视后亦即签字。"紧接着，日本投降代表根本博中将以下21人，在众目睽睽之下，双手捧着自己佩带过的战刀来到签降桌前，先是向主官鞠躬示礼，然后恭恭敬敬地交出了沾满中国人民鲜血的战刀，放在桌面上。日军战犯交出战刀，这是侵略者的必然下场，也是中华民族亿万军民奋战的结果。

当年的北平《生活画报》第4期（1945年10月20日）以整版篇幅生动形象地报道了这场受降仪式，摘录如下：

天安门的门洞吞进了满脸微笑数不清的市民，刚刚是八

---

① 《华北日报》1945年10月11日。

点钟，广阔的太和殿前已经摩肩接踵排列得无有空隙，大家尽兴地欢呼，结成一个充满民族精神的巨大声浪，这声浪，已足令敌人胆寒了。会场的布置是严肃而简洁的，白石栏杆上满飘着四国的国旗，在那座大"凯"字的彩屏前面，设了受降时签订的长案和文具，孙长官第一号命令就列在这桌案的中央。参加的长官，除了孙连仲长官和我方高级将校外，还有平津市长和盟军代表。受降仪式是简单而隆重的，在乐声中全体向孙长官敬礼，然后由初光中校引导着21名降将代表入场，由敌方善后联络部代表陆军中将根本博代表签字于领收证上。最精彩的节目，是献刀的一幕，当日军降伏代表由根本博领导一一解下他们的佩刀双手献上的时候，全场的欢呼和兴奋达到最高潮，敌人的手在颤抖着，从此全市的市民正式逃出了他们的屠杀和凌辱。当敌军代表由太和殿右门退出以后，全体向国旗敬礼，就用国歌合唱与掌声欢呼声来结束了这历史上动人的一幕。

1945年10月，北平各界民众在太和殿前参加北平战区受降仪式

一位当年代表英军在日本投降书上签字并见证了日军投降仪式的英国军官约翰·斯坦费尔德在当天的日记中也详细生动地记录了投降仪式的细节：

汽车载着我们英国小队人马开往紫禁城，行进在北平街道上，通过拥挤在凯旋门下欢呼的人群，凯旋门插满四大国——中美英苏的国旗。汗流浃背的士兵为我们从人山人海、激动的人群中开出一条道让我们的车辆通过。到达紫禁城的午门，再经过50码长的过道我们来到广场的另一边，在此下车继续步行。我们走过两段台阶来到太和门。经过太和门时，我们看见下面太和殿前巨大的广场上人山人海，至少有十万人，一直到大理石台基和通向殿前平台的台阶，所有地方都挤满了人……

当一切就绪，当战区司令官孙连仲将军与他的随从们从宫殿内走出，来到阳光下，负责仪式的主持人指示百姓摘下帽子向我们军人敬礼。一位副官要求把日本代表带上前来。一阵呐喊，表明日本军方正走在足有二百码长、被中国观礼群众包围的巨大广场。当他们走上三层台阶时，呐喊声变成了胜利的欢呼声。长达七年的征服将要以这些军官的耻辱来结束，他们就将在过去五百年来被中国打败的敌人放弃权利的象征的地方，交出他们的军刀。

日本军人在孙连仲将军面前排成一排，立正，敬礼并列队向左候命。孙将军命令日军在华47师司令官在投降文件上签字。日军司令官走近桌子用准备好的毛笔签了字，然后孙将军签字。接着孙将军命令道："现在交出你们的军刀。"在高级将领的带领下，日本军官一个个走向桌子，解下军刀，放下。再次列队，敬礼，转身向右走。向孙将军敬礼，转身离去，回到太和殿。昏暗的立柱深处，立着巨大的龙椅……观礼群众受邀向联军祝贺。

我们的离开又是一次凯旋游行。当我们通过宽阔的广场和宫殿时，人群再一次鼓掌和欢呼，感觉仿佛从十五世纪回到了二十世纪。我情感枯竭了。眼前的这一幕现实太具有纪念意义、太生动了：金色的砖瓦、深红色的围墙、汉白玉的栏杆和欢呼的人群，这样的场景一个时代只会发生一次。对中国来说，这个投降仪式是日本战败的最重要的时刻。这一定是亚洲或许是全世界最壮观、最激动人心的投降仪式。①

　　10月16日，在南苑空军司令部还举行了平津等地日本空军签降仪式。签降典礼由国民党政府郝中和司令主持，第十一战区司令长官孙连仲的代表刘漫天、张家铨、空军政治部简朴、北平市政府代表和在平各机关代表、美国空军詹森少将及所属尉级以上空军人员30余名，出席受降仪式。上午9时整，司仪高呼"受降主官入席！"郝中和步入礼堂，军乐高奏。随后日本空军投降代表土田兵吾少将及其随员13人入场，列一横排，立于受降长官对面，向受降主官敬礼，由土田少将于平苑战字第一号命令证上签字，旋由受降郝司令签字。紧接着，命令日军代表呈缴军刀计13把。此次日本空军投降范围包括：北平、天津、保定、唐山、秦皇岛、通州、涿县、杨树、军粮城、丰台等地的日空军机场，共有飞机108架、汽车百余辆、机枪数百挺、炸弹约50吨及其他物品。

　　盘踞在北平地区的日军，接到本国政府无条件投降的命令后，一敛过去暴戾凶残的气焰。8月15日那天，日军在收听天皇发布投降诏书时，都肃立起来，一个个沉默而冷酷地聆听那"神圣不可侵犯"的"大诏"。有的抱头大哭，有的剖腹自杀。之后在撤退时，仓皇逃命，军毯军大衣都顾不得拿，丢在了炮楼里。日军一边走，一边张皇地回顾，有的连帽子都跑丢了，狼狈不堪。8月15日傍晚，在崇文门大街一家纸行当学徒的王鸿儒约上几个街坊跑到崇外大街路东的福源线店

---

① 汪仲远：《一位英国军人眼里的北平受降仪式》，《团结报》2016年10月19日。

日本宪兵队驻地，发现门口站岗的日本兵不见了，院子里八九十个日本兵面朝东，单腿跪在地上哭成一片，往日的神气全没了。门外围观的老百姓看着真是解气呀。日本投降后，在北平的日本人出门不敢穿和服、木屐了，而是改穿中国衣服，一个个蔫头耷脑。家住东四的李书贤回忆，日本投降后，一个以前经常肆意打人的日本人，特地跑到祥昌铁工厂，对修车的中国人说："我打了人，对不起。"树倒猢狲散，那些依靠日本侵略者为非作歹的伪军，见大势已去，有的四散逃命，有的还在观望，窥测动向，惶惶不可终日。

1945年9月2日，在东京湾的美国"密苏里"号战列舰上，日本外相重光葵和日军参谋长梅津美治郎分别代表日本天皇、日本政府和日本帝国大本营在投降书上签字。至此，中国抗日战争胜利结束，世界反法西斯战争也胜利结束。

结　语

　　中国人民抗日战争是近代以来中国反抗外敌入侵第一次取得完全胜利的民族解放战争，是中华民族走向伟大复兴的历史转折点。北平抗战是中国人民抗日战争的重要组成部分。在这块红色沃土上，抗日救亡运动此起彼伏，敌后战场如火如荼。中国共产党领导下的北平人民用血肉之躯筑起抵御外侮的钢铁长城，他们用浩然之气铸就彪炳史册的民族精神，为中国人民抗日战争胜利作出了永不磨灭的重要贡献。

　　他们是天下兴亡、匹夫有责充满爱国情怀的先锋队。面对九一八事变国土沦丧的民族危急，北平学生率先走上街头，振臂高呼"誓死救国""对日宣战"；大批学生南下示威，督促国民党政府抗击侵略、收复失地；北平各界群众纷纷响应，同仇敌忾，共赴国难。面对华北事变日寇紧逼的严峻形势，北平学生成立中华民族解放先锋队，多次游行示威，泣血呐喊"停止内战，一致对外"。席卷全国的一二·九运动，极大地促进了中华民族的觉醒。面对七七事变全民族抗战的局面，北平人民积极响应中国共产党的号召，汇聚成抗日救国的滚滚洪流，倾力支援中国军队抗战，书写了一篇篇前赴后继、气壮山河的爱国主义史诗。

　　他们是视死如归、宁死不屈充满民族气节的硬骨头。日本侵略者的野蛮暴行，并没有让北平人民低下高昂的头颅。他们始终恪守民族大义、维护民族尊严，"宁为战死鬼，不作亡国奴"。著名历史学家陈垣临危不惧，毅然用如椽巨笔以古喻今，痛斥日本野蛮侵略和汉奸投降卖国的可耻行径。中国大学教授蓝公武在课堂上公开宣传抗日，怒斥汉奸，宁愿全家饿死，也坚决不收汉奸送来的东西。著名京剧大师程砚秋宁死日寇枪下，也绝不给日本人演出，并以此为由罢歌息舞，归耕务农。国画大师齐白石不事敌伪，节操自守，以笔为剑，表达了绝不卖国求荣的决心。晋察冀中央分局社会部黄浩地工组成员李苦禅，面对日本宪兵酷刑折磨，毫不畏惧，并利用书画宣传资助抗战。他们虽不能持枪杀敌，但却以书斋作战场、纸笔为武器，展现了大气凛然的民族气节。

他们是不畏强暴、血战到底充满英雄气概的真勇士。抗日战争的烽火硝烟，锻造出无数个铁骨铮铮、气贯长虹的民族英雄。中共秘密党员、29军110旅旅长何基沣，坚守前沿阵地指挥，率领大刀队与日寇展开肉搏，誓与卢沟桥共存亡；冀东军分区副司令员包森，在一次战斗中不幸被冷枪射中，仍然坚持指挥战斗，直至壮烈殉国；锄奸英雄金崇山，被敌人埋进挖好的大坑，仍然怒目圆睁，发出"中国人是杀不绝"的怒吼；老帽山六壮士，打尽最后一颗子弹，宁愿纵身跳崖牺牲，也不做日寇的俘虏，至今也无人知晓他们的名字……他们用年轻的生命捍卫着中华民族的尊严，他们用坚定的信念构筑起中国革命未来的希望。

他们是百折不挠、坚忍不拔充满必胜信念的铁脊梁。八年全民族抗战，北平军民一往无前、舍生忘死，信念从未磨灭，抗争从未停歇。从抗日力量上看，社会各阶层积极响应中国共产党的号召，纷纷投身抗日战场，万众一心、众志成城，形成了陷敌于人民战争的汪洋大海。从根据地发展上看，由挺进平西到打通平北，由开辟冀东到争夺平南，利用游击战、地道战、破袭战、情报战等歼灭敌人有生力量，形成了围困北平日伪的铜墙铁壁，为收复热河、解放东北准备了强大力量和前进基地。从抗日军民士气上看，日寇的疯狂"扫荡"更加激发起八路军的战斗意志，日寇的"三光"政策更加激发起人民群众的抗战热情，到处都是送郎到战场、送儿打东洋的感人场景，因为他们坚信，正义必胜、人民必胜。

为什么战旗美如画？英雄的鲜血染红了她。为什么大地春常在？英雄的生命开鲜花。让我们永远铭记他们的英名，让我们永远传承他们的精神，向着中华民族更加美好的未来高歌猛进、再铸辉煌。

后　记

根据全国文化中心建设领导小组总体部署，在中共北京市委宣传部统筹指导下，市委党史研究室组织编写了"红色文化丛书"。丛书由原中央党史研究室副主任李忠杰担任主编，市委党史研究室主任李良及副巡视员刘岳担任执行主编，副主任陈志楣、张恒彬及原副巡视员范登生、副巡视员运子微担任执行副主编。

为打造精品力作，邀请邵维正、柳建辉、关海庭、杨凤城、王树荫、黄如军、包国俊等著名党史军史专家学者组成丛书编委会，并下设由刘岳及曹楠、宋传信、方东杰、黄迎风、高俊良、王桂环、祁霄等人组成的办公室。编委会负责制订方案、确定书目、遴选主编、审定大纲及书稿。办公室负责组织联络督办工作，出台书写规范、组织作者培训等。曹楠负责丛书协调工作，宋传信负责丛书图片统筹工作，骆洪刚负责部分图片修版工作。

《北平抗战的红色脊梁》是"红色文化丛书"之一，由中央党史和文献研究院林小波（统稿并撰写第一章、第五章、第六章和结语）、刘志辉（撰写第二章、第三章、第四章）共同撰写，主要反映1931年至1945年抗日战争时期的北平红色文化，全书共6章18节。曹楠阅改第一稿，宋传信阅改第二稿并承担联络员工作，国防大学联合勤务学院教授邵维正审改第一至第三稿。国防大学军事文化学院副教授、大校刘波审定书稿。张柳润色全书，范登生改写导语、结语。原中央党校副校长李君如，中央党校（国家行政学院）分管日常工作的副校（院）长何毅亭、副校长谢春涛，原中央党史研究室副主任龙新民等老领导、专家学者对本书提出宝贵意见。北京出版社编辑对全书进行了严谨细致的编辑加工，在此一并表示衷心感谢。

由于时间仓促和水平有限，书中难免存在疏漏和不足之处，敬请广大读者批评指正。

中共北京市委党史研究室

2019年8月